Lynn Austin

Oasenzeiten

Wie ich auf den Spuren Jesu neue Hoffnung fand

francke

Über die Autorin:
Lynn Austin ist verheiratet, hat drei erwachsene Kinder und lebt am Lake Michigan. Ihre zahlreichen Romane sind allesamt Bestseller und mit unzähligen Preisen ausgezeichnet worden. In Deutschland hat sie inzwischen eine riesige Fangemeinde und gilt als eine der meistgelesenen Autorinnen im christlichen Romanbereich.

Bibliografische Information Der Deutschen Bibliothek
Die Deutsche Bibliothek verzeichnet diese Publikation in der Deutschen Nationalbibliografie; detaillierte bibliografische Daten sind im Internet über http://dnb.ddb.de abrufbar.

3. Auflage 2018
ISBN 978-3-86827-573-5

Originally published in English under the title:
Pilgrimage
by Bethany House Publishers,
a division of Baker Publishing Group, Grand Rapids,
Michigan, 49516, USA

35037 Marburg an der Lahn
Deutsch von Dorothee Dziewas
Original cover design by Jennifer Parker
Cover imagery by Inspirestock Inc. / Alamy;
Holy Land photo by Lynn Austin
Umschlaggestaltung: Verlag der Francke-Buchhandlung GmbH / Sven Gerhardt
Satz: Verlag der Francke-Buchhandlung GmbH
Printed in Poland

www.francke-buch.de

Inhalt

1. Abreise 5
2. Die Wüste Zin 17
3. Die Wüste Juda 35
4. Über den Jordan 63
5. Jerusalem 91
6. Der Tempelberg 123
7. Die Karwoche 151
8. Die judäische Landschaft 183
9. Galiläa 213
10. Der hohe Norden 243
11. Sabbatruhe 257
12. Heimreise 275

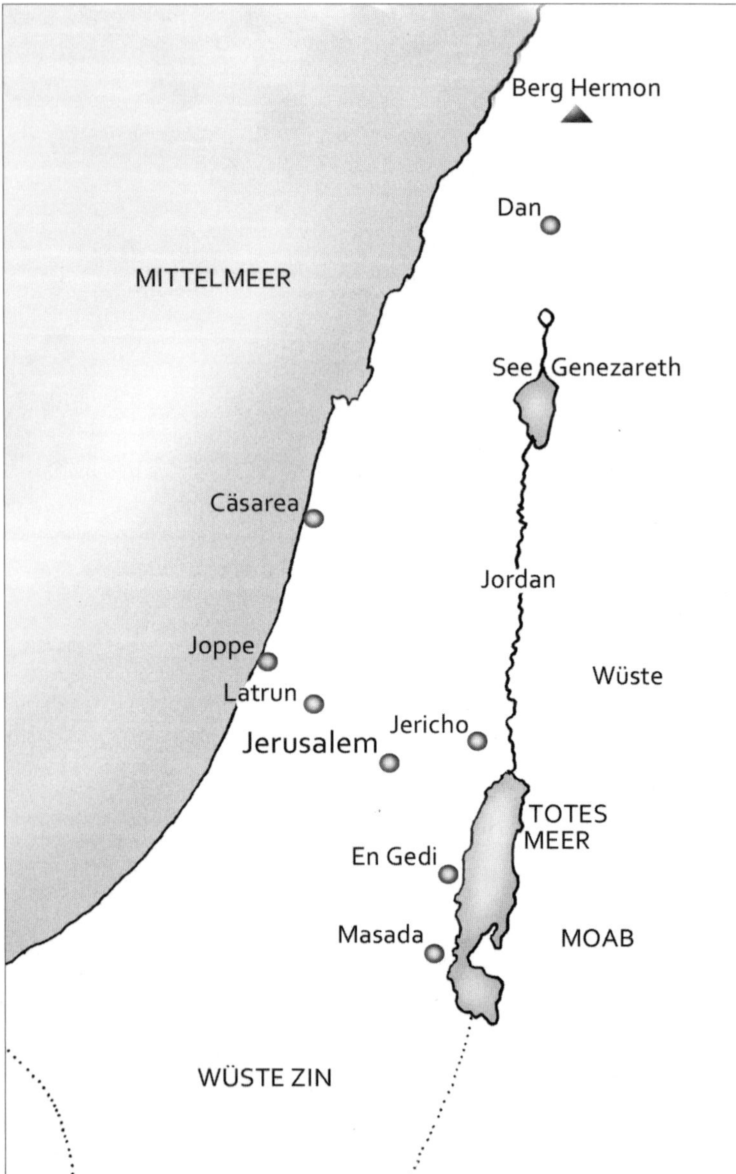
Berg Hermon
Dan
MITTELMEER
See Genezareth
Cäsarea
Jordan
Joppe
Wüste
Latrun
Jericho
Jerusalem
TOTES MEER
En Gedi
Masada
MOAB
WÜSTE ZIN

1

Abreise

Wie sehr habe ich mich gefreut, als man zu mir sagte: „Komm mit, wir gehen zum Tempel, zum Haus des Herrn!“ Nun sind wir am Ziel! Wir haben die Stadttore durchschritten und stehen in Jerusalem.

Psalm 122,1-2

Meine Reise nach Israel ist lang und ermüdend. Jetzt, am Ende, komme ich mir vor wie die Kandidatin in einer Realityshow. Ich habe zwei Flüge von insgesamt zwölf Stunden Dauer über mich ergehen lassen – Stunden, die ich sitzend, stehend oder durch Flughafengänge eilend verbracht habe, Taschen und Koffer und Reisepass in der Hand. Es waren verwirrende Stunden, die mein inneres Zeitgefühl verschoben haben, weil ich nicht wusste, ob es Tag oder Nacht war, während ich versuchte, mich in einen engen Flugzeugsitz zu quetschen und zu schlafen. Irgendwann in der Nacht bin ich beim Umsteigen in London ganz verloren am Flughafen Heathrow umhergeirrt. Dreimal habe ich den hektischen Hindernisparcours der Sicherheitskontrollen durchlaufen und in endlos langen Schlangen gewartet, die letzte hier in Israel am Ben Gurion Airport, wo die humorlosen Beamten bei der Passkontrolle Waffen tragen. Diese Reise ist ein Spiegel meines Lebens in letzter Zeit: Ich bin gehetzt, schlaflos, irre herum, warte ab und fühle mich dabei verloren, während ich mich frage, ob ich irgendwann einmal irgendwo ankommen werde.

> *Seit Monaten war mein Leben so eintönig wie eine Nachtschicht am Fließband.*

Aber schließlich ziehe ich doch mein zerknautschtes Reisegepäck durch die Türen des Flughafens, um meinen Gewinn in Empfang zu nehmen. Und was für einen! Den Hauptgewinn! Palmen rascheln und wiegen sich zur Begrüßung. Die warme Abendluft duftet nach süßen Gewürzen und grüner Erde. Ich bin gerade rechtzeitig angekommen, um zu sehen, wie die untergehende Sonne den Himmel über Israel vergoldet, bevor sie im Mittelmeer versinkt. Etwas in mir lässt mich aufseufzen. Der Knoten in meinem Magen beginnt sich aufzulösen. Ich bin in dem Land angekommen, in dem Jesus gelebt hat. Meine Pilgerreise hat begonnen.

Die Gelegenheit, durch Israel zu reisen, bot sich mir zu einem günstigen Zeitpunkt. Seit Monaten war mein Leben nur noch ein Abarbeiten notwendiger Routine, so eintönig wie eine Nachtschicht am Fließband. Manchmal ist das Leben so, wenn eigentlich nichts Schlimmes passiert, die Welt um uns herum aber farblos erscheint. Selbst meine wöchentlichen Gottesdienstbesuche und meine tägliche Stille Zeit mit Gott fühlten sich leblos und abgestanden an. Es ist mir peinlich, dieses Gefühl des Unwohlseins einzugestehen, das mich überwältigt hatte. Ich habe doch schon so viel Segen erlebt. Sollte das Leben eines Christen nicht ein Leben im Überfluss sein, so aufregend wie Weihnachten, so fröhlich wie Ostern?

Ich muss einige Minuten auf unseren Reisebus warten, also stelle ich meinen Koffer am Bordstein ab und lasse das Handgepäck von meiner Schulter gleiten. Dabei ist mir die Symbolik durchaus bewusst, als ich meine Last abwerfe. Es fühlt sich so gut an, ein bisschen herumzulaufen und mir die Beine zu vertreten. Innerhalb von zwölf Stunden bin ich von Schnee zu Sand, von kahlen Bäumen zu Palmen, von beißender Kälte zu wundervoller Wärme gereist. Ich brauchte eine Veränderung und diese Veränderungen nehme ich dankbar an. Zu Hause hatten mein Leben zu viele Veränderungen – unwillkommene und unerwartete – aufgewühlt, wie schlafende Vulkane, die plötzlich anfangen zu brodeln und zu qualmen und Chaos verursachen.

In nur fünf Monaten waren alle meine drei erwachsenen Kinder von zu Hause ausgezogen, und zwar weit weg, sodass unser Nest zum ersten Mal dauerhaft leer war. Unser ältester Sohn und seine Frau haben eine neue Arbeit in einem anderen Bundesstaat gefunden. Nun gehen sie nicht mehr in dieselbe Gemeinde wie wir, sitzen nicht mehr neben uns in der Kirchenbank und essen sonntags nicht mehr mit uns zu Mittag. Ich spüre ihre Abwesenheit wie einen gezogenen Zahn. Immer wieder taste ich nach der Lücke, die sie hinterlassen haben, und stelle erstaunt fest, dass sie wehtut. Ich hatte mir vorgestellt, dass sie immer in der Nähe leben würden, sodass ich meine Enkel aufwachsen sehe und an ihrem Leben teilhaben kann. Meine Erwartungen sind das Problem, das ist mir klar, vor allem dann, wenn sie nicht mit Gottes Plänen für mein Leben und das Leben meiner Kinder übereinstimmen.

Ich spüre ihre Abwesenheit wie einen gezogenen Zahn. Immer wieder taste ich nach der Lücke, die sie hinterlassen haben, und stelle erstaunt fest, dass sie wehtut.

Unser jüngerer Sohn ist für vier Jahre nach Europa gegangen, um seine Dissertation in Theologie zu schreiben. Ich bin sehr stolz auf ihn und freue mich darüber, was Gott mit seiner Zukunft vorhat, aber das heißt natürlich nicht, dass ich ihn nicht vermisse. Seine Entscheidung hat mir außerdem bewusst gemacht, dass sein Beruf als Theologe und Bibelforscher ihn höchstwahrscheinlich auf Dauer an weit entfernte Orte führen wird. Er hat sogar vor, nach seinem Studium an einem Seminar in einem Dritte-Welt-Land zu lehren und dabei zu helfen, Pastoren und Führungskräfte vor Ort auszubilden. Wieder muss ich meinen Traum von einer Großfamilie Gottes Plänen opfern. Warum konnte er meinen Sohn nicht dazu berufen, nebenan zu wohnen und an einem Seminar in der Nähe zu unterrichten?

Ich glaube, ich bin Gott ein bisschen böse, weil es nicht so gekommen ist, wie ich es mir immer ausgemalt habe.

Unsere einzige Tochter hat ihre Stelle und ihre Wohnung gekündigt und ist zum Studium hierher nach Israel gezogen. Wie kann ich eine solche Veränderung begrüßen, wenn ich dabei zusehen muss, wie mein jüngstes Kind ganz alleine loszieht, um in einem Land zu leben, das ständig im Visier von Terroristen, feindlichen Raketen und Selbstmordattentätern ist? Als sie vierzehn Jahre alt war, reiste sie mit meinem Mann und mir nach Israel und verliebte sich in dieses Land. Anschließend schloss sie mit einigen jüdischen Schulkameraden und ihren Familien Freundschaft. „Ich glaube, Gott beruft mich zum Dienst am jüdischen Volk", sagte sie, nachdem sie eine Predigt gehört hatte, in der es darum ging, Gottes Willen für das eigene Leben zu erkennen. Insgeheim hoffte ich, dass sie sich irrte und das Ganze einfach jugendlicher Überschwang war. Aber mit der Zeit stellte sich heraus, dass es wirklich Gott war, der sie berief, und jetzt, nachdem sie ihr Studium hier in Israel beendet hat, plant sie, auch weiterhin hier zu leben und zu arbeiten. Es hilft zu wissen, dass sie in Gottes Willen ruht – das ist der sicherste Ort der

Welt. Aber das hindert mich nicht daran, mir Sorgen um sie zu machen und sie zu vermissen. Ich werde sie bei dieser Reise sehen, auch wenn es nur ein kurzer Besuch sein wird.

Aber es hat in meinem Leben noch andere Verluste gegeben. Meine Schwester Bonnie, meine engste Freundin, die mich mein ganzes Leben lang begleitet hat, ist an Krebs gestorben. Der Bruder meines Mannes und eine seiner Schwestern sind ebenfalls vor Kurzem gestorben und haben Lücken in meinem Herzen und in meinem Leben hinterlassen. Ich kann sie nicht mehr anrufen oder sie auf einen Kaffee besuchen. Ein dumpfer körperlicher Schmerz hat sich auf meine Brust gelegt, seitdem ich mit diesen Verlusten konfrontiert bin – ein Echo des tiefen emotionalen Schmerzes, den die Abwesenheit meiner Kinder mir bereitet, so als wäre ein wichtiger Teil von mir ausgehöhlt worden. Ich glaube, ich bin Gott ein bisschen böse, weil es nicht so gekommen ist, wie ich es mir immer ausgemalt habe. Depressionen, habe ich gehört, werden manchmal von Gefühlen des Zorns ausgelöst, die wir nicht zum Ausdruck bringen. War mir deshalb so zwiespältig zumute, wenn ich in die Kirche ging? War dies der Grund dafür, dass meine täglichen Andachten sich so grau und schlaff und leblos anfühlten wie ein durchweichtes Taschentuch? Und dass meine Gebete zur öden Routine verkommen sind? Ich wollte unbedingt meinen eigenen Willen durchsetzen und nicht Gottes Willen. Aber was ist sein Wille für mich bei all diesen Veränderungen?

> *Manchmal kommt es mir so vor, als hätte ich mein Leben an Land gegen ein Leben auf einem Segelboot in stürmischer See eingetauscht – und ich verstehe nichts vom Segeln.*

Rein äußerlich bin ich an demselben Ort, an dem ich immer war. Ich verfolge dieselbe Berufung, christliche Romane zu schreiben. Aber innerlich fühle ich mich manchmal so orientierungslos, dass es mir vorkommt, als hätte ich mein Leben an

Land gegen ein Leben auf einem Segelboot in stürmischer See eingetauscht – und ich verstehe nichts vom Segeln. Ich kann noch nicht einmal schwimmen.

Ich habe schon bei anderen Gelegenheiten solche geistlichen Umbrüche erlebt, und es waren Zeiten, in denen die Bibeltexte nur einzelne Buchstaben waren und meine Gebete sich nicht zum Himmel aufschwingen konnten, sondern von einer dicken Wolke des Zweifels nach unten gezogen wurden. Aber jedes Mal hat Gott mir eine wichtige Lektion erteilt, wenn ich mich endlich dazu entschlossen hatte, mich auf die Situation einzulassen und von ganzem Herzen Gott zu suchen. Die Lektionen waren lebensverändernd – da ist das gefürchtete Wort *Veränderung* wieder – aber sie haben mich Gott näher gebracht.

Während einer dieser Wüstenzeiten, in der ich mit unerhörten Gebeten zu kämpfen hatte und mich fragte, warum Gott zu all dem Leid einfach schwieg, fiel mir der Roman *Die Erwählten* des jüdischen Schriftstellers Chaim Potok in die Hände. Er erzählt die Geschichte einer Vater-Sohn-Beziehung und was passiert, als der Vater die radikale Entscheidung trifft, seinen Sohn schweigend zu erziehen. Nicht als Strafe, wie die Geschichte schließlich offenbart, sondern als Akt der Liebe zum Wohl seines Sohnes. In diesem Roman sah ich ein Bild von dem väterlichen Gott und seinem manchmal unerklärlichen Schweigen. Dadurch konnte ich über meine eigenen unbeantworteten Gebete hinausblicken und Gottes Liebe erkennen.

Aber das Buch tat noch mehr, als mir nur die Augen zu öffnen. Es war für mich der Impuls, über das Schreiben christlicher Romane nachzudenken, um Leser in die Welt des Christentums mitzunehmen, so wie Chaim Potok mich in die Welt des orthodoxen Judentums geführt hatte. Die christliche Belletristik steckte damals noch in den Kinderschuhen, aber ich fühlte mich berufen, Romane zu schreiben, um Leserinnen und Leser die Liebe Christi spüren zu lassen. Hätte es diese Dürreperiode in meinem Leben und meinen Ringkampf mit Gott nicht gegeben, wer weiß, ob ich heute Romane schreiben würde.

Ich verstehe also, warum Gott mich möglicherweise auf die hohe See hinausmanövrieren will, um mich aus meiner Bequemlichkeit aufzurütteln. Ich habe beschlossen, das aufgewühlte Meer als Einladung Gottes zu interpretieren, mich ihm zu nähern, tiefer in sein Wort einzusteigen und ihn von ganzem Herzen, mit ganzer Seele und mit ganzer Kraft zu suchen. Vor allem aber als Einladung, auf bessere Weise zu ihm zu beten. Vielleicht werde ich einen Kompass oder eine Einführung in die Kunst des Segelns finden oder wenigstens einen Rettungsring. Und vielleicht, ganz vielleicht, ist diese Pilgerreise nach Israel der Beginn dieses neuen Weges.

Ich werde mich auf meiner Reise in guter Gesellschaft befinden. Gott befahl den Israeliten, dreimal im Jahr nach Jerusalem zu pilgern, und zwar zu den drei jährlichen religiösen Festen, dem Passahfest, an Pfingsten und zum Laubhüttenfest. Ob sie sich wohl ebenso fühlten wie ich, als sie ihre Reise antraten: müde vom Alltag, voller Sorgen um ihre Kinder und Familie, überwältigt von unerwarteten Veränderungen? Wer hat Zeit, mehr als einen flüchtigen Gedanken an Gott zu verschwenden, wenn das Leben schwer wird? Aber dreimal im Jahr mussten die Israeliten aus Glaubensgründen ihren Alltag unterbrechen und ihre täglichen Aufgaben liegen lassen, um nach Jerusalem zu pilgern.

Ich kann die Weisheit darin erkennen, warum Gott es zu einem Gebot machte. Ansonsten hätte sein Volk, so wie die meisten von uns, niemals die Zeit gefunden, Gott in ihr vollgestopftes Leben zu quetschen. Es gibt immer Ausreden. Wir haben einfach zu viel zu tun. Die meisten von uns haben so lange To-do-Listen, dass selbst der Sabbat, an dem Gott geboten hat, dass wir nicht arbeiten und ihn stattdessen anbeten sollen, kaum noch ein Ruhetag ist. Gott kennt die menschliche Natur, und hätte er es nicht befohlen, hätte sein Volk sich niemals die Zeit genommen, Gottesdienst zu feiern. Aber der Gottesdienst hilft uns zu erkennen, dass wir Gott brauchen. Während dieser drei jährlichen Feste erinnerten die Israeliten sich an das, was Gott für sie getan hatte, und erzählten die Geschichte ihrer Errettung nach. Sie ließen ihren Alltag zurück, um Gottes Güte zu feiern und ihren Glauben zu erneuern, damit sie erfrischt und mit einer engeren Beziehung zu dem Gott, der jeden Tag mit ihnen ging, wieder nach Hause zurückkehren konnten.

> *Dreimal im Jahr mussten die Israeliten ihren Alltag unterbrechen, um nach Jerusalem zu pilgern. Hätten die Menschen sonst die Zeit gefunden, Gott in ihr vollgestopftes Leben zu quetschen?*

Genau danach sehne auch ich mich, während ich diese Pilgerreise beginne: nach einer geistlichen Erneuerung. Ich will den größeren Zusammenhang von Gottes Plan erkennen und lernen, seinen Willen in allem anzunehmen. Ich möchte meine tägliche Zeit des Gebets neu beleben und wirklich auf das hören, was Gott mir sagen will, und ihn bei all diesen Veränderungen um seine Hilfe bitten. Vielleicht kann ich dann meinen eigenen Willen loslassen und froh und vertrauensvoll die Veränderungen in meinem Leben annehmen. Das sind hohe Erwartungen an eine zweiwöchige Reise. Aber dies ist Israel – die Bühne, auf der das Alte und das Neue Testament sich abgespielt haben, ein Land, in dem die Bibel dreidimensional lebendig wird wie in einem Pop-up-Buch für Kinder. Alte Bekannte aus den Seiten der Bibel bevölkern die Orte hier, und die Worte der Urväter und Propheten bekommen eine neue Bedeutung, während ich dieselben Flüsse und Berge und Seen und Wüsten betrachte, die sie damals sahen. In der Landschaft Israels kann ich mir die Gleichnisse und Lehren Jesu vorstellen, während ich von Hinweisen umgeben bin – von Schafen und Felsen und Stadtmauern und Olivenbäumen. Jeder Ort, den ich besuche, besteht aus mehreren Lagen Geschichte und aus archäologischen Ruinen, die nicht nur aus der Zeit Christi stammen, sondern noch viel weiter, bis in die Zeit Abrahams, zurückreichen. Da mich hier „eine solche Wolke von Zeugen umgibt", hoffe ich, dass ich vielleicht am Ende meiner Reise *mit Ausdauer in dem Wettkampf laufen kann, der uns aufgetragen ist* (Hebräer 12,1, Einheitsübersetzung).

☙

Inzwischen ist der Reisebus eingetroffen, und der Fahrer lädt unser Gepäck ein, während unser Reiseleiter und mein Mann warten. Ich möchte noch einen Augenblick in dem schwindenden goldenen Licht verweilen, aber andererseits drängt es mich, endlich aufzubrechen. Wir werden im Süden anfangen – im Negeb –, dann durch das zentrale Hügelland bis nach Jerusalem reisen und schließlich in die Region Galiläa im Norden. Ich werde das Land von Süden nach Norden erkunden, also in der umgekehrten Richtung, in der Abraham es durchreiste, als er vor viertausend Jahren im Gelobten Land ankam. Aber meine Richtung ist die, in der auch die Israeliten unterwegs waren, nachdem sie das Leben in der ägyptischen Sklaverei hinter sich gelassen hatten, ziellos in der Wüste umherirrten und schließlich ankamen, um ihre Heimat wieder in Besitz zu nehmen und ihren Gott zu loben.

So beginnt meine Reise also im Negeb …

Der Herr sprach zu Abram: Zieh weg aus deinem Land, von deiner Verwandtschaft und aus deinem Vaterhaus in das Land, das ich dir zeigen werde. … Da zog Abram weg, wie der Herr ihm gesagt hatte … Abram zog durch das Land bis zur Stätte von Sichem … Von da brach er auf zum Bergland östlich von Bet-El … Dann zog Abram immer weiter, dem Negeb zu.

1. Mose 12,1.4.6.8-9

Ein neues Gebet für die Reise

Himmlischer Vater,
ich lobe dich für deine unendliche, ewige Liebe, die so hoch und weit ist wie der Himmel, über den ich gerade geflogen bin. Ich gestehe, dass ich mich wie ein quengelndes Kind benommen habe, indem ich all das ignoriert habe, was du mir als liebender Vater geschenkt hast, und stattdessen nur geklagt habe, weil ich meinen eigenen Willen durchsetzen wollte, meine eigenen Pläne. Vergib mir, dass ich mich durch Enttäuschung und Verlust in meinem Gebetsleben und meiner Beziehung zu dir habe behindern lassen. Stell mich wieder auf die Füße, Herr, und lehre mich, wie ich auf den Wegen gehen soll, die du für mich ausgewählt hast. Hilf mir, deinen Trost für meinen Kummer anzunehmen und deinen Willen für die Veränderungen in meinem Leben. Lehre mich auf dieser Reise, neu und besser zu beten, damit ich näher zu dir komme, der Quelle aller guten Dinge. Ich danke dir für den Neuanfang, den wir in Christus Jesus erleben dürfen, und für diesen Neuanfang in meinem Leben.
Amen.

Fragen zum Kapitel

- Welche einschneidenden Veränderungen gab es schon in Ihrem Leben? Wie sind Sie damit umgegangen?

- Lynn Austin schreibt: „Meine Erwartungen sind das Problem, das ist mir klar, vor allem dann, wenn sie nicht mit Gottes Plänen für mein Leben … übereinstimmen." Gab es schon Situationen in Ihrem Leben, in denen Sie ähnlich gedacht haben? Wie gehen Sie mit problematischen Erwartungen um?

- In welchen Situationen haben Sie sich schon so orientierungslos wie Lynn Austin gefühlt? So als hätten Sie Ihr Leben an Land gegen ein Leben auf einem Segelboot in stürmischer See eingetauscht und Sie verstünden nichts vom Segeln und könnten nicht einmal schwimmen?

- Wie kann es gelingen, das im übertragenen Sinn aufgewühlte Meer als Einladung Gottes zu interpretieren?

- „Dreimal im Jahr mussten die Israeliten aus Glaubensgründen ihren Alltag unterbrechen und ihre täglichen

Aufgaben liegen lassen, um nach Jerusalem zu pilgern." Wie unterbrechen Sie Ihren Alltag? Wie könnte eine innere Pilgerreise für Sie aussehen? Welches Ziel würden Sie mit dieser Reise verfolgen?

2

Die Wüste Zin

Gott! Du bist mein Gott! Ich sehne mich nach dir, dich brauche ich! Wie eine dürre Steppe nach Regen lechzt, so dürste ich, o Gott, nach dir.

Psalm 63,1

Gnadenlos brennt die Sonne von einem wolkenlosen Himmel herunter. Die Weite des ausgetrockneten, spurenlosen Landes um mich herum erinnert an die Oberfläche des Mondes. In dieser Einöde gibt es keine Grenzen, keine Meilensteine auf dem unfruchtbaren Boden, nichts, außer Felsen und Staub und unwirtliche Gipfel, die sich in alle Himmelsrichtungen bis zum Horizont erstrecken. Der Schweiß läuft mir übers Gesicht und den Rücken hinunter. Ich schütte laut glucksend wie eine Zeichentrickfigur Wasser in mich hinein.

Meine Pilgerreise in Israel hat in der Wüste Zin begonnen, einem breiten Streifen farbloser Wildnis südlich von Beersheba und dem Toten Meer. Die trostlose Landschaft spiegelt den

Zustand meiner Seele wider: ausgedörrt und leblos. Nur ein Dummkopf würde sich ohne Wasservorräte und einen Führer, der sich auskennt, in diese Wildnis wagen. Da ich kein Dummkopf bin, schleppe ich zwei Wasserflaschen mit mir herum, die wie lechzende Bluthunde herumschwappen, während ich laufe. Und da ich kaum den Pfad, auf dem wir unterwegs sind, von der restlichen Umgebung unterscheiden kann, bleibe ich immer in der Nähe unseres Reiseleiters. Ich folge ihm voller Vertrauen darauf, dass er den Weg kennt.

Nach zwei Stunden energischen Wanderns, ohne dass das Ziel zu sehen wäre, kann ich mich viel besser in die Israeliten hineinversetzen, die durch ihren Unglauben dazu verdammt waren, vierzig Jahre lang in dieser Wüste herumzuirren. Ich stelle mir vor, wie sie sich vorwärtsschleppten und dabei müde einen Fuß vor den anderen setzten, so verschwitzt und erschöpft wie ich. Aber im Gegensatz zu mir trugen die Israeliten Zelte aus Ziegenfellen und schwere Kochtöpfe aus Ton und Bettdecken für die eisigen nächtlichen Temperaturen mit sich. Und sie hatten auch ihre Kinder dabei – Horden müder, quengelnder Kinder. Kein Wunder, dass die Klagen des Volkes Mose gegenüber immer lauter wurden: „Gibt es etwa in Ägypten nicht genug Gräber für uns? Warum führst du uns hierher? Wir sollen wohl hier in der Wüste sterben! … Wir hätten bleiben und den Ägyptern dienen sollen. Lieber wären wir ihre Sklaven geblieben, als hier in der Wüste umzukommen!“ (2. Mose 14,11-12) Jetzt erfahre ich am eigenen Leibe, was sie meinten. Ich werde hier nur ein paar Tage wandern; wenn es länger wäre, würde ich vielleicht auch die Sklaverei vorziehen.

Kommen unsere Angst und die Abneigung vor Wüstenorten daher, dass Gott uns dazu geschaffen hat, um in einem Garten zu leben?

Ich frage mich, ob die Angst und die Abneigung, die wir an

diesen Wüstenorten verspüren, daher kommen, dass Gott uns geschaffen hat, um in einem Garten zu leben. Er sorgte in dem üppigen, fruchtbaren Garten Eden für alles, was wir brauchten: Wasser, Nahrung und ungestörte Gemeinschaft mit ihm. Hier draußen, wo es keine sichtbaren Quellen für Wasser oder Nahrung gibt und keinen Schutz vor den Elementen, ist es leicht, der Angst nachzugeben, dass Gott uns an diesem trostlosen Ort verlassen hat. Vielleicht bezeichnen wir deshalb Perioden in unserem Leben, in denen wir ausgedörrt sind und unsere Seele welkt und Gott uns weit entfernt scheint, als „Wüstenzeiten".

Solche Erfahrungen kommen oft in Zeiten der Veränderung und des Umbruchs. Wenn Gott uns aus unseren alten Gewohnheiten aufrütteln und uns auf einen neuen Weg mit ihm führen will, dann fängt er manchmal mit einer Wüstenwanderung an. Die Israeliten verließen ein Leben in Sklaverei – und den Lauch und die Melonen und die Gurken von Ägypten – und fingen ihr neues Leben in Freiheit hier in der Wüste an. Und selbst der moderne Staat Israel begann zum Zeitpunkt seiner Gründung 1948 in der Wüste. Mehr als die Hälfte des Landes, das den Juden von den Vereinten Nationen zugeteilt wurde, lag in Wüstenregionen wie dieser. Den verwirrten Einwanderern aus dem vom Holocaust zerrissenen Europa muss diese Öde, durch die ich jetzt gehe, wie ein merkwürdiger Neuanfang erschienen sein. Da war wirklich Anpassungsfähigkeit gefragt!

Gott weiß, dass wir alle hin und wieder in die Wüste hinausgeführt werden müssen, um uns von unserer bequemen Selbstgenügsamkeit zu befreien. Wenn er uns aller unserer Ressourcen beraubt, lernen wir vielleicht, uns auf ihn zu verlassen, und wir fangen wieder an zu beten. Nachdem sie den Luxus Ägyptens hinter sich gelassen hatten, blieb Mose und den Israeliten gar nichts anderes übrig, als Gott zu vertrauen, der sie großzügig mit unbegrenzten Mengen Manna versorgte, das vom Himmel fiel, und mit frischem Wasser aus einem Felsen, sodass sie ihren Durst stillen konnten. Die Wüstenwanderung sollte ihren Glauben für die kommenden Jahre stärken, in denen sie sich ihren Feinden stellen und das verheißene Land erobern sollten. Wenn Gott sie hier beschützen und ernähren konnte, konnten sie sich überall auf ihn verlassen. Vielleicht soll diese Wüstenerfahrung in meinem Leben das Gleiche bewirken. Vielleicht will Gott, dass ich aufhöre zu jammern und mich an die Vergangenheit zu klammern und stattdessen lerne, ihm für meine Zukunft zu vertrauen.

Wenn Gott uns aller unserer Ressourcen beraubt, lernen wir vielleicht, uns auf ihn zu verlassen.

Ehrlich gesagt, will ich mein Leben gar nicht von meinem Glauben bestimmen lassen. Wer will das schon? Ich bevorzuge Bequemlichkeit und Sicherheit, eine gut gefüllte Speisekammer und einen üppigen Wasservorrat, eine Karte, die genau anzeigt, wohin ich gehe und wie lange es dauern wird, bis ich dort ankomme – und das Ziel möchte ich übrigens gerne selbst aussuchen. Aber wozu brauche ich Gott, wenn ich alle diese Dinge habe? Israels Niedergang erfolgte nicht, als sie obdachlose Wanderer in der Wüste waren, sondern als sie in Städten lebten, in denen sie sich selbst versorgen konnten und wohlgenährt waren. Gott hatte sie gewarnt: „Hütet euch davor, ihn zu vergessen und seine Gebote, Weisungen und Ordnungen zu missachten, die ich euch heute weitergebe. Denn das könnte geschehen, wenn ihr genug zu essen habt, schöne Häuser baut und bewohnt … Dabei hat er euch aus der Sklaverei in Ägypten befreit. Er war es, der euch durch die große, schreckliche Wüste geführt hat" (5. Mose 8,12.14-15). Gott muss gewusst haben, dass ich diese Wanderung in der erbarmungslosen Sonne, durch diese trockene, öde Wüste brauche, um mich daran zu erinnern, wie sehr ich *ihn* brauche.

Inzwischen hat die Sonne ihren Zenit überschritten und

senkt sich allmählich im Westen dem Horizont zu. Meine letzte Wasserflasche ist fast leer. Wir sind kilometerweit gelaufen ohne eine Ahnung, wo wir sind, und verlassen uns darauf, dass unser Reiseleiter uns hier herausführt. Ich glaube nicht, dass ich noch viel weiter laufen kann. Als ich nach vorne blicke und sehe, dass unser Weg am Fuß einer imposanten Gebirgskette endet, die hoch über uns aufragt, will ich mich hinsetzen und heulen. Müssen wir etwa den ganzen Weg, die vielen Kilometer zurück durch diese Wüste wandern? Unser Reiseleiter geht weiter, immer auf den Fuß des Gebirges zu. Der einzige Weg, so scheint es, führt die steile Wand hinauf. Unmöglich.

Kurz darauf erreichen wir das Ende unseres Pfades und sinken müde und entmutigt auf den Boden, um uns auszuruhen. Es fehlt nicht viel und wir hätten angefangen, unseren Reiseleiter mit Steinen zu bewerfen. Aber nachdem er uns ein bisschen hat verschnaufen lassen, scheucht er uns wieder auf – und zeigt uns eine beinahe unsichtbare Treppe, die von Menschen in die Klippen gehauen wurde, und die eisernen Handläufe, die daran entlangführen. Ich glaube, ich weiß jetzt, wie die Israeliten sich fühlten, als Mose mit seinem Stab auf den Fels schlug und auf wundersame Weise Wasser daraus hervorschoss. Ich folge dem Wanderführer die gefährliche Klippe hinauf, einen vorsichtigen Schritt nach dem anderen.

> *Israels Niedergang erfolgte nicht, als sie obdachlose Wanderer in der Wüste waren, sondern als sie in Städten lebten, in denen sie sich selbst versorgen konnten und wohl genährt waren.*

Endlich komme ich ganz atemlos von dem Aufstieg oben an und sehe, dass unser klimatisierter Reisebus auf uns wartet. Während die anderen Wanderer aus schwindelnder Höhe Fotos machen, entferne ich mich alleine von der Gruppe und genieße den Ausblick auf die schier endlose Wüste um mich herum. Ich denke an den langen Weg hierher. Dieser einschüchternde Ort hat eine Schönheit, die ich nicht hätte missen wollen. Die Wüste hat mir einen Eindruck von meiner eigenen Schwachheit gegeben und davon, wie sehr ich Gott brauche. Er scheint mir jetzt ganz nah zu sein, während ich in der unberührten, kahlen Stille stehe. Bis heute hatte ich gedacht, mein Leben wäre in einer Sackgasse gelandet. Aber auch wenn der Pfad noch immer vor meinen Blicken verborgen ist und der Anstieg beschwerlich und gefährlich sein kann, kennt Gott wirklich den Weg.

Zu Hause warten immer noch beängstigende Veränderungen und Herausforderungen auf mich, aber ich habe keine Angst mehr vor der Wüste. Dort werde ich immer wieder neu lernen, Gott zu vertrauen.

Es wird Zeit, in den Bus zu steigen und mich von der kühlen Luft erfrischen zu lassen. Ich falle auf meinen Sitz, um meine wohlverdiente Pause zu genießen. Zu Hause warten immer noch beängstigende Veränderungen und Herausforderungen auf mich, aber ich habe keine Angst mehr vor der Wüste. Dort werde ich immer wieder neu lernen, Gott zu vertrauen.

Hilflos

Nach einem gehaltvollen Essen und einem guten Nachtschlaf wandern wir weiter durch die Wüstenregionen im Süden Israels. Heute werden wir den Ramon-Krater besichtigen, eine kleinere Version des amerikanischen Grand Canyon, aber nicht weniger schön und Ehrfurcht gebietend. Wir fangen oben an der Kante der Schlucht an und blicken in die zerklüftete Spalte in der Erdkruste hinunter, die siebenunddreißig Kilometer lang und siebeneinhalb Kilometer breit ist. Man hat mir gesagt, dass die regenbogenartigen Schichten aus Stein und Lehm und Sedimenten ein Paradies für Geologen sind, mitsamt ihren prähistorischen Fossilen und Überbleibseln eines erloschenen Vulkans. Die trostlose, rötlich goldene Landschaft sieht so aus, wie ich es mir auf dem Mars vorstelle – ohne jegliches Leben. Aber unser Reiseleiter versichert uns, dass dies ein Naturschutzgebiet ist und dass dort wilde Steinböcke, Gazellen und Hyänen leben und andere Tiere, denen ich auf unserem Weg nicht begegnen möchte: Leoparden. Wir fotografieren von diesem Aussichtspunkt aus, atmen die saubere Wüstenluft ein, genießen die überraschend frische Brise und steigen dann in den Bus, um zu unserem Wanderweg am Grund des Canyons zu gelangen, der hundertfünfzig Meter unter uns liegt.

Schon bald laufe ich durch eine fremdartige Landschaft, die mich an einen billigen Science-Fiction Film erinnert. Je tiefer wir in den Canyon vorstoßen und je weiter wir uns von unserem Bus entfernen, desto mehr wird mir meine völlige Hilflosigkeit bewusst. Ohne Bäume kann ich mir keinen Unterstand bauen, um der erbarmungslosen Hitze zu entfliehen. Man hat uns gewarnt, dass zwischen den Felsen Skorpione und Vipern hausen. Was aussieht wie eine Oase, ist oft eine Fata Morgana. Nirgends kann man Hilfe holen – und die Leere geht immer weiter, ohne dass ein Ende in Sicht ist. Meine ganze Unabhängigkeit löst sich an diesem feindlichen, schonungslosen Ort in Luft auf.

Bevor ich an diesem Morgen mein Hotelzimmer verließ, habe ich Psalm 63 gelesen – „Ein Psalm Davids … aus der Zeit, als er in der Wüste Juda war." David verbrachte viele Jahre an trostlosen Orten wie diesem, während er sich vor seinem Feind, König Saul, versteckte. Wie hat er Zweifel und Entmutigung überstanden, die er empfunden haben muss, und wie die schreckliche Hilflosigkeit?

Der Psalm beginnt so: „Gott! Du bist mein Gott! Ich sehne mich nach dir, dich brauche ich! Wie eine dürre Steppe nach Regen lechzt, so dürste ich, o Gott, nach dir" (V. 2). Mit anderen Worten, David befand sich nicht nur in einer physischen

Dürreregion, sondern auch in einer geistlichen Wüste. Ich stelle mir vor, wie er auf einem trostlosen Weg wie diesem wanderte, erschöpft und mutlos und verschwitzt und in dem Wissen, dass Sauls Armee mit ihren Waffen und Vorräten und Wasservorräten auf der anderen Seite des Hügels wartete. Der Tag, an dem der Prophet Samuel Öl auf sein Haupt gegossen und ihn zum König von Israel gesalbt hatte, muss ihm wie ein längst verblasster Traum vorgekommen sein, so enttäuschend wie eine Fata Morgana. Wie leicht wir doch an Gottes Verheißungen zweifeln können, wenn wir müde sind und Durst und Angst haben.

Wie leicht wir doch an Gottes Verheißungen zweifeln können, wenn wir müde sind und Durst und Angst haben.

David bekämpft sein Gefühl der Hilflosigkeit, indem er sich an das erinnert, was er von Gott weiß: „Ich suche dich in deinem Heiligtum, um deine Macht und Herrlichkeit zu sehen“ (V. 3). Er ruft sich Gottes große Liebe zu ihm in Erinnerung, und auch wenn Davids jetzige Umstände so hoffnungslos erscheinen wie diese Wüste um ihn herum, verlässt er sich nicht auf das, was er sieht. Es ist eine Fata Morgana. Gottes Verheißungen sind die Wirklichkeit, und deshalb sagt David zuversichtlich: „Die mir nach dem Leben trachten, müssen alle selbst umkommen“ (V. 10).

Wir kennen das Ende der Geschichte – Saul und seine Truppen wurden vernichtet und David wurde König – und deshalb vergessen wir leicht, dass David, als er diese Worte schrieb, nicht einmal wusste, ob er die Wüste überleben würde, geschweige denn, dass er einmal König von Israel sein würde. Aber er beschloss, Gott zu vertrauen, und genau das kann ich auch tun. Ich kann mich an das erinnern, was ich über Gott weiß, daran, wie weit er mich auf meiner Reise begleitet hat. Ich kann mich an seine Güte und Treue erinnern, die er mir in der Vergangenheit erwiesen hat, an die Stürme und Dürreperioden, durch die er mich schon getragen hat. Ich kann in den unendlichen, wolkenlosen Himmel hinaufblicken und mich darauf verlassen, dass er mich liebt. „Denn so hoch, wie der Himmel über der Erde ist, so groß ist seine Liebe zu allen, die ihm mit Ehrfurcht begegnen" (Psalm 103,11). David hat darauf vertraut, dass seine Zeit in der Wüste ein Ende haben würde und auch seine geistliche Dürre: „Ich juble dir zu und preise dich, ich bin glücklich und zufrieden wie bei einem Festmahl … unter deinem Schutz bin ich sicher und geborgen" (Psalm 63,6.8).

Eine Gruppe Studenten, die vor uns wandert, fängt an zu singen. Ich höre, wie mein Mann hinter mir unbeschwert lacht, und ich erinnere mich daran, dass auch David in der Wüste nicht allein war. Nicht nur, dass er Gottes Gegenwart spürte, sondern er hatte auch Gefährten aus Fleisch und Blut: „Bald scharten sich noch andere um ihn: Menschen, die sich in einer ausweglosen Lage befanden, die Schulden hatten oder verbittert waren. Schließlich war es eine Gruppe von etwa 400 Mann, und David wurde ihr Anführer" (1. Samuel 22,2). *Ausweglos* und *verbittert*? Puh! Das ist nicht gerade die Gesellschaft, die ich mir aussuchen würde. Ich habe schon öfter Zeit mit mürrischen, sich selbst bemitleidenden Nörglern verbracht und ich konnte es kaum erwarten, sie wieder loszuwerden. Unzufriedenheit kann so ansteckend sein wie Windpocken. Nörgler knabbern an der Hoffnung wie Kinder an Süßigkeiten. Aber Gott hat David diese vierhundert unzufriedenen Männer als Gefährten gegeben. Sie ertrugen zusammen mit ihm Jahre voller Mühsal an diesem gefährlichen Ort, und als David endlich König wurde, nahmen sie auch an seinem Triumph teil.

> *Ich habe mich schon so oft allein gefühlt auf meinem Weg, aber trotzdem hatte ich Angst davor, jemandem meine Angst und Schwäche zu zeigen.*

Trost kam auch von Davids gutem Freund Jonatan, dem Sohn von Davids Gegner, König Saul. „In der darauf folgenden Zeit hielt David sich in den unzugänglichen Bergen der Wüste Sif versteckt. … Eines Tages, als David sich gerade in Horescha in der Wüste Sif aufhielt, kam Jonatan zu ihm. Er ermutigte David, nicht aufzugeben, sondern auf die Hilfe Gottes zu vertrauen" (1. Samuel 23,15-16). Das ist die Art Freund, die wir in Wüstenzeiten brauchen – wie eine liebe Freundin von mir, die einmal alles stehen und liegen ließ, um mit mir im Wartezimmer des Krankenhauses zu sitzen und zu beten, als mein Mann eine Notoperation über sich ergehen lassen musste. Eine solche Freundin sollte ich auch für andere sein.

Ich habe mich schon so oft allein gefühlt auf meinem Weg, aber trotzdem hatte ich Angst davor, jemandem meine Angst und Schwäche zu zeigen. Was würden sie von mir halten? Jemand, der so lange Christ ist wie ich, sollte doch nicht ängstlich und mutlos sein. Wieder nehme ich mir König David zum Vorbild. Er war ein mächtiger Krieger, der ganz alleine einem Riesen gegenübergestanden hatte, aber trotzdem scheute er sich nicht, sich an seine Freunde zu wenden, wenn er Ermutigung brauchte, oder um Hilfe bei seinen Schlachten zu bitten. Warum versuche ich immer, so unabhängig zu sein und mit Entmutigung und Veränderungen und Verlust alleine klarzukommen? Warum bin ich zu stolz, andere um ihr Gebet zu bitten? Selbst Jesus hat in Gethsemane seine Freunde gebeten, mit ihm zu beten.

Ich drehe mich um und sehe hinter mir, dass eine Studentin aus unserer Gruppe ganz für sich allein geht. Ihr Gesicht ist gerötet und sie schleppt sich schwitzend und kraftlos vorwärts. Ich werde langsamer und warte, bis sie mich eingeholt hat. Ihre Wasserflaschen sind leer, also biete ich ihr etwas von meinem Wasser an. „Woher kommen Sie?", frage ich sie. „Und was studieren Sie?" Während ich ihr zuhöre, vergesse ich meine eigenen schmerzenden Füße und meinen müden Körper eine Zeit lang, und ich glaube, sie fühlt sich auch etwas besser.

Die Wüste ist ein Ort, an dem wir uns auf Gott stützen und uns auf seine Verheißungen verlassen können, aber sie ist auch ein Ort, an dem wir entdecken können, dass die Arme, die er ausstreckt, und die Ohren, die sich unsere Ängste anhören, manchmal Menschen aus Fleisch und Blut gehören. Anstatt meine Mutlosigkeit allein mit mir herumzuschleppen, darf ich Hilfe annehmen und sie auch selbst anderen anbieten. Wie Davids verbitterte Gefährten, die keinen Ausweg mehr sahen, können die Menschen, die Gott mir schickt, genauso erschöpft sein oder Angst vor der Zukunft haben wie ich. Vielleicht wird die Reise für uns alle leichter, wenn wir gemeinsam beten und uns gegenseitig beim Tragen unserer Last helfen.

Vielleicht wird die Reise für uns alle leichter, wenn wir gemeinsam beten und uns gegenseitig beim Tragen unserer Last helfen.

Sternschnuppen

Wir sind beinahe am Ende unseres Weges angekommen. Ich blicke auf und staune über den schönen, wolkenlosen Wüstenhimmel, und dann sehe ich plötzlich, wie eine Sternschnuppe von einer Seite des Horizonts zur anderen über den Himmel zieht. „Hast du das gesehen?“, frage ich meinen Mann. „Da war gerade eine Sternschnuppe!“

Er starrt mich an, als wäre ich nicht ganz bei Trost. „Lynn, du kannst keine Sterne sehen – es ist helllichter Tag.“ Es dauert einen Augenblick, bis mir klar wird, was ich gerade gesehen habe. Eine Rakete! Schließlich sind wir in Israel, einem Land, das ständig gegen feindliche Angriffe gewappnet ist.

Dieses winzige Land, das gerade einmal so groß ist wie New Jersey, war seit seiner Gründung von Feinden umgeben, die in der Überzahl waren. Es hat eine Fläche von etwas mehr als 20.000 Quadratkilometern, während ungefähr 13 Millionen Quadratkilometer Land den umliegenden muslimischen Staaten gehören. Und Israels Bevölkerung von 7 Millionen Einwohnern ist winzig im Vergleich zu den 330 Millionen Menschen, die seine Nachbarvölker insgesamt zählen. Kein Wunder, dass wir jeden Tag israelische Kampfjets am Himmel patrouillieren sehen, die alles von oben beobachten. Ein oder zwei Mal bin ich zusammengezuckt, wenn ein Düsenjet mit einem lauten Knall die Schallmauer durchbrochen hat.

> *Feinde machen sich unsere Orientierungslosigkeit und Verwundbarkeit gerne zunutze, um sich anzuschleichen und uns zu überfallen, wenn wir verloren und schwach sind.*

Unser Bus ist durch militärische Kontrollstellen gefahren, die mit gut bewaffneten, düster dreinblickenden Soldaten besetzt waren. Wir haben Sicherheitszäune mit Stacheldraht und Schutzmauern gesehen und Schilder, die vor den Gefahren vergrabener Landminen warnen. Wir wurden auf dem Weg in Restaurants oder Einkaufszentren von Metalldetektoren überprüft und unsere Handtaschen und Rucksäcke wurden durchsucht. Und es ist ganz normal, jugendliche Soldaten bei McDonald's Pommes essen zu sehen, das Gewehr auf den Rücken geschnallt. Ja, Israel ist sich seiner Feinde sehr bewusst. Und trotzdem fühle ich mich hier vollkommen sicher. Der Preis der Freiheit, hat einmal jemand gesagt, ist ewige Wachsamkeit.

Im Moment bin ich mir keiner Feinde bewusst, die mich hier in der Wüste verfolgen könnten – abgesehen von Durst und Müdigkeit vielleicht. Aber ich weiß aus der Bibel, dass Feinde oft verlassene Gegenden wie dieses Niemandsland hier auswählen, um ihre Angriffe zu starten. Mose hatte die Israeliten erst eine kurze Strecke von Ägypten weggeführt, als der Pharao und seine Truppen in Streitwagen und mit blitzenden Schwertern und Speeren hinter ihnen herjagten. Ein Stück weiter, bevor die müden Israeliten ihr Ziel am Berg Sinai erreichen konnten, griffen überraschend die Amalekiter an. Und wo wurde Jesus von seinem Widersacher, dem Satan, versucht? In der Wüste.

Feinde machen sich unsere Orientierungslosigkeit und Verwundbarkeit gerne zunutze, um sich anzuschleichen und uns zu überfallen, wenn wir verloren und schwach sind. Wie Raubtiere in einem Dokumentarfilm über wilde Tiere, so stürzen unsere Feinde sich immer auf die Nachzügler, die Jungen, die Schwachen. Der Angriff ist umso schrecklicher, wenn wir ihn nicht erwarten. Erinnern Sie sich an den Schock am 11. September 2001? An diesem Tag wurde dem amerikanischen Volk bewusst, dass es Feinde hatte, die es nicht einmal kannte. Noch Monate danach wurden alle Amerikaner aufgefordert, wachsam zu sein und auf verdächtige Personen oder Verhaltensweisen zu achten. Und dann wurden wir nachlässig und vertrauten darauf, dass das Innenministerium seine Arbeit machte.

Die Rakete, die gerade über den Himmel gezogen ist, hat mich aus meinem Schlummer gerissen. Ich befinde mich seit Monaten in einer Wüste, geistlich geschwächt und anfällig für feindliche Angriffe, aber ich war nicht wachsam. Israels ständige Alarmbereitschaft zu sehen, erinnert mich daran, dass ich als Bürgerin in Gottes Reich immer im Krieg sein werde, bis Jesus wiederkommt. „Bleibt besonnen und wachsam! Denn der Teufel, euer Todfeind, läuft wie ein brüllender Löwe um euch herum. Er wartet nur auf ein Opfer, das er verschlingen kann“ (1. Petrus 5,8). Und der Teufel ist nicht mein einziger Feind. Die Reize der Welt und meine eigenen menschlichen Wünsche und Ängste wollen mich von Gottes Weg abbringen. Die Depression und Trägheit, die ich in letzter Zeit empfunden habe, sind wahrscheinlich die Folgen eines solchen Angriffs. Ich habe dem Feind erlaubt, mich meiner größten Waffe zu berauben – der Freude. Ich kenne doch die Stelle in der Bibel: „Die Freude am Herrn gibt euch Kraft!“ (Nehemia 8,10)

Als die Christen in Philippi unter feindlichem Beschuss standen, schrieb der Apostel Paulus ihnen: „Freut euch Tag für Tag, dass ihr zum Herrn gehört. Und noch einmal will ich es sagen: Freut euch!“ (Philipper 4,4) Ausgepeitscht und im Gefängnis angekettet, lobten Paulus und Silas Gott. Und an allen drei jährlichen Pilgerfesttagen Israels erhielt Gottes Volk den Auftrag: „In der Gegenwart des Herrn sollt ihr fröhlich feiern, zusammen mit euren Söhnen und Töchtern, euren Sklaven und Sklavinnen“ (5. Mose 12,12). Überall in den Psalmen explodiert die Freude wie Feuerwerk und sie ist das mächtigste Abwehrsystem, das es gibt.

Abgesehen davon, dass ich mich wieder mit der Freude bewaffnen sollte, muss ich auch die Lücken in meiner Abwehr kennen, die Stellen also, an denen ich verwundbar bin und an denen der Feind mich schon öfter erfolgreich angegriffen hat. Eine meiner größten Schwachstellen ist die Sorge. Ich kann von einem Problem völlig besessen sein und Argumente für und wider wälzen und damit ganze Tage mit unproduktiver Grübelei vergeuden. Die meisten Dinge, über die ich mir Sorgen mache, treten nie ein. Ich muss mir eine Abwehrstrategie gegen diese Sorgen überlegen, zum Beispiel ein Gebetstagebuch zu führen, das ich lesen kann, wenn ich unter Beschuss bin. Es kann mich an all die Gelegenheiten erinnern, bei denen Gott sich in der Vergangenheit schon einmal um meine Sorgen gekümmert und meine Gebete auf eine Weise erhört hat, die ich mir nie hätte träumen lassen.

Die Freude ist das mächtigste Abwehrsystem, das es gibt.

Der Preis der Freiheit ist ewige Wachsamkeit.

Die jungen israelischen Soldaten, die ihre Gewehre überall

mit hinnehmen, stellen ihre Wachsamkeit zur Schau. Bei uns zu Hause läuft niemand voll bewaffnet herum, nur die Polizei. Aber wenn ich verstanden habe, dass mein Feind niemals die Waffen niederlegen und einen Friedensvertrag mit mir unterzeichnen wird, wäre es klug, immer aufmerksam zu bleiben. „Greift zu den Waffen Gottes, damit ihr alle heimtückischen Anschläge des Teufels abwehren könnt!“, warnte Paulus die Christen in Ephesus (Epheser 5,11). Jesus benutzte einen Teil dieser Waffenrüstung, nämlich den „Gürtel der Wahrheit“, als er in der Wüste versucht wurde und den Lügen des Teufels die Wahrheiten aus Gottes Wort entgegenhielt. Und als seine Jünger sich darüber freuten, dass sogar Dämonen sich ihnen in Jesu Namen fügen mussten, erwiderte er: „Ich sah den Satan vom Himmel fallen wie einen Blitz“ (Lukas 10,18). Bamm! Wenn das keine erfolgreiche Abwehr war!

> *Ich weiß, dass ich bei all den Veränderungen und Umbrüchen in meinem Leben leichte Beute für den Feind sein könnte.*

Wie der Staat Israel muss auch ich immer wachsam bleiben, bewaffnet mit der ganzen Rüstung Gottes, wenn ich den Versuchungen der Welt, dem Fleisch und dem Teufel widerstehen will. Ich habe einen Feind, dessen Strategie ein Überraschungsangriff ist, vor allem, wenn ich schwach bin. Und ich weiß, dass ich bei all den Veränderungen und Umbrüchen in meinem Leben leichte Beute für ihn sein könnte. Von jetzt an muss ich den Gürtel der Wahrheit die ganze Zeit tragen, dazu den Helm der Gewissheit, dass Jesus mich errettet hat, vor allem während meiner Wüstenzeiten. Und dazu den „Schild des Glaubens, an dem die Brandpfeile des Teufels wirkungslos abprallen“ (Epheser 6,16).

[Gott ließ] sein Volk aufbrechen und führte es durch die Wüste wie ein Hirte seine Schafe. Sie fürchteten sich nicht, so sicher führte er sie; … Bis ins heilige Land brachte er sein Volk.

Psalm 78,52-54

Ein neues Gebet für die Reise

Himmlischer Vater,
Ursprung allen Lebens, ich lobe dich, weil du uns voller Liebe mit allem versorgst, was wir brauchen. So wie du den Israeliten in der Wüste Wasser aus einem Fels gegeben hast, gibst du uns Jesus, das lebendige Wasser, und das Versprechen, dass wir nie wieder Durst haben werden. Vergib mir, dass ich über diese Wüste gemeckert habe, in der ich unterwegs bin. Ich sehe jetzt, dass du sie benutzen willst, um mir zu zeigen, wie hilflos ich bin und wie sehr ich dich brauche, und um mich zu lehren, dir zu vertrauen. Herr, ich danke dir für die Gefährten, die du mir für diese Reise an die Seite gestellt hast. Hilf mir, nicht mehr in meinem eigenen Kummer und Stolz zu baden, sondern mich daran zu erinnern, dass wir geschaffen wurden, um miteinander zu gehen und miteinander zu beten. Zeig mir jemanden, für den ich an diesem Ort eine Gefährtin sein kann. Und schenk mir die Freude meiner Errettung wieder, damit ich für andere müde Wanderer ein Brunnen des Lebens sein kann.
Amen.

Fragen zum Kapitel

- Wann ging es Ihnen zuletzt so wie Lynn Austin in der Wüste, als sie schreibt: „Die trostlose Landschaft spiegelt den Zustand meiner Seele wider: ausgedörrt und leblos.“ Was tun Sie in solchen Situationen?

- Welche Gefühle haben Sie, wenn Sie Wüstenzeiten durchleben?

- Wie denken Sie über die folgende Aussage von Lynn Austin: „Wenn Gott uns aus unseren alten Gewohnheiten aufrütteln und uns auf einen neuen Weg mit ihm führen will, dann fängt er manchmal mit einer Wüstenwanderung an.“ Haben Sie schon Ähnliches erlebt?

- Könnte es Gründe in Ihrem Leben geben, warum Gott Ihnen ausgerechnet jetzt eine Wüstenwanderung zumutet? Welche Gründe vermutet Lynn Austin bei sich?

- Wie ist es dazu gekommen, dass Lynn Austin am Ende sagen kann: „Zu Hause warten immer noch beängstigende Veränderungen und Herausforderungen auf mich, aber ich habe keine Angst mehr vor der Wüste. Dort werde ich immer wieder neu lernen, Gott zu vertrauen."

- Welche Gefahren lauern auf uns, wenn wir durch eine Zeit der Wüste gehen müssen? Welche Ängste müssten wir überwinden?

- Welche geistlichen Erkenntnisse zieht die Autorin aus Israels konstanter Alarmbereitschaft?

- Welche Rolle spielt die Freude, wenn es darum geht, geistlich gerüstet zu sein? Lesen Sie dazu Nehemia 8,10.

- Wo sind Sie persönlich gefährdet, den geistlichen Kampf zu verlieren? Welche Teile der Waffenrüstung Gottes aus Epheser 6 müssten Sie wieder aktivieren?

3

Die Wüste Juda

Herr, allmächtiger Gott, durch deine starke Hand und deine Macht hast du den Himmel und die Erde geschaffen. Nichts ist dir unmöglich.

Jeremia 32,17

Wir haben die Wüste Zin hinter uns gelassen und sind weiter nach Norden gereist, um eine etwas weniger trostlose Wüste zu erforschen, die Wüste Juda. Unser erster Halt ist Masada, die Bergfestung von König Herodes. Aus der Ferne sieht die Anlage nicht sehr vielversprechend aus, man sieht sie in den sepiafarbenen Hügeln ringsum kaum, aber ich mache allmählich die Erfahrung, dass der erste Eindruck täuschen kann.

Um die Festung zu erreichen, die 365 Meter über uns thront, haben wir zwei Möglichkeiten: eine fünfundvierzigminütige Wanderung in der sengenden Wüstenhitze den Schlangenpfad hinauf oder eine dreiminütige Fahrt in einer modernen Seilbahn. Ich winke von meiner Gondel aus den Wanderern auf dem Schlangenpfad zu. Der Ausblick während meiner Fahrt hinauf raubt mir den Atem, so wie der Anstieg ihn den Wanderern rauben dürfte. Ich kann kilometerweit sehen, aber außer dem Toten Meer, das in der Ferne blau schimmert, hat das wilde Terrain um mich herum die Farbe von trockenen Knochen.

Der Schlangenpfad war der einzige Weg nach oben, als König Herodes Masada erbaute, aber ich bin mir sicher, dass er nie den steilen Hang zu seinem Wüstendomizil hinaufgeklettert ist. Seine zahlreichen Sklaven werden ihn in einer Sänfte mit Baldachin nach oben getragen haben. König Herodes war ein Mann großer Exzesse, der Dutzende riesiger, ehrgeiziger Bauprojekte überall in Israel begann, darunter auch die gesamte Stadt Cäsarea mit ihrem künstlich angelegten Hafen, das Grab der Patriarchen in Hebron und ein kompletter Wiederaufbau des Tempelkomplexes in Jerusalem. Aber diese Festung mitten im Nirgendwo, die ich gleich besichtigen werde, oben auf einem so gut wie unerreichbaren Berg, ist ein Zeugnis seiner Paranoia. Dies ist derselbe König Herodes, der die Babys in Bethlehem hat abschlachten lassen, weil er seinen Rivalen, den neugeborenen Jesus, töten wollte. Außerdem brachte Herodes auch seine Frau und drei seiner eigenen Söhne um, dazu unzählige Gegner, echte und eingebildete.

Kurz darauf erreichen wir den Gipfel und fangen an, die Hochebene zu erkunden. Sie ist beinahe 750 Meter lang und so breit wie drei Fußballfelder. Wir laufen durch ein Labyrinth aus Lagerhäusern, die gebaut wurden, um riesige Mengen Nahrungsmittel zu speichern: Wein, Korn und Olivenöl, dazu natürlich auch Waffen. Wir steigen etwa sechzig Stufen hinunter in eine riesige unterirdische Zisterne mit dicken verputzten Mauern, die fast 30.000 Kubikmeter Wasser aufnehmen kann. Wir wollen alle wissen, wo Herodes mitten in einer staubtrockenen Wüste Wasser gefunden hat! Unser Reiseleiter erklärt, wie seine genial konstruierten Dämme und Rohre jeden der seltenen Regentropfen von den umliegenden Hügeln auffingen und in zwei unterirdischen Zisternen lagerten. Paranoia kann einen Menschen sehr erfinderisch machen.

Während ich mir die vielen Gebäude auf diesem flachen Berg ansehe, verstehe ich allmählich, dass Herodes nicht die Absicht hatte, sich in einer unwirtlichen Festung zu verbarrikadieren. Masada hat Wachtürme und eine dicke Mauer um das Hochplateau herum, aber es bietet auch allen Komfort, den ein dekadenter König sich nur wünschen kann: ein römisches Badehaus mit Fresken an den Wänden; zwei Paläste mitsamt Badewannen und Mosaikböden; sogar einen privaten Swimmingpool. Ich wandere eine Reihe Treppen und Gänge entlang, um mir den nördlichen Palast von Herodes anzusehen. Er ist auf drei Terrassen angelegt, die wie der Bug des schiffsförmigen Berges in den steilen Fels gehauen sind, und irgendwie erinnert mich das Ganze an das junge Paar in dem Film Titanic. Die wunderschön ausgeschmückten Räume sind strategisch platziert, um die abendliche Brise einzufangen, während Herodes zum in der Ferne liegenden Toten Meer hinausblickt. Der spektakuläre „Ich-bin-Herrscher-der-Welt"-Ausblick ermöglichte es ihm außerdem zu sehen, wenn sich Feinde näherten.

Herodes musste vor seinen Feinden nie nach Masada fliehen, aber eine kleine Gruppe jüdischer Patrioten hat es getan. Sie stiegen mit ihren Familien den Berg hinauf, um den römischen Armeen zu entkommen, nachdem Jerusalem und der Tempel zerstört worden waren. Die Römer hatten große Teile der jüdischen Bevölkerung abgeschlachtet und die Überlebenden in die Sklaverei verschleppt. Aber dank der Vorräte an Lebensmitteln und Wasser, die Herodes angesammelt hatte, konnten die Flüchtlinge sich mehrere Jahre lang auf Masada verstecken. Hier waren sie in Sicherheit. Wer würde sich schon um die letzten paar jüdischen Nachzügler mitten in einer abgelegenen Wüste kümmern?

Die Römer taten es. Sie waren genauso fanatisch, wie Herodes es gewesen war, was die Vernichtung auch noch des letzten Feindes betraf, und schickten die zehnte Legion, um Masada zu belagern. Während ich vom Gipfel hinunterblicke, sehe ich die ordentlichen Reihen römischer Zelte vor mir, in denen die Soldaten dort unten genächtigt haben müssen. Ich habe ein flaues Gefühl im Magen, als ich mich frage, wie die jüdischen Familien sich wohl gefühlt haben mochten, als sie so hinunterschauten und wussten, dass sie von gut bewaffneten, gut ausgebildeten Soldaten umzingelt waren. Der erbarmungslose Feind ließ ihnen keine Möglichkeit zur Flucht, keine andere Wahl, als aufzugeben – und jeder Mann auf Masada wusste, was die Römer mit ihren Frauen und Kindern machen würden, wenn sie sich ergaben.

Wir wandern zur Westseite der Festung hinüber und sehen die Belagerungsrampe, die die Römer bauten, damit ihre Soldaten die Festung erstürmen konnten, ohne den Schlangenpfad zu benutzen. Sie benutzten jüdische Sklaven, um die Rampe zu bauen, weil sie wussten, dass die Verteidiger Masadas nicht ihre eigenen Landsleute angreifen würden. Ich stelle mir vor, wie die Verzweiflung der Flüchtlinge von Tag zu Tag wuchs, so wie die Rampe.

Wir setzen uns in den Ruinen der Synagoge hin, um den Rest der Geschichte zu hören. Als die Rampe fertig war und die römische Invasion kurz bevorstand, versammelten die übrig gebliebenen 960 jüdischen Flüchtlinge sich in der letzten Nacht hier in der Synagoge und schlossen einen Selbstmordpakt, weil sie lieber sterben wollten, als dabei zusehen zu müssen, wie ihre Familien von den Römern missbraucht und versklavt wurden. Die Archäologen, die Masada ausgruben, fanden einen Haufen Tonscherben mit Namen darauf – die Lose, die dazu verwendet worden waren, um zu entscheiden, wer die Frauen und Kinder und dann sie selbst töten würde. Aber sie taten noch etwas, als sie sich in dieser letzten Nacht zum Gebet versammelten. Da sie glaubten, sie wären die letzten überlebenden Juden in Israel, versteckten die Männer die Schriftrolle des Propheten Hesekiel unter dem Boden – wo Archäologen sie später fanden –, und zwar aufgeschlagen beim siebenunddreißigsten Kapitel. Gott hatte Hesekiel ein Tal mit ausgedörrten menschlichen Knochen gezeigt und gefragt: „Sterblicher Mensch, können diese Gebeine je wieder lebendig werden?“ Unmöglich. Aber der Prophet antwortete: „Herr, mein Gott, das weißt du allein!“ (Hesekiel 37,3)

Den letzten Überlebenden auf Masada, die sich dem Zorn der Römer ausgesetzt sahen, schien das Ende des jüdischen Volkes sicher. Die Städte Israels waren nur noch Trümmer, die Menschen in die Sklaverei verschleppt. Nichts blieb außer trockenen Knochen, die niemals wieder zum Leben erweckt werden konnten. Aber nachdem Gott Hesekiel das Tal der Totengebeine gezeigt hatte, sagte er: „Ich, der Herr, öffne eure Gräber und hole euch heraus, denn ihr seid mein Volk. … Ich hole die Israeliten aus fernen Ländern und fremden Völkern heraus, von überall her sammle ich sie und bringe sie in ihr Land zurück“ (V. 12 und 21). Und hier stehe ich jetzt in den Ruinen von Masada knapp zweitausend Jahre später und entgegen aller Widerstände ist Israel eine blühende Nation mit einer Bevölkerung von mehr als sieben Millionen Menschen. Das Land, das Abraham und seinen Nachkommen verheißen wurde, gehört wieder ihnen. Gott hält immer seine Versprechen. Selbst in Zeiten katastrophaler Umbrüche und Veränderungen ändern sich Gottes Liebe und Treue nicht.

Der Schein kann trügen. Als die Römer endlich die Festung von Masada stürmten und sahen, dass alle Juden tot waren, glaubten sie, sie hätten das Volk Israel ein für alle Mal ausgerottet. Als König Herodes die Babys in Bethlehem töten ließ, war er der Meinung, er hätte verhindert, dass der wahre König Israels seinen rechtmäßigen Thron einnahm. Aber nichts kann Gottes

Pläne zunichtemachen. Nichts. Egal, wie hoffnungslos oder ungewiss unsere Umstände auch aussehen mögen, unser liebender Vater hat alles unter Kontrolle. „Aber dennoch: Mitten im Leid triumphieren wir über alles durch die Verbindung mit Christus, der uns so geliebt hat“ (Römer 8,37).

Wann immer der Feind zu siegen scheint und ich in ein Tal voller Gebeine blicke, wann immer ich vor dem Ende eines bestimmten Dienstes oder einer Arbeit oder einer Rolle stehe, die ich erfüllt habe, will ich mich an Masada erinnern. Wir dienen einem Gott, der Wort hält, einem Gott, der Wunder vollbringt. Meine angestrengten Versuche, mich selbst zu retten, so wie die von Herodes, werden niemals Erfolg haben. Aber was für Menschen unmöglich ist, ist bei Gott immer möglich. Wenn es aussieht, als wäre alles verloren, und Gott fragt: „Können diese Gebeine leben?“, dann soll meine Antwort lauten: „Du, Herr, weißt es.“

> *Egal, wie hoffnungslos oder ungewiss unsere Umstände auch aussehen mögen, unser liebender Vater hat alles unter Kontrolle.*

Durst

Meine Erkundung von Masada ist zu Ende und es ist Zeit für eine Pause. Das Tote Meer schimmert in der Ferne, ein klares Türkisblau. Das Wasser sieht einladend aus, aber für jeden, der Durst hat, könnte es genauso gut eine Fata Morgana sein. Das salzige, mineralhaltige Wasser ist giftig. Ich habe mich schon im Toten Meer treiben lassen – man kann darin nicht untergehen – und fand es sehr entspannend. Aber wenn selbst der winzigste Tropfen von dem Wasser auf meine Lippen spritzte, schmeckte es bitter. Manche der Mineralien aus diesem Gewässer werden benutzt, um Beruhigungsmittel herzustellen, was vielleicht erklärt, warum nach ein paar Minuten im Wasser alle lachen.

Ich finde eine Bank in der Nähe des Touristenbüros auf Masada und setze mich, um die Aussicht zu genießen, während ich auf die anderen Mitglieder der Reisegruppe warte. Da sehe ich ein kleines Außenwaschbecken mit einem Wasserhahn. Wo in aller Welt kommt jetzt dieses Wasser her, nachdem die Zisternen von Herodes ausgetrocknet sind? Masada liegt oben auf einem Berg mitten in der Wüste. Wie kann es hier oben einen Hahn mit Trinkwasser geben? Ich sehe auch, dass der Wasserhahn leckt – alle paar Sekunden löst sich ein winziger, träger Tropfen aus der Öffnung des Hahns.

> *Wir dienen einem Gott, der Wort hält, einem Gott, der Wunder vollbringt.*

Während ich immer noch über das unpassende Waschbecken nachdenke, passiert etwas Interessantes. Drei zarte braune Vögel fliegen herüber und landen auf einem Stück Erde nur wenige Meter von mir entfernt. *Vögel?* Sie wirken genauso fehl am Platz wie der Wasserhahn. Wie können Vögel an einem so trostlosen Ort ohne Bäume überleben? Schließlich ist das hier nicht mein heimischer Garten mit üppigem Laub und Meisenringen und Vogeltränke. Die nächsten Bäume sind viele Kilometer entfernt. Eine wahrlich leblose Gegend.

Ich sitze ganz still und beobachte die Vögel. Sie mustern mich nervös, so als wollten sie sich vergewissern, dass ich ihnen nichts tue. Dann flattert einer von ihnen auf und setzt sich auf den Wasserhahn. Der Vogel steckt seinen Schnabel in das Rohr und fängt den einen, kostbaren Tropfen Wasser auf, dann fliegt er davon. Der zweite Vogel tut es ihm gleich, dann der dritte. Ich kann mir eine so knauserige Existenz Tropfen für Tropfen nicht vorstellen.

Durst ist eines der durchgängigen Themen in der Bibel, das

ich oft übersehe – bis eine Reise nach Israel und einige Stunden in der sengenden Wüstensonne mich daran erinnern, warum das Wasser in der Bibel eine so wichtige Metapher ist. Eine der ersten Klagen der Israeliten, nachdem sie aus der Sklaverei in Ägypten befreit worden waren, hatte mit Durst zu tun. Gott zeigte seine Liebe und die zuverlässige Beziehung zu seinem Volk, indem er für genügend Wasser sorgte – aus einem Fels! In der Wüste! Auch nachdem sie sich im verheißenen Land niedergelassen hatten, war den Menschen immer noch bewusst, wie kostbar das Wasser war und wie sehr sie darauf angewiesen waren, dass Gott es regnen ließ. In einem Land ohne Wasserhähne mussten die Israeliten jeden Tag zu ihren Brunnen und Zisternen gehen, um ihre Vorräte aufzufüllen. Unser tägliches … Wasser gib uns heute.

Meine Großmutter sagte immer: „Man vermisst das Wasser erst, wenn der Brunnen austrocknet", aber in meinem Leben als Städterin habe ich kaum jemals einen Mangel an Wasser erlebt. Ich lebe nahe an einem scheinbar unendlichen Vorrat davon am Lake Michigan. Ich kann genüsslich duschen und meinen ausgetrockneten Rasen mit der Sprinkleranlage wässern. Wasser fließt, gefiltert und gekühlt, aus der Tür meines Kühlschranks, wann immer ich welches haben möchte. Trotzdem ist meine monatliche Wasserrechnung gerade einmal halb so hoch wie die meines Handys und meines Internetdienstleisters – Notwendigkeiten des modernen Lebens. Vielleicht sollten wir bei der jüngeren Generation eine andere Metapher wählen, um ihre Aufmerksamkeit zu erlangen, und ihnen erklären, dass ein Leben ohne Gott uns so hilflos und einsam macht wie ein Leben ohne Internet oder Handynetz.

Durst ist das Symptom für ein Bedürfnis, denn der Körper sagt mir, dass ich etwas unternehmen muss. Wenn ich dann nicht auf ihn höre, bin ich am Ende dehydriert und alle möglichen schlimmen Dinge können geschehen, darunter auch Ohnmacht und Tod. Geistliche Trockenheit ist auch ein Symptom: Etwas stimmt nicht. Tu etwas! Ich vertrockne! Ich brauche Gott. Die Sehnsucht meiner Seele nach Gott ist so endlos wie mein körperliches Bedürfnis nach Wasser. Und geistliche Dehydrierung führt zu geistlichem Tod. David hat die Parallelen erkannt, als er schrieb: „Wie ein Hirsch nach frischem Wasser lechzt, so sehne ich mich nach dir, o Gott! Ja, ich dürste nach Gott, nach dem lebendigen Gott" (Psalm 42,2-3). David dürstet nicht nach einem glanzvollen Ritual im Tempel oder nach einer anregenden Wochenendtagung, sondern nach einer tiefen, andauernden Beziehung zu seinem Vater.

> *Ein Leben ohne Gott macht uns so hilflos und einsam wie ein Leben ohne Internet oder Handynetz.*

Warum ignoriere ich meinen geistlichen Durst so oft und vergesse das grundlegendste Bedürfnis meiner Seele? Stattdessen gebe ich, wenn mir der wöchentliche Gottesdienst langweilig vorkommt und meine täglichen Andachten mich nicht zufriedenstellen, dem Musikstil in unserer Gemeinde oder der neuen Bibelübersetzung, die ich benutze, die Schuld. Genauso wenig, wie ich erwarten kann, dass ein einziges Glas Wasser eine ganze Woche lang reicht, kann mich auch ein einstündiger Gottesdienst am Sonntag oder ein eilig gesprochenes Gebet oder ein hastig überflogener Bibelvers nicht ausreichend ernähren.

Jesus sagte: „Glücklich sind, die nach Gerechtigkeit hungern und dürsten, denn sie sollen satt werden" (Matthäus 5,6). Wenn wir in einem Land mit ausreichendem Wasservorrat leben, verstehen wir die Wirkung seiner Rede nicht. „Hungern und dürsten" stehen für eine Verzweiflung, die ich kaum jemals erlebt habe – jedenfalls, bis ich hier durch die Wüste gewandert bin. Zu Hause sehe ich nicht, wie groß mein Bedürfnis nach Gerechtigkeit ist, das sich in alle Himmelsrichtungen ausstreckt wie diese Wüste. Und ich erkenne auch nicht immer, wie sinnlos es ist, meinen Durst aus den Quellen unserer Kultur zu stillen. Wie das Tote Meer versprechen sie Vergnügen und inneren Frieden, aber in Wirklichkeit wird ihr Wasser mich vergiften, wenn ich davon trinke. „Denn mein Volk hat eine doppelte Sünde begangen", sagte Gott in Jeremias Tagen zu seinem Volk. „Erst haben sie mich verlassen, die Quelle mit frischem Wasser, und dann haben sie sich rissige Zisternen ausgehauen, die das Wasser nicht halten" (Jeremia 2,13).

Ich brauche die Zisternen der Welt nicht. So wie Gott in der Wüste Wasser sprudeln ließ, um den Durst seines Volkes zu stillen, wird er auch meinen geistlichen Durst löschen, wenn ich auf meine Symptome achte und meine Bedürfnisse erkenne. Jesus sagte: „Wer an mich glaubt, wird nie wieder Durst haben" (Johannes 6,35). Wie die Vögel von Masada, die gelernt haben, wo der Wasserhahn ist, kann ich zur wahren Quelle gehen.

Aber das bedeutet, dass ich *Zeit* mit Gott verbringen muss – und zwar mehr als eine oder zwei Stunden am Sonntag, vermute ich –, um ihn kennenzulernen, mit ihm Gemeinschaft zu haben, ihn anzubeten. Und Zeit, nicht Wasser, ist eines der kostbarsten Güter in unserer Kultur. Also hetze ich durch mein betriebsames Leben und gebe Gott ein paar geizige Tropfen von meiner Zeit, hake ihn auf meiner To-do-Liste ab und halte nicht wirklich inne, um im Gebet ausreichend von meiner Beziehung zu ihm zu trinken. Kein Wunder, dass meine Seele sich ausgedörrt und vertrocknet anfühlt.

In einem Land, in dem es jede Menge Wasser gibt, glaube ich, vergessen wir auch oft, wie kostbar der Brunnen des Heils ist und wie viel Jesus bezahlt hat, um uns von unseren Sünden reinzuwaschen und uns mit Gerechtigkeit zu kleiden. Würden wir seine Gnade so verschwenden, wenn wir daran dächten? Würden wir dann ein sündiges Leben führen und uns mit einem oberflächlichen „Tut mir leid" zufriedengeben, anstatt wahre Reue zu empfinden? Es ist kein Zufall, dass es eine der Forderungen des Alten

Testaments für die erneuerte Reinheit von Sündern war, dass sie ihre Kleider wuschen und sich in einem rituellen Bad reinigten, wobei sie eine Ressource gebrauchten, die für sie so kostbar war wie Gold – Wasser. Und Jesus hat angeordnet, dass unsere eigene symbolische Reinigung durch die Taufe mit Wasser erfolgen soll. Die gute Nachricht ist, dass seine Gnade nicht in winzigen Tropfen sickert wie dieser Wasserhahn auf Masada, sondern allen im Überfluss zur Verfügung steht, die ihren Durst erkennen.

> *Ich kenne eine Menge Menschen zu Hause, die vor Durst nach dem Wasser des Lebens sterben. Ich kann sie zur Quelle führen, damit sie nie wieder dürsten.*

Die Vögel flattern fort und kommen wieder, während ich sie dabei beobachte, wie sie sich an dem mageren Wasserspender abwechseln. Ich muss dem Drang widerstehen, den Hahn aufzudrehen und eine üppige Pfütze entstehen zu lassen, in der sie nach Herzenslust baden und trinken können. Das tue ich natürlich nicht. Aber ich kenne eine Menge Menschen zu Hause – kostbarer für Gott als Spatzen –, die vor Durst nach dem Wasser des Lebens sterben. Ich kann sie zur Quelle führen, damit sie nie wieder dürsten.

Steine und Schafe

Heute wandern wir einen schmalen, steinigen Pfad entlang in der Region, in der die Versuchung Christi stattfand. Wie all die anderen Wüstenorte, die ich gesehen habe, gibt es weder Zäune noch Grenzen noch Meilensteine in der sich scheinbar endlos erstreckenden Wüste. Es scheint, als könne es in dieser unwirtlichen Gegend keinerlei Leben geben. Aber als ich stehen bleibe, um einen Schluck Wasser zu trinken und einen Müsliriegel zu essen, sehe ich, dass sich auf einem der umliegenden Hügel etwas bewegt, so als wären die Felsen zum Leben erweckt und würden tanzen. Habe ich wegen der sengenden Hitze schon Halluzinationen?

Die wandernden Felsen erweisen sich als eine Herde struppiger Schafe, deren Wolle in dem gleichen dreckigen Beige gefärbt ist wie die Wüste. Ich beobachte, wie der Schäfer sie immer näher in meine Richtung führt, und stelle überrascht fest, dass er ein Junge ist, vielleicht zehn oder zwölf Jahre alt. Wie wird dieser Junge jemals seinen Heimweg finden? Macht seine Mutter sich denn keine Sorgen um ihn? Was da spricht, ist meine eigene Angst. Ich finde es unmöglich, mich nicht um meine eigenen Kinder zu sorgen, die so weit von zu Hause weg sind, obwohl sie erwachsen sind. Ich mache mir jetzt genauso viele Sorgen wie damals, als sie vor unserem Haus Dreirad gefahren sind.

Mir wird bewusst, dass diese Schafe nicht ziellos umherwandern. Der Hirte scheint genau zu wissen, wohin er sie bringt. Aber warum schleift er sie über so nutzloses Weideland, auf dem es außer Felsen nichts zu fressen gibt? Die Schafe haben die Köpfe gesenkt, als würden sie grasen, aber wenn ich den Boden um mich herum betrachte, sehe ich nur ein paar armselige Büschel aus trockenem Gras zwischen Steinen und Staub. Das soll wohl ein Witz sein! Dafür hat der Hirte die Tiere hergebracht? Von diesen mageren Pflänzchen sollen sie sich ernähren?

Ich habe mir immer vorgestellt, dass Davids Schafe sich auf einer üppig grünen Weide an einem kühlen, sprudelnden Bachlauf satt fraßen, während er unter einem Baum saß und auf seiner Harfe zupfte. Aber dieser Schäfer hier, der seine Herde durch unwirtliches Gebiet führt, ist das eigentliche Bild, das Jesus für uns gezeichnet hat, als er sagte: „Ich aber bin der

Mir fällt schwer dem Guten Hirten zu folgen, wenn das Terrain ausgedörrt und der Weg steil und steinig ist.

gute Hirte und kenne meine Schafe, und sie kennen mich; ... Ich gebe mein Leben für die Schafe" (Johannes 10,14-15). Die Lebenswirklichkeit als seine Jünger, als eines der „Schafe seiner Weide" (Psalm 100,3), ist ein Leben völliger Hilflosigkeit in einer rauen Umgebung, bei dem wir darauf vertrauen, dass der Hirte uns führt und versorgt.

Ich gebe zu, dass es mir schwerfällt, dem Guten Hirten zu folgen, wenn das Terrain ausgedörrt und der Weg steil und steinig ist. Noch schwerer ist es zuzusehen, wie meine Kinder ihm auf ihrem eigenen Weg durch die Wüste folgen, so wie sie alle es im vergangenen Jahr getan haben. Warum sollte er sie durch dunkle Täler führen wollen?

Vielleicht, weil der Gute Hirte, wie dieser Hirtenjunge hier, weiß, wo er Nahrung für seine Schafe findet. „Würde jemand von euch", fragt Jesus, „seinem Kind einen Stein geben, wenn es um ein Stück Brot bittet?" (Matthäus 7,9) Liebende Eltern verteilen am Esstisch keine Steine, aber manchmal sieht die Portion, die Gott uns zuteilt, einem Haufen Steine verdächtig ähnlich – hart und wenig nahrhaft. Oder wie dieses mickrige, trockene Unkraut. Wir müssen darauf vertrauen, dass es keine Steine sind. Wir müssen vielleicht gründlich suchen und eine lange, heiße Wüstenwanderung durchmachen, aber die Nahrung, zu der unser Hirte uns führt, und die Lektionen, die wir auf unserem beschwerlichen Weg lernen, werden uns für die weitere Reise stärken und nähren.

Sogar der Gute Hirte selbst wurde „vom Geist Gottes in die Wüste geführt, wo er den Versuchungen des Teufels ausgesetzt sein sollte". Als Jesus Hunger bekam, verspottete Satan ihn, indem er sagte: „Wenn du Gottes Sohn bist, dann mach aus diesen Steinen Brot!" (Matthäus 4,3) Mit anderen Worten: Mach es dir leicht, denk an deine eigenen Bedürfnisse, such dir grünere Weiden als die, zu denen Gott dich führt. Es ist für uns so leicht, diese Lüge zu glauben, uns auf unsere eigenen Augen zu verlassen, anstatt auf Gott, und dabei zu vergessen, dass der lange, beschwerliche Weg des Kreuzes der Weg zum ewigen Leben ist.

Als der Junge und seine traurig aussehenden Schafe zum nächsten Hügel weiterziehen, bemerke ich, dass es viele Stellen gibt, an denen die Schafe sich zwischen den Felsen verlaufen können. Ich vermute, der Junge bekommt Ärger, wenn er nach Hause kommt und eins von den Schafen seines Vaters fehlt. Aber wie hält der Schäfer in einem weiten, offenen Gebiet ohne Grenzen und Zäune seine Tiere zusammen? Das ist einer der Punkte, über die ich mir am meisten Sorgen mache, weil wir in einer Kultur leben, die keine moralischen oder ethischen Grenzen mehr kennt. Was wird meine Kinder davon abhalten, vom Weg abzukommen und verloren zu gehen? Jesus beantwortet meine Ängste, indem er erklärt, was der Gute Hirte zu tun versprochen hat: „Lässt er nicht die neunundneunzig … zurück, um das verlorene Schaf so lange zu suchen, bis er es gefunden hat?“ (Lukas 15,4)

So leicht vergessen wir, dass der lange, beschwerliche Weg des Kreuzes der Weg zum ewigen Leben ist.

Beim letzten Abendmahl, als Jesus kurz davorstand, zu seinem Vater zurückzukehren, sagte er über seine kleine Herde: „Solange ich bei ihnen war, habe ich sie in der Gemeinschaft mit dir erhalten, alle, die du mir anvertraut hast. Ich habe sie bewahrt, und keiner von ihnen ist verloren gegangen – außer dem einen, der verloren gehen musste, damit sich die Voraussage der Heiligen Schrift erfüllte“ (Johannes 17,12). Jesus hat auch versprochen, dass alle seine Schafe, also auch meine Kinder, heil wieder zur Herde zurückfinden würden: „Meine Schafe erkennen meine Stimme; ich kenne sie, und sie folgen meinem Ruf. Ihnen gebe ich das ewige Leben, und sie werden niemals umkommen. Niemand kann sie aus meiner Hand reißen. Mein Vater hat sie mir gegeben, und er ist stärker als alle anderen

Mächte. Deshalb kann sie auch keiner der Hand meines Vaters entreißen" (Johannes 10,27-29).

Obwohl meine Kinder in ihrem Leben mit Veränderungen und Wüstenzeiten werden zu kämpfen haben, wird der Gute Hirte dafür sorgen, dass sie dort Nahrung finden. Und wenn sie sich entfernen und in einer Kultur ohne Grenzen verloren gehen, hat Jesus versprochen, dass er sie suchen und zu seinem Vater zurückbringen wird, wo sie in alle Ewigkeit geborgen sein werden. „Dann wird er … seinen Freunden und Nachbarn zurufen: ‚Kommt her, freut euch mit mir, ich habe mein Schaf wiedergefunden!'" (Lukas 15,6) Kein Terrain ist zu unwirtlich, keine Entfernung zu groß, dass sie Gott davon abhalten könnte, seine Kinder zu retten. An diese Verheißung kann ich mich klammern. Ich will mich auf den Guten Hirten verlassen.

Kein Terrain ist zu unwirtlich, keine Entfernung zu groß, dass sie Gott davon abhalten könnte, seine Kinder zu retten.

En-Gedi

Unser letzter Halt in der Wüste Juda ist das Naturschutzgebiet En-Gedi in der Nähe des Toten Meeres, knapp zwanzig Kilometer nördlich von Masada. Der Bibel zufolge ist dies der Ort, an dem David sich vor König Saul versteckte, „in der Nähe des Steinbockbergs" (1. Samuel 24,2). Unsere Gruppe steigt aus dem Reisebus und fängt an, einen steilen, schmalen Pfad hinaufzusteigen. Wir befinden uns eindeutig in Davids Versteck, denn hier gibt es Steinböcke und Höhlen. Wilde Steinböcke mit langen Hörnern klettern in den felsigen Hängen umher, als hätten sie Saugnäpfe an ihren Hufen, und bieten der Schwerkraft die Stirn. Pelzige braune Kaninchen, die mich an Präriehunde erinnern, huschen zwischen den Steinen hin und her und strecken hin und wieder die Köpfe vor, um unsere Blicke zu erwidern.

Der Weg ist anstrengend. Wir steigen eine schmale Spalte zwischen Felsen hinauf, die so groß sind wie Autos. Warum in aller Welt wollte Gott, dass David sich hier versteckt? Im Osten versperrt ihm das leblose Tote Meer den Fluchtweg und in die anderen drei Richtungen erstreckt sich nichts als fruchtlose Wüste. Wo sollte David Wasser für sich und seine vierhundert Männer finden? Wie sollten sie in der erbarmungslosen Sonne überleben, in einem Land ohne Bäume – und ohne Sonnenschutzmilch? Wenn diese Männer „ausweglos und verbittert" waren, als sie sich David anschlossen, kann ich mir nicht vorstellen, dass ihre Laune sich hier draußen verbessert hat.

Allmählich sehen wir immer mehr Grünpflanzen, die zwischen den Steinen hervorsprießen. Dann höre ich es – das Geräusch von rauschendem, plätscherndem, stürzendem Wasser. Wir sind bei einer Oase angekommen. Nach dem schwierigen Anstieg fühlt sich die Luft kühl und erfrischend an. Das kalte Quellwasser ist herrlich zu trinken, die Blätter der Pflanzen grün und wundervoll. Dies könnte eine Lagune in einem Badeort in Florida sein. Andere Touristen, darunter auch eine Gruppe junger Leute schwimmen und toben in dem großen, klaren Teich unter dem Wasserfall. Einen Garten Eden mitten in dieser trockenen Wüste zu finden, ist so unerwartet, dass ich mir Davids Überraschung vorstellen kann, als er und seine Männer hier eintrafen, verschwitzt und müde und durstig. Ich sehe sie vor mir, wie sie ihre staubigen Gewänder ablegen, ausgelassen lachen und in das erfrischende Wasser springen. Gott hat ganz eindeutig doch für sie gesorgt.

Eine Oase in der Wüste zu entdecken, sollte mich eigentlich nicht überraschen.

Eine Oase in der Wüste zu entdecken, sollte mich eigentlich

nicht überraschen. Immer wieder habe ich in der Bibel und in meinem Leben gesehen, wie Gott Zeiten und Orte der Erholung für seine müden Kinder schafft. Es können so unterschiedliche Dinge sein wie dieses Trinkwasserreservoir in der Nähe des Toten Meeres oder eine Wochenendfreizeit in meiner Gemeinde. Normalerweise kostet es mich ein wenig Mühe, an solchen Veranstaltungen teilzunehmen. In meinem vollen Terminkalender Zeit zu finden oder das nötige Geld bei einem kleinen Portemonnaie ist ebenso mühsam, wie einen steinigen Bergpfad hinaufzukraxeln. Außerdem muss ich bereit sein, den öden Zustand meines geistlichen Lebens zuzugeben und mir einzugestehen, dass ich Hilfe brauche. Einfacher dagegen ist es, neben dem bitteren Wasser des Toten Meeres zu lagern und zu jammern: „Warum immer ich? Warum hilft Gott mir nicht? Warum kann ich seine Gegenwart nicht spüren?“, anstatt zu suchen und zu klettern und die geistlichen Muskeln anzustrengen, die vom Mangel an Bewegung ganz schlaff geworden sind.

In Selbstmitleid zu baden, ist so einschläfernd und hypnotisierend wie das Schwimmen im Toten Meer.

In Selbstmitleid zu baden, ist so einschläfernd und hypnotisierend wie das Schwimmen im Toten Meer. Im Gegensatz zu einem Gewässer mit frischem Wasser, in dem ich mich bewegen muss, um an der Oberfläche zu bleiben, kann ich stundenlang auf dem dichten Wasser des Toten Meeres dahintreiben, ohne mich anstrengen zu müssen. Diese Lethargie macht süchtig. Das bittere, giftige Wasser des Selbstmitleids ist nicht der richtige Ort, um den Durst einer ausgedörrten Seele zu löschen. Und wenn man sich lange genug im Toten Meer oder im Selbstmitleid treiben lässt, endet man in Feindesland am anderen Ufer – in diesem Fall im Land der Moabiter, den alten Feinden Israels.

Die zerklüfteten Berge von Moab auf der gegenüberliegenden Seite des Toten Meeres – im heutigen Jordanien gelegen – sind von unserer Oase in En-Gedi aus deutlich zu erkennen. Ich finde es interessant, dass das Volk der Moabiter aus Selbstmitleid geboren wurde. Während der Katastrophe, die diese ehemals fruchtbare Ebene in den öden Ort verwandelte, der er heute ist – der Zerstörung von Sodom und Gomorra –, wurden zwei Schwestern mitten in der Nacht aus dem Schlaf gerissen, und man sagte ihnen, sie sollten um ihr Leben rennen. Stellen Sie sich vor, wie die beiden voller Panik flohen, während die Erde unter ihren Füßen bebte und der Nachthimmel von Flammen erleuchtet war. Asche regnete auf sie nieder und Schreie des Schreckens und der Schmerzen ertönten hinter ihnen, während sie weiterliefen und den Gestank von Schwefel und Tod einatmeten. Ihr Vater Lot drängte sie in Richtung Berge, wo sie in Sicherheit sein würden, und rief: „Lauft! Dreht euch nicht um!" Aber ihre Mutter blickte zurück und plötzlich lief sie nicht mehr neben ihnen. Die verängstigten Schwestern wagten nicht, sich umzudrehen und zu sehen, was aus ihr geworden war.

Die Nacht schien endlos, der Weg ging steil bergauf, aber als endlich der Morgen anbrach, blickten die Schwestern zusammen mit ihrem Vater auf ihre zerstörte Welt hinunter. Sie waren erschüttert, weil sie nichts sahen außer Rauch und Zerstörung. Die Katastrophe hatte ihr Zuhause, ihre Stadt in glühende Asche verwandelt. Alle waren tot. Die Gesichter der Mädchen spiegelten den gleichen dumpfen, fassungslosen Schrecken wider, den wir bei Überlebenden von Erdbeben und Tornados oder Hurrikans sehen.

Tage voller Verzweiflung und Trauer vergingen, bis sie in Selbstmitleid verfielen und sich einredeten, Gott habe sie verlassen. Sie glaubten die Lüge des Selbstmitleids und beschlossen, wenn sie überleben wollten, müssten sie einen Plan haben. „Und unser Vater ist schon so alt", überlegte eine der Schwestern, „dass er bestimmt nicht mehr heiraten wird. Wenn unser Geschlecht nicht aussterben soll, dann müssen wir etwas unternehmen. Deshalb habe ich mir einen Plan ausgedacht: Wir machen ihn mit Wein betrunken und legen uns zu ihm" (1. Mose 19,31-32). Das Selbstmitleid führte zur Sünde, und beide Schwestern gebaren Söhne von ihrer inzestuösen Beziehung. Die eine nannte ihr Kind Moab, was „vom Vater" bedeutet, und aus ihm entstand das Volk der Moabiter.

Ich bin dankbar für diese Pilgerreise, denn sie ist eine klügere Wahl, als zu Hause zu bleiben und in Selbstmitleid zu baden. Auch wenn ich nicht unbedingt verreisen muss, um Gottes Oase zu finden, muss ich danach suchen, muss Gott im Gebet bedrängen und darauf vertrauen, dass er für mich sorgt, wenn alle andere Hoffnung fort ist. Er hat versprochen: „Dann werdet ihr den Herrn, euren Gott, suchen. Und ihr werdet ihn finden, wenn ihr ehrlich und von ganzem Herzen nach ihm fragt" (5. Mose 4,29). Wie David und seine Männer muss ich dem leblosen Toten Meer den Rücken kehren und anfangen zu klettern.

Auch wenn ich nicht unbedingt verreisen muss, um Gottes Oase zu finden, muss ich danach suchen.

Jetzt, wo wir auf dieser kühlen Lichtung angekommen sind, lässt unser Reiseleiter uns im Schatten eines überhängenden Felsens Platz nehmen. Er erklärt, dass dies einmal eine Höhle war, die während eines Erdbebens oder einer Überschwemmung eingestürzt ist. Vielleicht war es sogar die Höhle, in der David und seine Gefährten sich vor König Saul versteckt hielten. Sauls Jagd nach David begann auch mit einem Anfall von Selbstmitleid, nachdem er gehört hatte, wie die Jungfrauen Israels seine siegreiche Armee mit ihrem Lied besangen: „Saul hat tausend Mann erschlagen, David aber zehntausend!" (1. Samuel 18,7) Das Selbstmitleid führte zu mörderischer Eifersucht, und Saul beschloss, dass David sein Feind sei und sterben müsse.

Während ich in den Trümmern dieser Höhle sitze, frage ich

mich, warum David sich versteckt hat, anstatt zu kämpfen. Er war ein erfahrener Krieger; die Männer in seiner Gesellschaft waren verzweifelt genug, um sich zu wehren, wenn sie in die Ecke gedrängt wurden. Saul hatte siebenmal so viele Soldaten wie David, aber ungleiche Machtverhältnisse hatten David in der Vergangenheit auch nicht aufgehalten. Als Junge hatte er einen Riesen herausgefordert, der zweimal so groß war wie er, während andere Krieger sich vor Angst duckten. Wäre es für David nicht logisch zu kämpfen und das versprochene Königreich durch einen militärischen Sieg zu erreichen, so wie unzählige andere Anführer an die Macht gekommen waren? Stattdessen versteckte David sich in einer Höhle und wartete darauf, dass Gott ihm den Thron gab. Für einen gefeierten Kriegshelden muss es sich ziemlich feige angefühlt haben zu fliehen und sich zu verstecken. Zu warten ist immer schwieriger, als etwas zu tun.

Zu warten ist immer schwieriger, als etwas zu tun.

David hatte viel Zeit, um mit Gott zu reden, während er hier in seinem Versteck saß. Die Oase von En-Gedi ist ein friedvoller Ort, an dem das Wasser sprudelt und die Vögel zwitschern und die Blätter im Wind rascheln. Er schrieb einige seiner ergreifendsten Psalmen hier, die offenbaren, wie schwer es ihm fiel, Gott zu vertrauen; Psalmen, die auch heute noch in Zeiten der Veränderung Kraft und Hoffnung geben können. Wenn ich Psalm 57 lese, der während dieser Zeit in Davids Leben entstand, kann ich förmlich seine Ungeduld hören – und vielleicht auch einen Anflug von Selbstmitleid. Wird diese Verfolgung niemals enden? Ich bin das alles leid! Ich habe genug davon, in einer feuchten, sonnenlosen Höhle zu leben. Ich soll doch der König sein! David machte seinem Kummer Luft, aber auch wenn er versucht gewesen sein mochte, sich selbst leidzutun, endeten seine Psalmen immer mit Hoffnung und Vertrauen.

„Groß ist deine Güte! Sie reicht bis an den Himmel! Und wohin die Wolken auch ziehen: überall ist deine Treue!“ (V. 11) David konnte den Blick von seiner trostlosen Lage lösen und zu Gott aufschauen und auf seinen Plan vertrauen.

Dies sind die Lektionen, die ich mitnehmen möchte, allerdings ist der einzige Weg, sie zu lernen, wenn ich meiner eigenen Ressourcen beraubt werde: Hunger und Durst zu leiden, Unannehmlichkeiten in Kauf zu nehmen, mich verfolgt und ungerecht behandelt zu fühlen. Es kann unter Umständen sogar bedeuten, dass ich katastrophale Veränderungen durchmachen muss, so wie Lots Töchter, und mich frage, warum Gott das alles zulässt. Möglicherweise bedeutet es, dass ich auf Gottes Verheißungen warten muss und mit unerhörten Gebeten zu kämpfen habe. Und wieder warten muss.

Eines Tages, dort oben in seinem Oasenversteck, bekam David die Gelegenheit, seine elende Situation zu ändern. König Saul ließ seine Armee am Fuß des Weges zurück und kletterte zu der Höhle hinauf, um sich zu erleichtern. „Das ist die Chance, die Gott uns gibt!“, müssen Davids Gefährten ihm von ihrem Versteck im Dunkeln zugeflüstert haben. „Du kannst Saul töten und unsere Not und unser Exil beenden!“ Hatte Gott endlich seine Gebete erhört?

David schlich sich an seinen Feind heran, aber anstatt Saul zu töten, schnitt er eine Ecke von dessen Gewand ab, dann kroch er in die finstere Höhle zurück. Die Thora gebietet allen jüdischen Männern, blaue Quasten an die Ecken ihrer Gewänder zu nähen, als tägliche Erinnerung an Gottes Gebote. Eines dieser Gebote lautet: „Du sollst nicht töten“, aber Saul wollte David ohne gerechten Grund töten und er benutzte seine königliche Macht und Israels Armee dazu. Dass David Sauls Quasten abschnitt, war eine klare Botschaft: Du verstößt gegen Gottes Gebote. Und vielleicht erinnerten die Quasten David auch an seine eigene Pflicht, Gott zu gehorchen. David hätte Saul töten können, aber er tat es nicht. Und anders als Lots Töchter weigerte er sich auch, im Selbstmitleid zu baden und die Dinge selbst in die Hand zu nehmen. Gott würde David auf den Thron setzen, wenn der richtige Zeitpunkt gekommen war. David sah Sauls Verwundbarkeit nicht als Gebetserhörung, sondern als Versuchung zu sündigen.

Stellen Sie sich das wütende Flüstern und Ringen hinten in der Höhle vor, als David mit einer Handvoll Quasten erschien anstatt mit Sauls Kopf. Es muss für David ziemlich schwierig gewesen sein, seine Männer davon abzuhalten zu tun, was er selbst nicht getan hatte. Aber David hatte Saul im Angesicht Gottes einen Treueid geschworen, und er weigerte sich nun, diesen Schwur zu brechen oder einen unbewaffneten Mann zu töten. Wenn wir Gott wirklich vertrauen, können wir seine Gnade selbst walten lassen, sogar gegenüber jemandem wie Saul, der es nicht verdient hatte. Rache ist Gottes Angelegenheit.

Wenn wir Gott wirklich vertrauen, können wir seine Gnade selbst walten lassen, sogar gegenüber jemandem, der es nicht verdient hat.

Nachdem König Saul zu seinen wartenden Truppen zurückgekehrt war, ging David zum Ausgang der Höhle, wo Saul und seine Soldaten ihn sehen konnten. Vielleicht war er sogar in Reichweite der Pfeile der königlichen Scharfschützen, aber David hatte keine Angst. Wenn Gottes Verheißungen wahr waren und es sein Schicksal war, König zu sein, dann brauchte er sich „vor den Gefahren der Nacht oder den heimtückischen Angriffen bei Tag" nicht zu fürchten (Psalm 91,5). David rief Saul zu: „Schau, mein Vater, was ich hier in der Hand halte: einen Zipfel deines Mantels! Den habe ich abgeschnitten, anstatt dich zu töten. Glaubst du jetzt, dass ich kein Verräter bin und nichts Böses gegen dich im Schilde führe?" (1. Samuel 24,11) David ging damit ein immenses Risiko ein. Er und seine Männer würden in der Höhle in einer Falle ohne Ausweg sitzen, wenn Saul seinen übermächtigen Truppen befahl hinaufzuklettern und zu kämpfen. Stattdessen erkannte Saul, dass David, sein angeblicher Feind, ihn verschont hatte. Saul hörte auf, ihn zu verfolgen, und kehrte nach Hause zurück.

David ging nicht nach Hause. Für ihn hatte sich nichts verändert. Er blieb in der Wüste mit einem Haufen unzufriedener Randfiguren, während er darauf wartete, zum König gekrönt zu werden. Und wie er befürchtet hatte, fiel Saul später wieder in seine Paranoia zurück und fing erneut an, ihn zu jagen.

Woher wusste David, dass er warten und nicht kämpfen sollte? Ich bin jemand, der plant und sich Sorgen macht. Ich muss alles genau organisieren und dann die Ärmel hochkrempeln. Herumsitzen ist nichts für mich. Aber hin und wieder wirft Gott mir den folgenden Bibelvers aus Jesaja wie einen Felsbrocken in den Weg. „Aber die auf den Herrn harren, kriegen neue Kraft, dass sie auffahren mit Flügeln wie Adler, dass sie laufen und nicht matt werden, dass sie wandeln und nicht müde werden" (Jesaja 40,31).

Zum ersten Mal begegnete mir diese Verheißung Gottes vor mehr als dreißig Jahren, als ich einfach nicht schwanger wurde. Ich hatte bereits ein Kind und wollte unbedingt ein zweites, aber nach vier Jahren des Wartens waren meine Gebete immer noch nicht erhört worden. Ich ließ mich so weit auf dem Meer des Selbstmitleids treiben, dass ich im Supermarkt nicht mehr an den Windeln vorbeigehen oder mich mit meinen Freundinnen freuen konnte, wenn sie schwanger wurden.

Dann kam das, was ich für eine von Gott geschenkte Gelegenheit hielt: ein Baby zu adoptieren. Ich hörte von einem unverheirateten Mädchen, das ungewollt schwanger geworden war und kurz vor einem Schwangerschaftsabbruch stand. Ohne mir die Zeit zu nehmen zu beten oder Gott nach seiner Meinung zu fragen, wurde ich aktiv und verhinderte die Abtreibung mit dem Versprechen, für alle Arztrechnungen der jungen Frau aufzukommen und ihr Kind zu adoptieren. Aber alle meine Hoffnungen und Pläne – das ausgestattete Kinderzimmer, die neue Wiege, die mit süßer Babykleidung gefüllten Schubladen – mussten aufgegeben werden, als sie beschloss, das Baby zu behalten. Ich hätte mir jede Menge Kummer ersparen können, wenn ich zuerst Gott zu Rate gezogen hätte, anstatt die Dinge selbst in die Hand zu nehmen.

Gott sprach mir weiter seine Verheißung zu: „Die auf den Herrn harren, kriegen neue Kraft." Und ich harrte aus – ganze siebeneinhalb Jahre, in denen ich mich so ähnlich fühlte wie David in dieser Höhle. Aber nach Gottes vollkommenem Zeitplan wurde David Israels König. Und als meine Zeit des Wartens ein Ende hatte, segnete Gott mich nicht mit einem weiteren Kind, sondern mit zweien.

Jesaja sagt über Christus: „Er richtet nicht nach dem Augenschein und fällt seine Urteile nicht nach dem Hörensagen" (Jesaja 11,3). Wenn wir die Kontrolle über unser Leben aufgeben und Christus ähnlicher werden, werden wir auch an Weisheit gewinnen – und an Geduld. David hatte diese Eigenschaften; Lots Töchter hatten sie nicht. Ich brauche sie. Ich kann nicht meinem eigenen Instinkt und Gefühl folgen oder menschliche Argumente benutzen, um zu erkennen, welche Gelegenheiten von Gott sind und welche nicht. Meine Augen täuschen mich oft. Von unten, vom Ufer des Toten Meeres aus, hätte ich nie gedacht, dass es in dieser kargen Wildnis eine solche Oase gibt.

Wenn wir die Kontrolle über unser Leben aufgeben und Christus ähnlicher werden, werden wir auch an Weisheit gewinnen – und an Geduld.

Wenn wir uns die Zeit nehmen, Gottes Weisheit für unsere Zwickmühlen zu erfragen, dann ermöglicht er es uns, die Dinge von seiner Warte aus zu sehen und auf seinen perfekten Zeitpunkt zu warten. Mit den Augen des Glaubens können wir sehen, dass Goliath besiegbar ist – und dass Saul kein Leid angetan werden darf. Lots Töchter, die in der zersetzenden Atmosphäre von Sodom aufgewachsen waren, hatten diese Fähigkeit zu sehen verloren.

David tat das Richtige – und belohnte Gott ihn sofort? Nein. Er lebte weiter in der Wüste. Er wartete weiter – so wie ich immer noch darauf warte, dass viele meiner Gebete erhört werden. Aber wie David weiß ich: „die auf den Herrn harren, kriegen neue Kraft, dass sie auffahren mit Flügeln wie Adler, dass sie laufen und nicht matt werden, dass sie wandeln und nicht müde werden."

Mit den Augen des Glaubens können wir sehen, dass Goliath besiegbar ist.

Als ich die Oase En-Gedi verlasse und den Weg hinunter zu unserem Bus zurücklege, leuchten die entfernten Berge von Moab in der Wüstensonne sanft rosa wie Muscheln. Ich nehme mir die Zeit zu beten, während ich hinabsteige, und bitte Gott, mir zu helfen, mit dem zufrieden zu sein, wo ich gerade bin, und mit den Dingen und den Gefährten, die er mir gegeben hat. Zufrieden damit, auf die Verheißungen zu warten, die noch kommen, auch wenn ich an einem trostlosen Ort zu warten scheine.

Gott, mit unseren eigenen Ohren haben wir's gehört; unsere Väter haben uns erzählt, was für große Taten du zu ihrer Zeit vollbracht hast ... Aber nicht ihre Schwerter, nicht ihre eigene Kraft verhalf ihnen zum Sieg. Nein, du hast machtvoll eingegriffen und für sie gekämpft. Du hast sie durch deine Gegenwart gestärkt und ihnen deine Liebe gezeigt.

Psalm 44,2.4

Ein neues Gebet für die Reise

Allmächtiger Herr,
dir ist nichts unmöglich. Du bist ein Gott, der seine Versprechen hält, und du kannst so viel mehr für deine Kinder tun, als wir jemals erbitten oder uns vorstellen können. Ich gestehe, dass ich die Symptome meines geistlichen Durstes zu lange ignoriert und nicht erkannt habe, wie sehr ich dich brauche. Vergib mir, dass ich im Selbstmitleid gebadet habe, während ich warten musste, und dass ich mich auf meine eigenen Lösungen verlassen habe, anstatt deinem vollkommenen Zeitplan zu vertrauen. Bitte nutze diese Zeit der Veränderung in meinem Leben, um mich deine Liebe und Treue zu lehren. Danke für deine Verheißung, mich und meine Lieben zu retten, wann immer wir uns von dir entfernen wie verirrte Schafe. Hauche meinen ausgetrockneten Gebeinen neues Leben ein, Herr, damit ich wieder wahrhaft lebendig werde.
Amen.

Fragen zum Kapitel

- Lassen Sie sich manchmal vom äußeren Schein trügen?
- Wann haben Sie erlebt, dass die Umstände hoffnungslos und ungewiss waren, Gott aber trotzdem alles unter Kontrolle hatte?
- Womit wollen Sie ein Leben ohne Gott vergleichen?
- Wie würden Sie eine Situation beschreiben, in der Sie geistlichen Durst hatten?
- Auf welche Weise hat Gott Ihren geistlichen Durst schon einmal gelöscht?
- Welche Menschen in Ihrer Umgebung könnten Sie zur Quelle führen, damit sie nie wieder Durst haben?
- Mit welchen Gefühlen folgen Sie dem Guten Hirten, wenn die Umgebung ausgedörrt und der Weg steil und steinig ist?

- Waren Sie auch schon einmal versucht, sich grünere Weiden zu suchen, und haben dabei vergessen, dass der lange beschwerliche Weg des Kreuzes der Weg zum ewigen Leben ist?

- Warum sollte es uns nicht überraschen, in der Wüste eine Oase zu entdecken?

- Kennen Sie das Gefühl, in Selbstmitleid zu baden? In welchen Situationen sind Sie besonders anfällig dafür?

- Haben Sie sich schon einmal aktiv auf die Suche nach einer Oase gemacht? Was hat Sie dazu motiviert?

- Wie gehen Sie mit Situationen um, in denen Sie auf etwas warten müssen?

- Wie schwer fällt es Ihnen, anderen gegenüber Gnade walten zu lassen, auch wenn sie es nicht verdient haben?

- Haben Sie schon erlebt, dass Gott Ihnen einen Bibelvers wie einen Felsbrocken in den Weg geworfen hat?

- Sind Sie ein Mensch, dem es schwerfällt, Kontrolle über sein Leben abzugeben?

- Was müsste passieren, damit Sie, mit den Augen des Glaubens sehen, dass Goliath besiegbar ist?

4

Über den Jordan

Befiehl dem Volk, sich für den Aufbruch fertig zu machen. Ihr werdet den Jordan überqueren und in das Land ziehen, das ich euch gebe. ... Sei mutig und entschlossen! Bemühe dich darum, das ganze Gesetz zu befolgen, das dir mein Diener Mose gegeben hat. Weiche nicht davon ab! Dann wirst du bei allem, was du tust, Erfolg haben.

Josua 1,2.7

Der Jordan ist nicht sehr beeindruckend. Wie die meisten Touristen, die sich einen Fluss in der Größenordnung des Mississippi vorstellen, war ich enttäuscht, als ich ihn zum ersten Mal sah. Von meinem jetzigen Standort aus, in der Nähe einer beliebten Taufstelle, könnte ein durchschnittlich guter Schwimmer ohne Mühe durch das langsam dahinfließende grüne Wasser und zurück paddeln. Ich vermute, dass der Fluss zur Zeit der Bibel viel breiter und imposanter war, bevor die Israelis anfingen, ihn für die Trinkwasserversorgung und die Bewässerung von Feldern zu nutzen.

Aber der Jordan muss auch gar nicht imposant sein, um seine Rolle als Trennlinie zu erfüllen, eine Demarkationslinie zwischen dem Alten und dem Neuen. So wie die Durchquerung des Roten Meeres für das Volk Israel die Freiheit von der Vergangenheit und den Auszug aus Ägypten bedeutete, ließen die Israeliten ihre Wüstenwanderung hinter sich, als sie den Jordan überquerten, und begannen ein neues Leben im Gelobten Land. Für uns Christen ist die Taufe nach einer Bekehrung eine das Leben verändernde Grenze zu einem neuen Leben mit Christus. Wir sind nicht mehr dazu verdammt, ziellos und durstig durchs Leben zu irren oder als Sklaven der Sünde zu leben. Es war kein Zufall, dass die Taufe Jesu hier am Jordan stattfand.

Während Mose und die Israeliten am gegenüberliegenden Ufer des Jordans lagerten, muss die Aufregung in der Gemeinschaft so greifbar gewesen sein wie elektrische Spannung. Ihre öde Wüstenwanderung war zu Ende; sie überquerten den Jordan, um ein neues Leben zu beginnen. Aber Mose würde bald sterben, und bevor es so weit war, erhob er sich vor dem Volk zu einer letzten, flehentlichen Predigt. Er erinnerte an Israels Erfahrung der Rettung und wie Gott sie in der Wüste versorgt hatte und zählte Gottes Segensverheißungen für die Zukunft auf, wenn die Menschen ihm gehorchten. Mose schloss mit diesen leidenschaftlichen Worten: „Und nun hört gut zu! Heute stelle ich euch vor die Entscheidung zwischen Glück und Unglück, zwischen Leben und Tod. … Himmel und Erde sind meine Zeugen, dass ich euch heute vor die Wahl gestellt habe zwischen Leben und Tod, zwischen Segen und Fluch. Wählt das Leben, damit ihr und eure Kinder nicht umkommt! Liebt den Herrn, euren Gott, und hört auf ihn!“ (5. Mose 30,15.19-20) Es war die gleiche Entscheidung, vor die Gott Adam und Eva im Garten Eden stellte: Sie konnten sich entscheiden, Gott zu gehorchen und zu leben oder von dem verbotenen Baum zu essen und zu sterben.

Wir treffen die gleiche Wahl, wenn wir uns entscheiden, Christus nachzufolgen und Ungehorsam und Tod hinter uns zu lassen, um ein neues Leben zu beginnen. „Gehört jemand zu Christus, dann ist er ein neuer Mensch. Was vorher war, ist vergangen, etwas Neues hat begonnen“ (2. Korinther 5,17). „Ich aber bringe Leben“, sagte Jesus, „und dies im Überfluss“ (Johannes 10,10). Also wählen wir das Leben und gehen in das Reich Gottes hinüber, wo wir Wurzeln schlagen. Hier können wir ein neues Leben aufbauen und wachsen und gedeihen, wenn wir weiter auf seine Stimme hören und uns an ihn halten. Da ist nur eine winzige Kleinigkeit … dieses neue Land wird von unseren Feinden bewohnt. Und die haben sich dort festgesetzt.

Sobald Josua die Israeliten über den Jordan geführt hatte, standen auch sie ihren Feinden gegenüber: Das waren riesige Feinde, die mehr als zweieinhalb Meter groß waren; Feinde, die in befestigten Städten mit hohen, dicken Mauern wohnten; bewaffnete Feinde, die nicht bereit waren, auch nur einen Zentimeter ihres Territoriums herzugeben. Viele von uns waren so naiv zu glauben, sobald wir Christen werden und Gottes verheißenes Land betreten, würde unser Leben automatisch himmlisch werden. Wir könnten unser Grundstück abstecken, unsere Saat aussäen und schon bald Früchte für das Reich Gottes ernten. Aber Moment mal … nicht so schnell. Wir haben vielleicht Gottes Reich betreten, aber wir müssen trotzdem noch das Land erobern, Versuchungen meistern und eine ganze Reihe alte, vertraute Feinde besiegen, die vernichtet werden müssen.

Meine alten Gewohnheiten sind zäh, vor allem die schlechten. Alte Denkmuster und Verhaltensweisen können so schwer zu besiegen sein wie die kanaanitische Festung von Jericho. Paulus spricht in Römer 8 von diesem Kampf und predigt ebenso leidenschaftlich, wie Mose es getan hat: „Wenn ihr nach dem

Fleisch lebt, müsst ihr sterben; wenn ihr aber durch den Geist die (sündigen) Taten des Leibes tötet, werdet ihr leben" (Römer 8,13). Ich kann beinahe hören, wie Paulus es Mose gleichtut und ruft: „Wählt das Leben!"

Manchmal scheint es einfacher, ein Friedensabkommen mit unserer alten Natur zu schließen und sie friedlich neben unserem neuen Wesen in Christus leben zu lassen, anstatt mit unserem Fleisch zu kämpfen. „Ich war schon immer jähzornig", sagen wir dann zur Entschuldigung. Oder: „In meiner Familie tratschen alle … oder greifen mal zu einer Notlüge … oder sind nachtragend. Das liegt in meinen Genen." Aber heißt es in dem Vers in Römer 8 nicht, dass wir die Taten des Leibes *töten* sollen? Das klingt für mich nach Krieg. Es klingt so wie die Anweisung, die Gott den Israeliten gab, was die Feinde im verheißenen Land betraf: Lasst keine der früheren Einwohner dort wohnen. „Wenn ihr aber nicht alle Bewohner des Landes vertreibt", warnte Mose, „werden euch die Zurückgebliebenen hart unterdrücken. Sie werden euch quälen wie Splitter im Auge und Dornen unter den Füßen" (4. Mose 33,55). Ich habe diese Splitter und Dornen in letzter Zeit gespürt, und ich weiß, dass es Zeit wird, ein paar Feinde zu besiegen.

Auf meinem Weg mit Gott stehe ich an den Ufern neuer Veränderungen in meinem Leben.

Auf meinem Weg mit Gott stehe ich an einem neuen Jordan, an den Ufern neuer Veränderungen in meinem Leben. Zu Hause wandere ich seit einiger Zeit durch eine trockene, eintönige Wüste und ich brauche seine Orientierung. Aber so wie ich genug habe vom Wandern durch die Wüsten Israels in den vergangenen Tagen, bin ich auch bereit, mein altes Leben hinter mir zu lassen und die Überquerung zu machen. Ich habe alte Gewohnheiten, festgefahrene Denkweisen und zahlreiche andere Bollwerke in meinem Leben, die ich erobern muss. Einer dieser Kämpfe wird es sein, mein Bild von der Zukunft, wie ich sie mir gewünscht habe, durch Gottes Vision zu ersetzen. Ich weiß nicht, warum ich mich so dagegen gesperrt habe, diese falschen Bilder einzureißen. Die Bibel verspricht: „Was kein Auge jemals sah, was kein Ohr jemals hörte und was sich kein Mensch vorstellen kann, das hält Gott für die bereit, die ihn lieben" (1. Korinther 2,9).

Ich will wie Kaleb sein, einer der beiden treuen Kundschafter, die Gottes Vision vom Gelobten Land sahen und nicht das, was die anderen zehn sahen. Die anderen sahen Riesen und Städte mit Mauern und Bewohnern, gegenüber denen sie sich wie Grashüpfer vorkamen. Kaleb sah ein Land, in dem Milch und Honig flossen und die Feinde keine Chance gegen einen Gott haben würden, der sie aus der Sklaverei in Ägypten befreit hatte. Als die zehn zweifelnden Kundschafter vierzig Jahre später gestorben waren und Kaleb endlich sein versprochenes Erbe auswählen durfte, sagte er: „Nun hat mich der Herr tatsächlich am Leben erhalten, wie er es versprochen hat. Fünfundvierzig Jahre sind vergangen, seit der Herr dies zu Mose gesagt hat. In dieser langen Zeit sind wir Israeliten in der Wüste umhergezogen. Heute bin ich 85 Jahre alt und noch genauso stark wie damals als Kundschafter. Ich habe die gleiche Kraft und kann immer noch kämpfen und Kriegszüge unternehmen. Teile mir das Bergland zu, das der Herr mir damals versprochen hat! Du weißt, dass dort Anakiter in großen Städten leben, die sie zu Festungen ausgebaut haben. Vielleicht wird der Herr mir helfen, sie zu vertreiben, wie er es zugesagt hat" (Josua 14,10-12). Kaleb lehnte sich nicht zurück und sah dabei zu, wie die jüngeren Männer kämpften. Er weigerte sich, ein einfach zu

Ich will wie Kaleb sein, der ein Land sah, in dem die Feinde keine Chance gegen einen Gott haben würden, der sie aus der Sklaverei in Ägypten befreit hatte.

eroberndes Stück Land als sein Erbe auszuwählen. Mutig? Ganz bestimmt. Aber das Wissen, dass er nicht alleine kämpfte, schürte seinen Mut. So wie er es zu seinen israelitischen Landsleuten sagte: Gott kämpft für uns und mit uns.

Der Jordan mag anderen Pilgern mickrig und enttäuschend vorkommen, aber mich inspiriert er. Ich sehe mich selbst vor einem weiten Land stehen, das erobert werden will. Anfangen muss ich bei meinen eigenen, sündigen Gewohnheiten und falschen Vorstellungen. Ein Land, in dem ich die Saat des Glaubens aussäen und zusehen kann, wie sie Frucht bringt. Jesus hat ein Reich, an dem ich mitbauen kann, wenn ich nach Hause komme, und ich will mich in keinem Bereich meines Lebens zurücklehnen und zusehen, wie die jüngeren, energiegeladenen Christen die ganze Arbeit machen – und den ganzen Spaß haben. Während ich einen neuen Jordan überquere, will ich wie Kaleb sagen: „Gib mir den Berg mit den Riesen!"

Am Knotenpunkt

Ich liebe Landkarten. Wann immer ich zu Reisen unterwegs bin, habe ich eine Karte zur Hand, damit ich mich in dem größeren Zusammenhang orientieren kann und weiß, wo ich bin und wohin ich gehe. Ich habe beschlossen, mit zwei Karten durch Israel zu reisen. Eine zeigt den modernen Staat mit seinen Nachbarländern und Autobahnen, Städten und Sehenswürdigkeiten. Die zweite Karte zeigt, wie es in der Antike war, mit feindlichen Nationen wie den Moabitern, Edomitern und Philistern. Diese beiden Karten zu betrachten, ist sehr ernüchternd. Israel wirkt neben dem Rest der Welt schrecklich klein, wie ein winziger Guppy, der zwischen Haien herumschwimmt. Wie kann es da überleben?

Das Stück Land, das Gott Abraham und seinen Nachkommen

gab, lag am Knotenpunkt der antiken Reiche. Um von Pharaos Gebiet in Ägypten zu den Reichen von Babylon oder Assyrien zu gelangen, musste man durch Israel reisen. Als Alexander der Große von Griechenland oder die Krieg führenden römischen Kaiser beschlossen, ihr Herrschaftsgebiet in Richtung Persien auszudehnen, lag Israel genau auf ihrem Weg. Die weiten, flachen Ebenen des Jordans, durch die ich jetzt reise, boten damals wie heute leichten Zugang für marschierende Armeen.

Wenn Gott einen Ort brauchte, an dem sein auserwähltes Volk leben und gedeihen und einen Staat nach seinen Gesetzen aufbauen sollte, warum hat er es dann nicht auf eine Insel geführt, wie z. B. die Fidschis, mitten im Pazifik? Warum nicht einen abgelegeneren Flecken Land wählen, der von steilen Bergen oder gewaltigen Wüsten umgeben ist? Warum hat er das Volk, das er liebte, an den Knotenpunkt einer viel bereisten Straße gesetzt, mitten zwischen mächtige heidnische Imperien? Oder wenn wir schon mal dabei sind, warum hat Gott den Christen nicht gesagt, sie sollten in kleinen, abgeschirmten Gemeinden leben, weit weg von allem, was an unserer Kultur nicht stimmt, und z. B. wie die Amisch leben?

Vielleicht hat es den Grund, dass geistliches Wachstum und ein lebendiger Glaube an Gott nicht in der Isolation entstehen, sondern unter Druck. Ohne die Gefahr von Bedrohungen durch den Pharao müssten wir uns nie entscheiden, ob wir uns auf unsere Rosse und Wagen verlassen oder auf Gott. Vielleicht können wir besser sehen, was wir glauben und wer wir sind, wenn wir unseren Glauben im Kontrast zu anderen Völkern sehen, die Gott nicht kennen, und beides miteinander vergleichen können wie bei einem Vorher-nachher-Bild. Unser Glaube wird oft stärker, wenn wir unsere Überzeugungen verteidigen

Unser Glaube wird oft stärker, wenn wir unsere Überzeugungen verteidigen müssen.

müssen, so wie Patriotismus aufblüht, wenn unser Land bedroht wird. Und für die meisten von uns blüht unser Gebetsleben eindeutig auf, wenn es belagert wird; man sagt, in einem Fuchsbau gebe es keine Atheisten.

Wenn wir anderen Kulturen so sehr ausgesetzt sind, wird natürlich die Versuchung, Gott zu verlassen und so zu leben wie die uns umgebenden, uns überfallenden Nationen, eine mächtige Verlockung. Diese Versuchung ist am stärksten für die zweite und dritte Generation, die Gottes Gegenwart und Wunder nicht mit eigenen Augen erlebt haben, sondern nur vom Hörensagen kennen. Und wenn wir uns niederlassen und Häuser bauen und Weinberge pflanzen, neigen wir dazu, selbstgefällig zu werden. Das ist in Israel immer wieder geschehen. Und das ist es, was auch ich immer wieder zu tun versucht bin.

Ich will den amerikanischen Traum von einem Haus in einem hübschen Vorort, einem Auto mit Allradantrieb und all den anderen Spielzeugen und Bequemlichkeiten des Lebens, so wie es meine Nachbarn auch haben. Ich will meine Zukunft mit Rentenverträgen und Spareinlagen absichern – mit den Festungen und Arsenalen des modernen Lebens also. Ich will gut dastehen und von meinen Nachbarn akzeptiert werden – ganz genau so, wie die Israeliten es wollten, als sie Gott baten, ihnen einen König zu geben, so wie die anderen Völker einen hatten. Israel bekam Saul als König und wandte sich von Gott ab. Und immer dann, wenn es mir wichtiger ist, den amerikanischen Traum zu leben, als das Reich Gottes zu bauen, tue ich genau dasselbe. Wann immer ich meine Mittel, meine Zeit und meine Leidenschaft einem guten Leben widme anstatt einem gottesfürchtigen Leben, unterscheide ich mich so gar nicht vom Volk Israel.

Die andere Gefahr für die Israeliten an diesem Knotenpunkt bestand in Zeiten, in denen fremde Besatzer versuchten, ihre Religion systematisch auszurotten. Einer dieser Besatzer war der skrupellose Monarch Antiochus Epiphanes, der es für gesetzeswidrig erklärte, wenn Juden die Thora studierten oder ihren Glauben ausübten. Er schlachtete Tausende gläubiger Juden ab, die sich weigerten, ihm zu gehorchen, und seine Abtrünnigkeit gipfelte darin, dass er im Tempel von Jerusalem auf dem Altar Gottes ein Schwein opferte. Seine Tyrannei führte zu dem Erstarken einer Gruppierung namens Pharisäer – die Abgesonderten –, die sich fanatisch für Gottes Gesetz einsetzten und daran festhielten. Eine zweite Gruppierung, die Makkabäer, bewaffnete sich als Freiheitskämpfer und ihnen gelang es, den Staat und ihren Tempel zurückzuerobern. Noch heute feiern die Juden ihren Sieg und das Wunder der brennenden Menoralichter an Chanukka.

Es ist vielleicht einfacher, gegen eine eindringende Kultur zu kämpfen, wenn sie in Form eines tyrannischen Herrschers und einer klar abgegrenzten Front daherkommt. Aber in unserem Leben sind die Invasionen oft subtiler. Als meine Kinder klein waren, hatte ich ständig Mühe, den christlichen Glauben von der weltlichen Kultur zu trennen. Wie sollten wir zum Beispiel die Geburt Jesu angemessen feiern, wenn die weltliche Kultur unseren Feiertag mit dem Weihnachtsmann in einen Geschenkeüberfluss verwandelte? Wie konnten wir die Freude über die Auferstehung Christi deutlich machen, wenn dieser Tag zur Ostereiersuche verkommen war? Es ist nicht immer einfach, Gottes Wahrheit von kulturellen Traditionen zu unterscheiden und unsere Kinder und Enkel zu lehren, worum es beim Glauben geht.

Die Isolation war nie Gottes Plan für Israel und sie ist es auch für uns nicht.

In letzter Zeit scheint sich der Kampf zwischen Christentum und allgemeiner Kultur zuzuspitzen. Die Standards christlicher Moral waren früher die akzeptierte Norm, auch wenn sie nicht immer beachtet wurden. Heute bezeichnet unsere Kultur mich als intolerant, wenn ich ihre moralischen Standards nicht gutheiße, und versucht mich zu meiner Einwilligung zu zwingen. Das ist wieder so ein Moment, in dem ich frage, warum Gott uns Christen nicht auf eine Insel gepackt hat, wo wir in Ruhe ein Leben der Gemeinschaft und Liebe nach den Lehren Christi führen könnten.

Aber so sehr ich mir auch die Isolation wünschen mag, sie war nie Gottes Plan für Israel und sie ist es auch für uns nicht. Die Apostelgeschichte zeichnet die frühe Kirche als lebendige, wachsende Gemeinschaft in Jerusalem, bis Verfolgung und Exil die Gläubigen im ganzen Römischen Reich verstreuten. Das Exil zwang die Gläubigen, Christus nachzufolgen, während sie mitten in der heidnischen römischen Gesellschaft lebten. Gott gab Abraham ein Stück Land am Knotenpunkt der Völker, weil er versprochen hatte, dass die Welt durch Abrahams Nachkommen gesegnet werden würde. Jesus kam, um ein Licht für die Heiden zu sein, und sein Licht muss durch uns, seinen Leib, leuchten. Wir müssen am Knotenpunkt der Welt stehen, wenn wir wollen, dass die Welt dieses Licht sieht.

Es ist zweifellos einfacher, auf einer Insel gottesfürchtig zu leben als an der Wall Street.

Gott hat sein Volk aus dem gleichen Grund in die Mitte des Geschehens gesetzt, aus dem er den Baum der Versuchung mitten in den Garten Eden gepflanzt hatte – damit unsere Entscheidung, ihm zu gehorchen, jeden Tag wieder neu, bewusst getroffen werden muss. Jedes Mal, wenn wir uns öffentlich entscheiden, für Christus zu leben, wird er verherrlicht. Es ist zweifellos einfacher, auf einer Insel gottesfürchtig zu leben als an der Wall Street – aber was könnte ein christlicher Lebenswandel dort für ein Zeugnis sein! Alle angrenzenden Nationen staunten über ein Volk, das einen Gott in einem Tempel verehrte, der keine Bildnisse enthielt. Das Leben nach der Ethik der Thora bildete einen starken Kontrast zu dem götzendienerischen, unmoralischen und perversen Verhalten der anderen Völker. Die Thora schrieb sogar vor, welche Kleidung die Juden zu tragen hatten und was sie essen durften und was nicht. Ihnen wurde gesagt, wie sie ihre Haare schneiden und ihre Bärte stutzen sollten, und sie durften am Sabbat nicht arbeiten. Alle diese Gesetze zu befolgen, sollte eine bewusste Entscheidung sein, etwas, das man aus Liebe zu Gott tat und aus Gehorsam seinem Wort gegenüber – egal, ob es für diejenigen, die es beachteten, einen Sinn ergab oder nicht. War es wirklich von einer magischen, geheimnisvollen Bedeutung, dass sie Quasten an ihren Gewändern trugen oder sich weigerten, Schweinefleisch zu essen? Gott schien es so zu sehen.

Wir sind ein Paradebeispiel für eine Welt, die Gott gleichgultig gegenübersteht. Wie sonst sollen die Menschen den Unterschied zwischen einem Leben sehen, das mit Gott geführt wird, und einem Leben ohne ihn, wenn wir nicht ein Vorbild sind? Wenn ich im Krankenhaus neben einer Atheistin im Zimmer liege, hoffe ich, dass sie einen deutlichen Kontrast sieht zwischen der Art, wie ich mit Schmerz und Tod umgehe und wie sie damit umgeht. Sie sollte außerdem eine Sonnenbrille brauchen, während der Leib Christi durch Gebet und Unterstützung Gottes Herrlichkeit in den Raum leuchten lässt.

Es ist interessant, dass der Glaube, den Gott Mose gegeben hat, trotz der Lage am Knotenpunkt überlebt hat. Keine andere Religion – die römische, assyrische, babylonische, ägyptische oder kanaanitische – wird viertausend Jahre später noch von ihren Nachfolgern ausgeübt, und das trotz riesiger Hindernisse wie Invasionen, Exil und Vertreibung. Überall in diesem Land sehe ich vielsagende Quasten an den Gewändern von Männern; florierende koschere Restaurants und Metzgerei-

> *Mein Glaube darf nicht zur Routine werden, sondern muss eine bewusste tägliche Entscheidung sein.*

en; Thoraschulen, die vor Schülern aus allen Nähten platzen. Und an jedem Sabbat schließen die Geschäfte in Jerusalem ihre Tore, die öffentlichen Busse und Züge fahren nicht und das jüdische Volk lässt die Arbeit einen Tag lang ruhen. Diese Nation und dieser beständige jüdische Glaube sind ein Zeugnis der Treue und Liebe Gottes in der Welt.

Und was ist mit uns? Unser christlicher Glaube wird zweitausend Jahre nach der Auferstehung Jesu immer noch ausgeübt. Das Reich Gottes wächst noch immer, sein Wort wird weiter gepredigt. Es ist heutzutage vielleicht schwieriger, als Christ Farbe zu bekennen, aber möglicherweise ist das gut so. Mein Glaube kann – oder darf – nicht zur Routine werden, so wie es bei mir ist. Er muss eine bewusste tägliche Entscheidung sein, nicht motiviert von Gruppenzwang oder Gesetz, so wie die Taliban und die Moralpolizei im Iran es mit dem Islam machen. Der zentrale Grund, warum ich mich entscheide, Jesus Christus in meinem Alltag nachzufolgen, sollte meine tiefe Liebe zu Gott sein. Ich bin von ihm berufen, auserwählt, geliebt und erlöst, so wie das Volk Israel es war. Meine Reaktion auf eine solche Liebe und Gnade sollte ganz natürlich sein, indem ich seine Liebe erwidere und ihm gehorche.

Wir sind dazu berufen, ein Segen in der Welt zu sein.

Gott hat Abraham versprochen, dass durch ihn die ganze Welt gesegnet werden soll. In Abrahams Nachkommen Jesus Christus hat er diese Verheißung erfüllt. Als seine Nachfolger, die an einem Knotenpunkt der Staaten und Kulturen leben, sind auch wir berufen, ein Segen in der Welt zu sein. Sind wir das? Gott hat uns großzügig mit einer Landkarte ausgestattet – seinem heiligen Wort. Wir alle haben Freunde und Verwandte und Kollegen, die verloren sind oder in die falsche Richtung gehen. Was für ein Segen wir für sie wären, wenn wir an der Kreuzung stünden und ihnen den richtigen Weg zeigten!

Hinauf nach Jerusalem

Jahrelang habe ich in der Bibel völlig unbekümmert zur Kenntnis genommen, dass Jesus und seine Jünger nach Jerusalem *hinauf*gingen, aber heute erlebe ich die ganze Wirkung dieses einfachen kleinen Wortes – hinauf. Was für ein steiler Weg war es von den Ebenen des Jordans *hinauf* nach Jerusalem. Die Straße steigt über eine Strecke von nur 22 Kilometern etwa 1.150 Meter an. Unser Reisebus quält sich die Steigung hinauf, und der Fahrer muss ständig hoch- und wieder runterschalten, während der Motor jammert und protestiert. Ich kann mir nicht vorstellen, diese Pilgerreise zu Fuß zu unternehmen und diese steile Straße mit meiner gesamten Großfamilie hinaufzulaufen, beladen mit Decken und Lebensmitteln und Tieren für das Opfer. Aber ich kann mir vorstellen, wie in etwa die Gespräche unterwegs abgelaufen sind, denn ich habe sie bei unzähligen Familienausflügen im Auto gehört. „Ich bin müde." – „Sind wir bald da?" – „Ich habe Durst." – „Hör auf zu jammern!"

Nach Jerusalem hinaufzuziehen, erfordert eine gute Kondition. Dreimal im Jahr sind Pilger aus Galiläa, darunter auch Jesus und seine Jünger, den Jordan entlang in Richtung Süden nach Jericho am Toten Meer gewandert und haben dann diese Straße hinauf – und immer weiter hinauf – nach Jerusalem genommen. Das Tote Meer ist mit rund 400 Metern unter dem Meeresspiegel der tiefstgelegene Ort der Erde und Jerusalem liegt 777 Meter oberhalb davon. Eine Menge Anstrengung und Opfer sind nötig, um Gott anzubeten. Es ist viel einfacher, zu Hause zu bleiben und die lange Reise sein zu lassen, aber nach dem jüdischen Gesetz mussten die Menschen dreimal im Jahr zu den jährlichen Festen nach Jerusalem ziehen, sobald sie alt genug waren, um laufen zu können. Mose hatte die Israeliten gewarnt und ihnen die Gefahr vor Augen gemalt, sie könnten ihre Geschichte und ihren Gott vergessen, sobald sie erst einmal in ihren Häusern und Dörfern Wurzeln geschlagen hatten. Und immer wenn das Volk Israel in den Götzendienst zurückfiel, hörten die Menschen auf, diese Pilgerreisen zu unternehmen. Aber die Nation lebte immer dann wieder auf, wenn gute Könige wie Hiskia und Josia begannen, die Feiern zum Passahfest und den anderen Festtagen wieder zu begehen.

Bei jedem der drei Pilgerfeste stellten die Israeliten einen Teil ihrer Geschichte nach, damit sie sie nicht vergaßen. Beim Passahfest erlebten sie wieder die Nacht in Ägypten, als sie Blut an ihre Türpfosten gestrichen hatten, damit der Engel des Todes an ihrem Haus vorbeiging. An Pfingsten wurde an den Tag erinnert, an dem Gott ihnen auf dem Berg Sinai die Thora gegeben hatte und sie geantwortet hatten: „Was immer der Herr sagt, wollen wir tun" (siehe 5. Mose 5,27). Während des Laubhüttenfestes aßen und schliefen sie in provisorischen Hütten, die zum Himmel hin offen waren, um an ihre Wüstenwanderung zurückzudenken. Die drei Pilgerreisen erinnerten sie auch an ihren Vorfahren Abraham, der sein ganzes Leben lang mit Gott unter freiem Himmel unterwegs gewesen war. Diese lange Reise zeigt, dass unser geistliches Leben immer eine andauernde Glaubensreise sein wird.

> *Während die Pilger auf ihrer Reise bergauf gingen, erlebten sie ein ganz sichtbares Beispiel dafür, was Gottes Wort in ihrem Leben bedeutete.*

Unser Bus klettert höher und höher. Kurz darauf erreichen wir eine Trennlinie zwischen der trockenen Wüste und den grünen Hochebenen. Die Berge um Jerusalem bilden eine Grenze – grün im Westen, dank der feuchten Luft vom Mittelmeer; trocken und braun im Osten, den diese Feuchtigkeit nie erreicht.

Es ist wie ein Bild für das Leben mit Gott und das Leben ohne ihn. Ohne das Wasser des Wortes Gottes, ohne Christus, das lebendige Wasser, gibt es nur Tod und Verwüstung. Während die Pilger auf ihrer Reise bergauf gingen und vom Tod zum Leben hinaufstiegen, erlebten sie ein ganz sichtbares Beispiel dafür, was Gottes Wort in ihrem Leben bedeutete – und in unserem bedeutet.

Man hat mir erzählt, dass das Dach des Tempels, das mit Gold im Wert von umgerechnet drei Milliarden Dollar verziert war, aus der Ferne zu sehen war, weil es in der Sonne glänzte, während die Pilger sich näherten. Jerusalem selbst ist eine goldene Stadt, erbaut aus dem gelbgoldenen Sandstein, den man in der Region dort findet. Ich kann die Aufregung und Vorfreude der Pilger verstehen, als sie endlich die Stadt und den Tempel in der Ferne sahen. Nach der langen Wanderung und dem steilen Anstieg würden sie sich erholen und ausruhen und voller Freude feiern können. Bei der Beschreibung der Feste in der Thora sagt Gott immer wieder: „Freut euch!“ Und bei allen Festen, die ich mit meinen jüdischen Freunden feiern durfte, habe ich gegessen, bis ich nicht mehr konnte, und gelacht, bis ich Seitenstechen hatte, und danach bin ich mit Frieden im Herzen schlafen gegangen. Es ist dieselbe Freude und Erleichterung, die ich nach der Gewissensprüfung des Karfreitags am Ostermorgen verspüre – aus Tod wird Leben.

Die jährlichen Pilgerreisen nach Jerusalem erinnern uns daran, dass unser geistliches Leben nicht nur eine Reise ist, sondern ein Zyklus von Reisen.

Die jährlichen Pilgerreisen nach Jerusalem erinnern uns daran, dass unser geistliches Leben nicht nur eine Reise ist, sondern ein Zyklus von Reisen. Wir werden niemals ganz ankommen, bis wir im Himmel sind. Aber während wir hier auf der Erde sind, können wir uns immer mehr einem höheren Ziel nähern, „damit die Gemeinde Jesu aufgebaut und vollendet wird. Dadurch werden wir im Glauben immer mehr eins werden und den Sohn Gottes immer besser kennen lernen. Wir sollen zu mündigen Christen heranreifen, zu einer Gemeinde, in der Christus mit der ganzen Fülle seiner Gaben wirkt“ (Epheser 4,12-13). Höher und höher. Es ist wichtig, nicht zu Hause zu bleiben wie geistliche Säuglinge, sich nicht auf vergangenen Lorbeeren und Wundern auszuruhen, zufrieden mit der Beziehung, die wir zu Christus hatten, als wir zuerst wiedergeboren wurden. Es ist wichtig, dass wir weitergehen auf dem Weg zu Gott, indem wir klettern, Opfer bringen und uns erinnern.

Es ist wichtig, dass wir weitergehen auf dem Weg zu Gott, indem wir klettern, Opfer bringen und uns erinnern.

Das Erinnern ist wichtig. Während Josua die Israeliten in das verheißene Land führte, damit sie es eroberten und besiedelten, errichtete er „Steine der Erinnerung“, eine Reihe von sieben Steindenkmälern, damit die Menschen zurückblicken und sagen konnten: „Ja, Gott ist treu. Er hat mich bis hierher gebracht und mir an diesem Ort zum Sieg verholfen.“ Das erste Denkmal bestand aus großen Steinen vom Flussbett des Jordans, einer für jeden Stamm, als sie den Fluss trockenen Fußes durchquerten (Josua 4,1-7). Das letzte Mahnmal wurde in Sichem errichtet, wo Josua und das Volk ihren Bund mit Gott erneuerten, nachdem sie das Land erobert hatten. „Wenn eure Nachkommen euch eines Tages fragen werden, was diese Steine bedeuten, dann sollt ihr ihnen erklären: ‚… [Gott] tat es, um allen Völkern der Welt seine Macht zu zeigen. Und auch ihr sollt dem Herrn, eurem Gott, zu allen Zeiten mit Ehrfurcht begegnen!‘“ (Josua 4,21.24)

Zu Hause bin ich in eine eintönige Routine verfallen, weil ich lieber am selben Ort bleiben wollte, obwohl ich hätte weiterziehen sollen. Ich habe vergessen, dass Nachfolge eine Reise ist.

Jetzt, wo ich entschlossen bin, den Weg hinauf nach Jerusalem zu beginnen und meinen Weg mit Gott weiterzugehen, möchte ich die Orte, an denen er mir seine Treue gezeigt hat, mit Steinen der Erinnerung markieren, sie immer wieder betrachten und nie vergessen. Und wenn ich mich erinnert habe, will ich weitergehen und mich über das freuen, was Gott heute tut, während ich ihn frage, was er für den nächsten Tag geplant hat. Wie soll ich auf dem nächsten Abschnitt meines Weges leben?

Wenn ich dieses raue Terrain und den steilen, atemlosen Anstieg nach Jerusalem hinauf betrachte, frage ich mich, warum wir versucht haben, das Christsein bequem zu machen. Warum sind wir versucht, unsere Glaubenserfahrungen mit dem „Ankommen" zu verbinden, mit einem schönen Parkplatz, an dem wir uns auf unseren Lorbeeren ausruhen und Denkmäler bauen und uns niederlassen können? Genau diesen Fehler habe ich gemacht, als ich dachte, nachdem ich drei Kinder im Glauben an Christus erzogen hatte, würden sie sich in meiner Nähe niederlassen und wir würden alle zusammen eine glückliche Familie sein, während sie ihrem Herrn innerhalb der statischen Grenzen unserer Heimatgemeinde dienen. Oder als ich mich in der Aufgabe, die Gott mir gegeben hat, so häuslich eingerichtet habe, dass ich nicht mehr nach neuen Wegen gesucht habe, meine Begabungen für ihn einzusetzen. Ich lerne allmählich, dass es beim Glauben immer um Veränderung geht – um ein Weitergehen und Hinaufsteigen, immer näher zu Gott. Es geht darum, meinen Willen und meine Pläne aufzugeben und stattdessen seine anzunehmen.

> *Ich habe vergessen,*
> *dass Nachfolge eine Reise ist.*

Mir fällt dabei ein altes Lied ein: „Ich bin entschieden zu folgen Jesus … Niemals zurück, niemals zurück." Ich vergesse oft, dass ich jemandem nur folgen kann, wenn wir beide uns bewegen, nicht, wenn wir still sitzen. Wenn wir Jesus folgen wollen, müssen wir in Bewegung bleiben und hinter ihm herlaufen, während er die gewählte Richtung einschlägt – hinauf nach Jerusalem.

Im Markusevangelium heißt es: „Auf dem Weg nach Jerusalem ging Jesus seinen Jüngern voran. ... Unterwegs nahm Jesus seine zwölf Jünger beiseite und sprach noch einmal darüber, was ihn erwartete“ (Markus 10,32). Was er ihnen eröffnete, war ganz und gar nicht das, was sie sich vorgestellt hatten. „Wir gehen jetzt nach Jerusalem. Dort wird der Menschensohn den Hohenpriestern und Schriftgelehrten ausgeliefert werden. Man wird ihn zum Tode verurteilen und denen übergeben, die Gott nicht kennen. Die werden ihn verspotten, anspucken, auspeitschen und töten. Aber nach drei Tagen wird er von den Toten auferstehen“ (Markus 10,33-34).

Beim Glauben geht es immer um Veränderung – um ein Weitergehen und Hinaufsteigen, immer näher zu Gott.

Jesus sagte außerdem: „Wer mir nachfolgen will, darf nicht mehr sich selbst in den Mittelpunkt stellen, sondern muss sein Kreuz auf sich nehmen und mir nachfolgen. Wer sich an sein Leben klammert, der wird es verlieren. Wer aber sein Leben für mich einsetzt, der wird es für immer gewinnen“ (Matthäus 16,24-25).

„Sind wir bald da? … Ich bin müde … Ich habe Durst!“

Niemals zurück. Niemals zurück.

Barmherzige Samariter

Diese Straße zwischen Jerusalem und Jericho ist die, auf der sich das Gleichnis Jesu vom barmherzigen Samariter abspielt. In der Geschichte wird ein Reisender von Räubern überfallen und zusammengeschlagen, die ihn für tot halten und liegen lassen. Die moderne Autostraße ist eine steile, sich windende Straße, entlang an Klippen, Bergen und Schluchten; ich sehe, dass es viele Stellen dort gibt, an denen sich Banditen verstecken und nichts ahnende Reisende überfallen konnten. Dies war zur Zeit Jesu eine Hauptstraße, und zwar nicht nur für die Pilger, die in Jerusalem an den religiösen Festen teilnahmen, sondern auch für die wohlhabenden Bürger, die gerne zu den heißen Quellen von Jericho reisten. Und die Tempelpriester gehörten zu den reichsten Israeliten.

Während ich diese Straße hinauffahre und den Schauplatz des Gleichnisses sehe, schlage ich meine Bibel auf und lese den ganzen Text (Lukas 10,25-37). Die Geschichte ist Teil einer ausgedehnten Unterhaltung, die Jesus mit einem Gesetzeslehrer hatte. Dieser Experte wusste bereits all die richtigen Antworten, aber er stand auf, „um Jesus eine Falle zu stellen“, und fragte ihn: „Was muss ich tun, um das ewige Leben zu bekommen?“ Jesus antwortete mit einer Gegenfrage: „Was steht denn darüber im Gesetz Gottes? Was liest du dort?“ Rabbis und Jünger lehrten und lernten immer auf diese Weise, indem sie Fragen stellten, nach Antworten suchten und auch noch das winzigste Detail dessen ausgruben, was jedes Wort und jeder Buchstabe in diesem Wort bedeuteten. Bis heute unterrichten jüdische Schulen noch so die Thora.

Der Gesetzeslehrer gab eine sehr orthodoxe, akzeptable Antwort auf die Frage Jesu: „Liebe Gott und liebe deinen Mitmenschen“, zwei Gebote, die sich in 5. Mose 6,5 und 3. Mose 19,18 finden. „Richtig!“, erwiderte Jesus. „Tu das, und du wirst ewig leben.“ Aber die Diskussion war für diesen Gesetzeslehrer noch nicht zu Ende, denn er wollte seine Frage rechtfertigen, also fragte er Jesus: „Wer gehört denn eigentlich zu meinen Mitmenschen?“ Er wollte eine Checkliste, eine Reihe von festen Regeln, damit er genau wusste, wen er lieben sollte und wen nicht, wann er diese Leute lieben sollte und wann nicht, und wo und wie. Vielleicht konnte er dann ein Schlupfloch finden, das ihm eine Ausrede gab. Jesus beantwortete die Frage „Wer ist mein Mitmensch?" mit dem Gleichnis vom barmherzigen Samariter.

Ein Jude war auf dieser Straße nach Jericho unterwegs und wurde überfallen und bewusstlos geschlagen. Der Erste, der vorbeikam, war ein Priester, der nicht stehen blieb, um dem Mann zu helfen. Vielmehr machte der Priester einen großen Bogen um den Verwundeten. Der Zweite, ein Levit, machte es genauso. Ich war immer davon ausgegangen, dass die beiden es taten, weil die Regeln für Priester, die in 4. Mose 21,1-4 stehen, ihnen verboten, sich durch die Berührung einer Leiche zu verunreinigen. „Tut mir leid, ich muss rein bleiben. Das gehört zu meiner Stellenbeschreibung."

Aber als ich in einem jüdischen Kommentar die Reinheitsgebote nachlas – die der Gesetzeslehrer zur Zeit Jesu mit Sicherheit kannte –, stieß ich auf eine Überraschung. Die jüdischen Weisen waren sich einig: Wenn ein Toter allein ist und das Opfer niemanden hat, der ihn begraben kann, dann ist sogar der Hohepriester moralisch dazu verpflichtet, sich um den Toten zu kümmern und ihn würdevoll zu beerdigen, selbst wenn die Tat einen Priester rituell verunreinigt. Nicht nur das, sondern Jesus sagte, der Priester und der Levit seien auf dem Weg hinunter nach Jericho gewesen, vielleicht zu einem kleinen Urlaub. Sie hätten sich wieder von jeder eventuellen Verunreinigung reinwaschen können, bevor sie zu ihrer Arbeit im Tempel zurückkehrten. Aber das wäre natürlich ihrer Massage bei den Quellen in die Quere gekommen.

Als der Priester und der Levit auf der anderen Straßenseite vorbeigingen, hatte es zwar den Anschein, als würden sie sich nach den religiösen Gesetzen korrekt verhalten, aber von dem erbarmungsvollen Herzen Gottes waren sie eindeutig weit entfernt. Die Priester zur Zeit Jesu hätten den Mann wahrscheinlich auch deshalb auf ihrem Weg zu den heißen Quellen ignoriert, weil sie in allen Geschichten des Neuen Testaments, in denen sie vorkommen, ziemlich lieblos wirken: Sie sind bereit, eine Ehebrecherin zu steinigen; sie beharren auf jedem Buchstaben des Gesetzes, aber suchen sich selbst Schlupflöcher; sie haben keinerlei Mitgefühl mit blinden Männern oder behinderten Frauen, wenn ihre Heilung an einem Sabbat stattfand. Kein Wunder, dass Jesus eine Gruppe von Gesetzeslehrern kritisierte, indem er sagte: „Ihr Scheinheiligen! Sogar von Küchenkräutern wie Minze, Dill und Kümmel gebt ihr Gott den zehnten Teil. Aber die viel wichtigeren Forderungen Gottes nach Gerechtigkeit, Barmherzigkeit und Glauben sind euch gleichgültig" (Matthäus 23,23).

Das Gesetz als Ausrede zu benutzen, um einem Mitmenschen nicht helfen zu müssen, ist genau das, wogegen Jesus anging, als er die religiösen Anführer beschuldigte, sie bürdeten den Menschen schwere Lasten auf, machten aber keinen Finger krumm, um ihnen zu helfen; sie ignorierten Gottes Gebote, um den Traditionen der Menschen zu folgen; sie siebten die winzigsten Mücken aus ihrem Essen, weil sie nicht koscher waren, verspeisten aber ganze Kamele, die größten nicht koscheren Tiere. Während Jesus diese Geschichte von einem Priester erzählte, der wegschaut, muss dem Gesetzeslehrer klar gewesen sein, was für ein vernichtendes Urteil ihn und seine Mitgesetzeshüter hier traf.

> *Liebesdienste und Mitgefühl kann man nicht per Gesetz regeln.*

Es war ein Samariter, damals ebenso sehr ein Feind der Juden, wie es heute die Palästinenser sind, der mit menschlicher Güte reagierte und sogar über seine normale Verpflichtung hinaus für den verletzten Mann sorgte. Kein Gesetz verlangte das von ihm. Liebesdienste und Mitgefühl kann man nicht per Gesetz regeln. Aber einem Menschen in Not zu helfen, war das Gebot der Nächstenliebe, und das tat er.

Jesus wollte damit sagen, dass die Leute aufhören sollten, eine Liste von Regeln zu befolgen, und stattdessen Gottes Beispiel der Liebe und Barmherzigkeit folgen sollten. Um meinen Nächsten wirklich zu lieben, muss ich meine Definition, wer mein Nächster ist, erweitern, selbst wenn es bedeutet, dass ich meinen Feinden helfen muss. Menschen wie ich wollen Regeln haben. Wir wollen Gottes Gesetze in eine Reihe Bücher packen, damit wir sie analysieren und uns darauf beziehen können. Wenn wir alles „nach den Regeln" machen, haben wir unsere Pflicht getan. Wir wollen Ordnung und Stabilität, so wie man sie bei einem Basketball- oder Fußballspiel hat, bei dem alle die Regeln kennen und ganz eindeutig ist, wenn jemand dagegen verstößt. Dann können wir „Foul!" rufen und sehen zu, wie der Übeltäter bestraft wird. Wir wollen genau wissen, wen wir anfeuern sollen und wer unser Gegner ist. Und wir wollen auch unsere Religion gut strukturiert, damit wir immer genau wissen, was von uns erwartet wird, ohne irgendwelche Grauzonen in unserer schwarz-weißen Welt.

Jesus verstieß ziemlich oft gegen die Regeln, indem er am Sabbat Krankheiten heilte, die nicht lebensbedrohlich waren, um deutlich zu machen, dass eine enge, lebendige Beziehung zu Gott als Orientierung dienen soll und nicht als ein Regelwerk. Wenn der Priester, der Levit und der Gesetzeslehrer den Gott, dem sie dienten, wirklich kennen würden, wüssten sie, er ist „ein barmherziger und gnädiger Gott, langmütig, reich an Huld und Treue: Er bewahrt Tausenden Huld, nimmt Schuld, Frevel und Sünde weg" (2. Mose 34,6-7). Sie wüssten genau, was ihr liebender Gott meinte, als er sagte: „Liebe deinen Nächsten wie dich selbst", ohne nach einer detaillierten Beschreibung dessen zu fragen, wer genau denn ihr Nächster sei. Aber ihre Religion war aus dem Gleichgewicht geraten, indem sie die Regeln betonte und das Herz Gottes außer Acht ließ.

Jesus beendete das Gleichnis mit einer weiteren Frage für den Gesetzeslehrer: „Welcher von den dreien hat an dem Überfallenen als Mitmensch gehandelt?" Der Experte konnte nur zu einem Schluss kommen, nämlich: „Der Mann, der ihm geholfen hat." Er hat es sicher nicht gerne zugegeben, zumal Jesus hinzufügte: „Dann geh und folge seinem Beispiel!"

Ein reicher, junger Herrscher kam einmal mit der gleichen Frage zu Jesus, die der Gesetzeslehrer ihm gestellt hatte: „Lehrer, was muss ich Gutes tun, um das ewige Leben zu bekommen?" Er versicherte Jesus, dass er alle Regeln gewissenhaft befolgt hatte. Jesus sagte ihm, er solle all seinen Besitz verkaufen und das Geld den Armen geben – etwas, wozu der reiche Mann sich nicht durchringen konnte. Er liebte etwas anderes mehr, als er Gott oder seine in Not geratenen Mitmenschen liebte (Matthäus 19,16-30). Die Lektion für mich ist nicht, dass auch ich alles verkaufen soll, sondern dass ich mir mein Leben ansehe und überprüfe, ob ich Gott an die erste Stelle setze und ihm mein ganzes Herz, meine ganze Seele, meinen ganzen Verstand und alle meine Kraft gebe. Ich muss mich selbst fragen, ob ich vielleicht ein äußerlich korrektes Leben führe und mich an alle Regeln halte, es mir aber an Liebe fehlt. Ich muss prüfen, ob ich jemand bin, den Jesaja und Jesus in ihr Urteil mit einschließen würden: „Dieses Volk gibt vor, mich zu ehren – doch sie tun es nur mit den Lippen, mit dem Herzen sind sie nicht dabei. Ihre Frömmigkeit beruht nur auf Vorschriften, die Menschen aufgestellt haben" (Jesaja 29,13 und Matthäus 15,8).

Setze ich Gott an die erste Stelle und gebe ihm mein ganzes Herz, meine ganze Seele, meinen ganzen Verstand und alle meine Kraft?

Der Priester in der Geschichte Jesu glaubte, dass Regeln wichtiger seien, als sich in jedem Augenblick von einem lebendigen Gott leiten zu lassen, einem Gott, der uns die Augen öffnen will, damit wir die Not der Menschen sehen und ihnen Mitgefühl entgegenbringen. Die Priester sollten Gott und ihren Mitmenschen dienen. Das Neue Testament spricht zu uns: „Lasst auch ihr euch als lebendige Steine zu einem Haus aufbauen, das Gott gehört. Darin sollt ihr als seine Priester dienen, die ihm als Opfer ihr Leben zur Verfügung stellen“ (1. Petrus 2,5). Sind wir zu „heilig“, um stehen zu bleiben und denen zu helfen, die von der Welt zusammengeschlagen und weggeworfen wurden?

Die Art, wie wir Menschen in Not betrachten, offenbart, wie ähnlich wir Christus sind.

Ich sehe in diesem Gleichnis auch ein Bild Christi: „Obwohl er in göttlicher Gestalt war, hielt er nicht selbstsüchtig daran fest, Gott gleich zu sein. Nein, er verzichtete darauf und wurde einem Sklaven gleich“ (Philipper 2,6-7). Es gibt keinen hässlicheren, sündigeren Ort als die Erde, voll mit unreinen, durch die Sünde entstellten Menschen. Und trotzdem hat Jesus die Heiligkeit des Himmels verlassen, um auf unsere Seite des Universums zu kommen und auf seine Kosten unsere Wunden zu verbinden und uns das Leben wiederzugeben. Er hat uns das Herz Gottes gezeigt. Und im Gegenzug offenbart die Art, wie wir Menschen in Not betrachten, wie ähnlich wir Christus sind.

Während unser Bus auf dieser modernen Straße fährt, sehe ich keine gestrandeten, verwundeten Reisenden am Straßenrand. Aber ich glaube, ich verstehe jetzt, dass mein Nächster jemand ist, der vielleicht so ganz andere moralische Maßstäbe an sein Leben legt als ich und wir deswegen kaum Berührungspunkte haben. Oder der aus einem mir völlig fremden Kulturkreis kommt und mir unheimlich ist? Oder der HIV-positiv ist und mich hilflos macht, weil ich mit dieser Krankheit nicht umgehen kann? Werde ich mich von ihm fernhalten oder werde ich Gottes Liebe und Mitgefühl zeigen, wann immer ich im Alltag meinen Nächsten begegne, und ihre Wunden verbinden und mein Geld, meine Zeit und meine Kraft einsetzen, um mich um sie zu kümmern? Es gibt barmherzige Samariter auf dieser Welt, die Gott nicht anerkennen und nicht nach seinen Geboten leben, aber sie wollen anderen in Not helfen. Rockstars und andere Prominente sammeln Millionen, um gegen den Hunger in der Welt zu kämpfen und Opfern von Naturkatastrophen zu helfen.

Warum gehe ich dann auf die andere Straßenseite?

Ihr aber sollt eure Feinde lieben und den Menschen Gutes tun. Ihr sollt ihnen helfen, ohne einen Dank oder eine Gegenleistung zu erwarten. Dann werdet ihr reich belohnt werden: Ihr werdet Kinder des höchsten Gottes sein. Denn auch er ist gütig zu Undankbaren und Bösen.

Lukas 6,35-36

Ein neues Gebet für die Reise

Gnädiger himmlischer Vater,
du bist ein Gott voller Liebe und Mitgefühl und Barmherzigkeit. Ich danke dir dafür, dass du deinen Sohn auf unsere Straßenseite gesandt hast, um unsere Wunden zu heilen und uns vor dem Tod zu retten. Du bist selbst die Liebe, aber ich bekenne, dass ich dem Beispiel Christi, meine Feinde zu lieben, nicht gefolgt bin. Vergib mir, Herr, dass ich nicht an der Kreuzung stehe und verlorenen Freunden und Verwandten helfe, den richtigen Weg zu finden; dass ich kein besseres Beispiel deiner opferbereiten Liebe bin. Danke für einen Neuanfang in meinem Leben, eine Chance, aus meiner bequemen Routine zu klettern und mit dir auf dem Weg der Jüngerschaft zu gehen, indem ich dem guten Leben den Rücken kehre und ein gottesfürchtiges Leben anstrebe. Hilf mir, Veränderungen freudig und vertrauensvoll anzunehmen in dem Wissen, dass dein Geist mir die Kraft gibt, in deinem Namen Riesen zu besiegen.
Amen.

Fragen zum Kapitel

- Gibt es in Ihrem Leben einen Moment, in dem Sie so etwas Ähnliches wie eine Jordanüberquerung vorgenommen haben?
- Mit welchen Gefühlen stehen Sie herausfordernden Situationen gegenüber? Wie gehen Sie mit Veränderungen in Ihrem Leben um?
- Gibt es in Ihrem Leben alte Gewohnheiten und falsche Vorstellungen, die Sie überdenken sollten?
- Gibt es Eigenschaften, die Sie mit Kaleb gemeinsam haben? Welche könnten das sein? Gibt es etwas, das Sie sich von Kaleb abgucken wollen?
- Warum hat Gott sein Volk an einem Knotenpunkt der damaligen Welt platziert und nicht auf einer einsamen Insel fernab von der Zivilisation? Was bedeutet das für Sie als Christ heute?
- Teilen Sie mit Lynn Austin die Meinung, dass unser Glaube oft stärker wird, wenn wir unsere Überzeugungen ver-

teidigen müssen? Erinnern Sie sich an solche Situationen? Welche Erfahrungen haben Sie dabei gemacht?

- Wann haben Sie sich zuletzt ganz bewusst für den Glauben an Gott entschieden?

- Haben Sie schon einmal darüber nachgedacht, für welche Menschen in Ihrem Umfeld Sie ein Segen sein könnten?

- Jerusalem liegt auf einem Berg und der Weg dorthin ist steil und beschwerlich. Wie würden Sie den momentanen Zustand Ihres geistlichen Lebens bezeichnen?

- Lynn Austin schreibt, dass es wichtig ist, auf dem Weg zu Gott nicht stehenzubleiben, sondern zu klettern, Opfer zu bringen und sich zu erinnern. Beschreiben Sie Ihre letzte geistliche Kletterpartie. Welche Opfer mussten Sie bringen? Welche Bedeutung spielte dabei die bewusste Erinnerung an vergangene Glaubenserfahrungen?

- Wie ist Jesus mit Menschen umgegangen, die in Not geraten waren? Welche Rolle spielen solche Menschen in Ihrem Leben? Was hat Ihre Einstellung diesen Menschen gegenüber mit Nachfolge zu tun?

5

Jerusalem

Groß ist der Herr und hoch zu rühmen in der Stadt unsres Gottes, auf seinem heiligen Berge. Schön ragt empor der Berg Zion, daran sich freut die ganze Welt.

Psalm 48,2-3

Wir sind innerhalb der alten Stadtmauern in einem Gasthaus aus dem neunzehnten Jahrhundert untergebracht und ich werde vom Klang der Glocken geweckt, die in der nahe gelegenen Grabeskirche läuten. Diesen ersten Tag in Jerusalem will ich früh beginnen, also ziehe ich mich warm an und setze mich auf unserem Steinbalkon in die kühle Morgenluft, um in der Bibel zu lesen. Die Bäume in dem offenen Hof unter mir rascheln im Wind, und der Duft unseres Frühstücks zieht aus der Küche herauf und lässt meinen Magen knurren.

Ich mache es mir auf meinem Plastikstuhl bequem und schlage die Psalmen auf. Als ich sehe, welcher Psalm für heute vorgeschlagen ist, durchfährt mich ein Schauer der Erregung. Psalm

48 feiert Jerusalem als die „Stadt unsres Gottes, auf seinem heiligen Berge" – und genau an diesem Ort bin ich jetzt! Ich weiß, dass Gott überall ist und dass ich nie weiter als ein Gebet von ihm entfernt bin, aber Jerusalem ist seine Stadt in einem ganz historischen, spürbaren Sinn. Hier stand einmal der Tempel, hier wurde Jesus gekreuzigt und hier stand er von den Toten wieder auf. Mir kommen die Tränen, sodass die Worte vor meinen Augen verschwimmen, als ich den Psalm lese. Ich habe versucht, in all den Veränderungen in meinem Leben Gottes Willen zu erkennen, und die Verse 13 bis 15 weisen mir den Weg: „Wandert um den Berg Zion, geht rings um die Stadt und zählt ihre Festungstürme! Bestaunt die unbezwingbaren Mauern und die schönen Paläste! Dann könnt ihr der nächsten Generation erzählen: ‚Wir haben einen mächtigen Gott! Er ist unser Herr für immer und ewig; allezeit wird er uns führen.'" Vielleicht dient diese Pilgerreise nicht nur mir, weil ich durch meine Bücher „der nächsten Generation" Gottes Macht und Liebe bezeugen kann.

Aber meine Tränen haben noch einen anderen Grund. Dieser Vers hat schon einmal eine wichtige Rolle auf meinem Glaubensweg gespielt – er ist einer dieser Erinnerungssteine in meinem Leben. Vor mehr als zwanzig Jahren, als meine Kinder noch klein waren, hatte ich Mühe, Gottes Berufung für mein Leben zu erkennen. Ich wollte schreiben. Ich schrieb für mein Leben gerne. Aber woher sollte ich mit Sicherheit wissen, ob Gott wollte, dass ich Schriftstellerin werde, oder ob es nur meine eigene verrückte Idee war? Verschwendete ich in all den Stunden, die ich an meiner Tastatur verbrachte, meine und Gottes Zeit?

Ich war unsicher, beschloss aber, in die Richtung weiterzugehen, von der ich glaubte, dass Gott mich dorthin führte. Ich schrieb, während meine Kinder schliefen, investierte Geld und Zeit in Kurse für angehende Autoren und kaufte einen Computer, um effizienter schreiben zu können. Trotzdem plagten mich Zweifel. Nach vielen Stunden Arbeit hatte ich noch kein einziges Wort veröffentlicht. Mein Roman über das Leben des alttestamentlichen Königs Hiskia blieb unvollendet. Ich sehnte mich danach, Israel zu bereisen und das Land zu sehen, das ich in meinem Roman beschrieb, und die Kultur und den Alltag zur Zeit der Bibel zu erforschen. Aber was mein Schreiben betraf, schien es, als würde ich einen Schritt vorwärts machen und dann wieder zwei Schritte zurück, wie die Spielfiguren beim Spiel des Lebens.

Dann bot sich mir eine Riesenchance, denn Gott gab mir die Gelegenheit, einen Monat lang an einer Ausgrabung in Israel teilzunehmen. Ich konnte an der Hebräischen Universität in Jerusalem einen Kurs in biblischer Geschichte belegen, würde das Land sehen und herausfinden, wie antike israelische Häuser und Dörfer ausgesehen haben könnten. Aber wie sollte ich eine solche Reise finanzieren? Unsere Familie lebte damals in Kanada, und da ich nicht berufstätig war, war die einzige Möglichkeit, die ich hatte, um Geld zu verdienen, ein Job als Tagesmutter. Fest entschlossen, nach Israel zu reisen, arbeitete ich einen kanadischen Winter lang sehr viel und betreute die drei Vorschulkinder meiner Nachbarn, zusätzlich zu meinen eigenen drei Kindern, während ich versuchte, genug Geld für den Flug zu sparen. Mit der Hilfe meiner Eltern und endlosen Opfern gelang es mir, die nötigen Mittel zusammenzukratzen. Mein Mann spornte mich an, ermutigte mich und bot an, meine Arbeiten zu Hause zu übernehmen, damit ich fahren konnte.

Dann, wenige Tage vor meiner Reise, bekamen alle meine Kinder Windpocken. Das war der Moment, in dem wir herausfanden, dass mein Mann als Kind nie Windpocken gehabt hatte. Jetzt hatte er sie und er litt mächtig. Ich kam mir vor wie der Kapitän auf einem Pestschiff, während ich mich abmühte, meine Familie zu versorgen, ihnen fiebersenkende Mittel zu verabreichen, sie in Creme und warmem Wasser zu baden, damit der Juckreiz nachließ. Ich rief die Fluggesellschaft an, um zu fragen, ob ich meine Reisepläne ändern konnte, und erfuhr, dass ich mit meinem günstigen Ticket den Flug weder umbuchen noch stornieren konnte. All das Geld, für das ich so fleißig gearbeitet hatte, würde verloren sein. War dies Gottes Art, mir zu sagen, dass meine Pläne nicht seinen entsprachen? Mehrere Bekannte aus der Gemeinde schienen das zu glauben. Sie riefen an und sagten, die Windpocken seien bestimmt ein Zeichen Gottes, weil er wollte, dass ich Ehefrau und Mutter bin und nicht Schriftstellerin, die in der Weltgeschichte herumreist. Mein Mann widersprach dieser Ansicht von seinem Krankenlager aus. Er war der Meinung, die Krankheit sei ein Angriff des Feindes, damit ich an meiner Berufung zweifele. Wer hatte recht? Wem sollte ich glauben?

Ich sank auf die Knie, um zu beten und Gott um Führung zu bitten. Dann schlug ich meine Bibel an der Stelle auf, die für diesen Tag in meiner Bibellese vorgeschlagen war, so wie ich es jeden Tag tat. Der Text war Psalm 48: „Wandert um den Berg Zion, geht rings um die Stadt und zählt ihre Festungstürme! Bestaunt die unbezwingbaren Mauern und die schönen Paläste! Dann könnt ihr der nächsten Generation erzählen: ‚Wir haben einen mächtigen Gott! Er ist unser Herr für immer und ewig; allezeit wird er uns führen.'"

Gott hatte mir den Marschbefehl gegeben. Er wollte nicht nur, dass ich nach Israel reiste, sondern er wollte außerdem, dass ich meine schriftstellerische Begabung dazu gebrauchte, der nächsten Generation von seiner Treue zu erzählen. Ich hörte auf Gott und auf meinen Mann und nicht auf das Flüstern des Feindes und auch nicht auf die Meinung anderer Leute. Ich brach voller Vertrauen auf nach Israel und in meine Berufung zur Schriftstellerin.

Jetzt bin ich erneut in Jerusalem. In der Zwischenzeit sind meine fünf Romane über Hiskia um die Welt gereist und in so unterschiedliche Sprachen wie Indonesisch, Rumänisch, Niederländisch und Afrikaans übersetzt worden. Leser auf der ganzen Welt schreiben mir, um mir zu sagen, dass meine Geschichten etwas in ihrem Leben bewirkt haben. Warum also zweifle ich noch immer? Warum fällt es mir so schwer zu glauben, dass Gott neue Dinge für mich bereithält, Dinge, die mein Leben verändern, wenn ich meine Ängste ablege, so wie ich es vor zwanzig Jahren tat, und seinen Auftrag annehme?

An diesem Morgen in Jerusalem höre ich, wie Gott wieder einmal durch Psalm 48 zu mir spricht. Hier in der Stadt unseres Gottes gibt es Lektionen, die ich lernen kann – Lektionen, die ich nicht für mich behalten, sondern mit anderen teilen soll. Gott lädt nicht nur mich, sondern uns alle ein, mit ihm unterwegs zu sein, uns umzusehen und zu erkennen, was er getan hat und noch tut, und dann unseren Weg und unsere Berufung zu finden, wie wir der nächsten Generation dienen können.

Gott lädt nicht nur mich, sondern uns alle ein, mit ihm unterwegs zu sein, und unsere Berufung zu finden, wie wir der nächsten Generation dienen können.

Deshalb lege ich meine Zweifel und Ängste heute ab und nehme seine Einladung an. Ich werde um diese Stadt wandern, ihre Mauern und Türme betrachten und darauf vertrauen, dass diese Pilgerreise in das nächste große Abenteuer führen wird, das er für mich bereithält.

Stadtmauern

Die Mauern um die Altstadt von Jerusalem sind im Vergleich zu vielen anderen Artefakten in Israel neu, aber ich bin trotzdem beeindruckt. Unser Reiseleiter berichtet, dass Süleyman der Prächtige sie im sechzehnten Jahrhundert während der Zeit des Osmanischen Reiches errichtet hat. An der unterschiedlichen

Größe und Form der Steine kann man leicht erkennen, dass er viele der Felsblöcke früherer Mauern wieder verwendet hat, darunter auch welche aus den Mauern von König Herodes zur Zeit Christi. Aber die Steine wurden alle aus demselben goldgelben Sandstein gehauen, der Jerusalem zu einer „goldenen Stadt" macht. An manchen Stellen liegen die Bausteine auf riesigen Brocken Felsgestein, die aus dem Berg herausragen. Süleyman baute ursprünglich mehrere Tore in die Stadtmauer, und wenn man durch eines dieser Tore tritt, ist es, als betrete man die Vergangenheit in einem Labyrinth aus schmalen, sich windenden Straßen und eine Welt exotischer Gewürze und Gerüche. Das Gasthaus, in dem wir untergebracht sind, befindet sich innerhalb dieser Mauern in der Nähe des Jaffatores.

Die dicken Mauern der Altstadt umschließen eine Fläche von nicht einmal einem Quadratkilometer, ein Gebiet, in dem bis 1860 die gesamte Bevölkerung Jerusalems wohnte. Erst danach begannen jüdische Siedler aus Platzmangel mit dem Bau von Siedlungen außerhalb der Mauern. Auf diesem begrenzten Platz befinden sich drei wichtige religiöse Orte, an denen die Gläubigen der drei monotheistischen Religionen Gottesdienst feiern: die Grabeskirche der Christen bei Golgatha und dem leeren Grab; die Klagemauer der Juden, ein Rest von Gottes heiligem Tempel; und der Felsendom der Muslime, der Ort, von dem sie glauben, dass der Prophet Mohammed in den Himmel auffuhr. Das ist eine Menge Frömmigkeit auf so engem Raum!

An diesem Morgen erkunden wir nicht die Altstadt innerhalb der Mauern, sondern wir kommen ordentlich ins Schwitzen, als wir auf der Mauer einmal um die Stadt herumlaufen. Immer wenn wir an ein Tor kommen, müssen wir unzählige Stufen hinabsteigen, zur anderen Seite des Tores gehen und dann wieder die Treppe hinaufklettern, bevor wir auf dem schmalen Pfad oben auf der Mauer weitergehen können. Aber die Aussicht von der Brüstung aus auf die neueren Teile Jerusalems und die umliegende Landschaft macht den Rundgang zu einer lohnenden Anstrengung.

Diese Aussicht war einer der Gründe, warum antike Völker sich überhaupt die Mühe machten, Stadtmauern zu errichten. Wenn sie sehen konnten, wie ihre Feinde sich näherten, konnten sie schnell die Tore schließen und sich verbarrikadieren. Alle verfügbaren Männer wurden dann an die Bollwerke der Stadt gerufen, wo man den Angriff erwartete. Mauern hielten den Feind draußen fern und die Bürger drinnen in Sicherheit.

Bevor die Israeliten Jerusalem eroberten, herrschten die Jebusiter in der Stadt. Sie dachten, ihre Mauern wären uneinnehmbar, also verspotteten sie König David mit den Worten: „In unsere Stadt wirst du nie hereinkommen! Selbst unsere Lahmen und Blinden könnten dich in die Flucht schlagen!" (2. Samuel 5,6) Sie nahmen den Mund zu voll. Davids Männer fanden den Eingang zu einem antiken Kanalsystem und kletterten den Schacht hinauf, um die Stadt einzunehmen. Bei archäologischen Ausgrabungen in der Stadt Davids wurde der antike Tunnel entdeckt, den Davids Männer möglicherweise benutzten.

Ich bleibe an einer hoch gelegenen Stelle auf dem östlichen Teil der Mauer stehen und blicke ins Kidrontal hinunter. Ich kann mir gut vorstellen, wie König Hiskia hier oben gestanden und Hunderttausende assyrischer Soldaten beobachtet hat, die mächtigste Armee der Welt, die im Tal unter ihm lagerte. Sie hatten bereits alle Verbündeten von Hiskia besiegt, und es sah so aus, als würde er der Nächste sein. Der König tat, was er konnte, um sich auf die Belagerung vorzubereiten, indem er die Mauern verstärkte und einen Tunnel und ein Reservoir bauen ließ, um die Wasserversorgung zu sichern. Diese Vorbereitungen habe ich selbst gesehen, als ich einen Teil von Hiskias „breiter Mauer" betrachtete, die in der Altstadt ausgestellt ist.

Letzten Endes waren es nicht die Mauern, die Hiskia und Jerusalem retteten, sondern Gott. Als ihm seine ausweglose Lage bewusst wurde, flehte Hiskia Gott um Hilfe an und „in dieser Nacht schickte der Herr seinen Engel in das Lager der Assyrer. Er tötete 185.000 Soldaten. Am nächsten Morgen war alles mit Leichen übersät“ (2. Könige 19,35). Die mächtigste Armee der Welt hatte gegen Gott keine Chance.

Aber die Mauern Jerusalems hielten dann die babylonische Armee nicht auf. Wegen der Sünde und Untreue Israels ließ Gott es zu, dass die Babylonier Jerusalem eroberten und das Volk in die Gefangenschaft verschleppten. Nach siebzig Jahren im Exil kehrten die Israeliten zurück, um Jerusalem und den Tempel wieder aufzubauen. Nehemia kannte den Wert schützender Stadtmauern und nahm Urlaub von seiner Tätigkeit als Mundschenk des persischen Königs, um die Mauern um Jerusalem wieder aufzurichten. Alle in der Stadt waren an diesem Bauprojekt beteiligt, und als Nehemias Feinde versuchten, die Arbeiten zu stoppen, befahl er den Männern, weiterzuarbeiten und Gott zu vertrauen. „Die Lastträger trugen mit der einen Hand das Baumaterial, in der anderen hielten sie eine Waffe. Alle Arbeiter hatten ihr Schwert umgeschnallt“ (Nehemia 4,11-12). Die Mauern, die in nur zweiundfünfzig Tagen fertiggestellt wurden, beschützten nicht nur die Menschen, sondern auch Gottes neu erbauten Tempel, das kostbarste Gut des Volkes.

Wir sind so weit gelaufen, wie es bei unserem Rundgang auf der Jerusalemer Mauer möglich ist, und stehen auf dem Plateau, auf dem einst der Tempel stand. Die goldene Kuppel des muslimischen Heiligtums beherrscht den gepflasterten Platz. Nicht einmal die befestigten Mauern von König Herodes konnten die Römer davon abhalten, Jerusalem und den Tempel im Jahre 70 n. Chr. zu zerstören. Israel ging ein zweites Mal ins Exil. Von Menschenhand erbaute Mauern können durch Menschenhand zum Einsturz gebracht werden, aber Gottes Fels des Heils ist unerschütterlich. Gott half Nehemia, die Mauern wieder aufzubauen, er half David, Jerusalem zu erobern, und er half Hiskia dabei, den Feind zu besiegen und in Sicherheit zu bleiben. Der Grund dafür ist immer derselbe: weil sie Gott glaubten und ihm vertrauten. Aber von Menschen errichtete Mauern halfen den sündigen Jebusitern nicht und auch nicht einem rebellischen Volk, das sich von Gott abgewandt hatte.

Ich bin oft versucht, meine eigenen Festungen zu bauen und mich auf meine eigenen Sicherheitsvorkehrungen zu verlassen. Das Geld in der Bank wird zu meinem Reservoir in Zeiten der Dürre. Ich verlasse mich auf meine Rentenversicherung, um meine Zukunft abzusichern, und sehe nicht Gott als meine Sicherheitsgarantie an. Wenn ich mich nur auf die Dinge verlasse, die ich mit eigenen Augen sehen oder mit meinen Händen berühren kann, dann ist das Götzendienst, egal, ob ich an eine geschnitzte Figur glaube oder an ein Sparbuch. Wie Hiskia und Nehemia sollte ich daran denken: „Gott ist unsere Zuflucht und Stärke, ein bewährter Helfer in Zeiten der Not. Darum fürchten wir uns nicht, selbst wenn die Erde erbebt, wenn die Berge wanken und in den Tiefen des Meeres versinken“ (Psalm 46,2-3). Oder wenn die Börse zusammenbricht. Oder ein Tornado zuschlägt. Gott hat nie versprochen, mich vor allen Prüfungen zu bewahren, aber er hat versprochen, bei mir zu sein.

Von Menschenhand erbaute Mauern können durch Menschenhand zum Einsturz gebracht werden, aber Gottes Fels des Heils ist unerschütterlich.

„Wandert um den Berg Zion, geht rings um die Stadt und zählt ihre Festungstürme!“, schrieb der Psalmist – und das habe ich den ganzen Vormittag lang getan –, weil der Blick von dort oben mich daran erinnert, wie Gott sein Volk in der Vergangenheit gerettet hat. Aber anschließend muss ich es „der nächsten Generation“ erzählen, denn: „Wir haben einen mächtigen Gott! Er ist unser Herr für immer und ewig.“ Jedes Mal, wenn ich Gottes Treue in meinem eigenen Leben bezeuge, wird das zu einem

Baustein in meiner Glaubensmauer und gibt meinen Kindern und zukünftigen Enkeln etwas, hinter dem sie stehen können. Was für ein Privileg, der nächsten Generation zeigen zu dürfen, dass sie ihre eigenen Glaubensmauern bauen können durch Gebet und den Glauben an den Einen, der einen besseren Blick auf ihre Zukunft hat als sie selbst.

> *Jedes Mal, wenn ich Gottes Treue in meinem eigenen Leben bezeuge, wird das zu einem Baustein in meiner Glaubensmauer.*

Wann immer ich versucht bin, meine Augen zu den Bergen aufzuheben und woanders Hilfe zu suchen, will ich mich an diese Wahrheit erinnern: „Meine Hilfe kommt vom Herrn, der Himmel und Erde gemacht hat! Er gibt auf dich Acht, wenn du aus dem Hause gehst und wenn du wieder heimkehrst. Jetzt und für immer steht er dir bei!" (Psalm 121,2.8)

Hiskias Tunnel

Das eisige Wasser raubt mir den Atem. Ich wate hinein, die Stufen hinunter, bis es mir bis zum Oberschenkel reicht. Aber das kalte Wasser ist nicht der schlimmste Teil dieser Wanderung durch König Hiskias Tunnel. Hier unten gibt es kein Licht, weder elektrisches noch natürliches, und der klaustrophobische Tunnel schlängelt sich unter der Erde hindurch, als hätten Betrunkene ihn ausgehoben. Vor mir duckt sich ein großer Mann, um nicht mit dem Kopf an die steinerne Decke zu stoßen. Eine untersetzte Frau sieht aus, als bereute sie dieses Abenteuer, während sie sich zwischen den glitschigen Wänden hindurchzwängt. Keiner von uns kann zurück. Es ist gerade einmal ausreichend Platz, um hintereinander herzugehen.

Dieses Kanalsystem tief unter der Stadt Jerusalem wurde von Menschen gebaut. In der Bibel lesen wir: „Hiskia ließ die

Gihonquelle abdecken und ihr Wasser unterirdisch in westlicher Richtung zur ‚Stadt Davids' leiten" (2. Chronik 32,30). Ich kenne die Geschichte gut. Mein allererster Roman, *Gods and Kings* (Götter und Könige), war Teil einer Trilogie über das Leben von König Hiskia, der siebenhundert Jahre vor Christus in Jerusalem regierte. Ohne Frischwasserzugang in der Stadt und mit den bösartigen Assyrern im Anmarsch musste Hiskia einen Weg finden, um die Quelle zu schützen, die vor den Stadtmauern lag. Seine Lösung war, einen unterirdischen Tunnel von der Quelle zu einem neuen Auffangbecken innerhalb der Mauern zu graben. Da die Arbeiten beendet sein mussten, bevor die Assyrer angriffen, gab er den Arbeitern den Befehl, von beiden Seiten aus zu graben und sich in der Mitte zu treffen.

„Sagt mal, ist es eigentlich sicher, sich auf einen Tunnel zu verlassen, der vor 2.700 Jahren gebaut wurde?", fragt jemand.

Ich schüttele den Kopf, aber niemand kann mich im Dunkeln sehen. Nein. Ich verlasse mich nicht auf einen antiken Tunnel, vor allem nicht in einer Stadt, in der es gelegentlich Erdbeben gibt. Ich kann nur auf Gott vertrauen – und weiterstapfen, den schwachen Schein meiner Taschenlampe auf das Wasser vor mir gerichtet. Der gehauene Stein ist uneben und kantig, und da wir unsere Füße in dem schwarzen Wasser nicht sehen können, schieben wir uns langsam voran, sorgfältig darauf bedacht, nicht zu stolpern oder zu stürzen. Ich bin keine große Freundin von Höhlen und diese von Menschenhand gehauene mit ihren geraden Wänden ist dunkel und unheimlich. Ich habe das Gefühl, als würde das Gewicht des ganzen Berges auf meinem Kopf lasten.

„Wie weit ist es noch?", fragt jemand mit zittriger Stimme. Ich traue mich nicht, der Frau zu sagen, dass es bestimmt eine halbe Stunde dauern wird, bis wir diesen sich windenden Tunnel von mehr als einem halben Kilometer Länge hinter uns gebracht haben. Die Studenten in unserer Gruppe versuchen, die Stimmung mit Gelächter und Witzen zu heben. Dann fängt einer von ihnen an zu singen: „Erfülle es und lass es überfließen …“ Es ist eine poppige Version von „Amazing Grace“ mit einem zusätzlichen Refrain: „Erfülle es und lass es überfließen, überfließen vor Liebe.“ Nach und nach stimmen alle mit ein.

Ich muss lächeln, weil ich an das erste Mal denke, dass ich durch Hiskias Tunnel gegangen bin, als ich für meinen Roman recherchierte. Damals waren mein Mann Ken und ich mit einer Gruppe aus unserer kanadischen Gemeinde in Israel unterwegs, und die Palästinenser hatten beschlossen, eine Intifada – einen Aufstand – zu beginnen, während wir dort waren. Hiskias Tunnel war auf meiner Prioritätenliste ganz oben, aber Hillel, unser Reiseleiter, schüttelte den Kopf, als ich fragte, ob wir nicht den Tunnel besichtigen können.

„Es ist zu gefährlich, mit einem Reisebus in diesen Teil von Jerusalem zu fahren“, erklärte er. „Gestern haben die Palästinenser ein Fahrzeug auf der Straße angezündet, die zu dem Tunnel führt. Wir können unmöglich dorthin.“ Nachdem ich den langen Weg nach Israel zurückgelegt hatte, um Hiskias Meisterwerk zu sehen, war ich am Boden zerstört. Später am Abend, als der Jetlag und die Enttäuschung mich wach im Bett liegen ließen, betete ich und bat Gott, mir zu helfen, damit das Unmögliche möglich wurde.

Am nächsten Morgen sprach ich wieder mit unserem Reiseleiter und erzählte ihm von dem Buch, das ich schrieb. Schließlich willigte Hillel ein, Ken und mich durch den Tunnel zu begleiten, während der Rest der Gruppe etwas anderes besichtigte. Gott hatte mein „unmögliches“ Gebet erhört.

Zwei Tage später gingen wir zu dritt die verlassene Straße zum Eingang des Tunnels hinunter. Als wir an dem ausgebrannten Fahrzeug vorbeikamen – einem Jeep der israelischen Armee –, hätte ich es mir beinahe anders überlegt und wäre umgekehrt. Waren das Einschusslöcher in der Seite des Wagens? Als wir am

Eingang zum Tunnel ankamen und feststellten, dass das Tor, das von Palästinensern bewacht wurde, verschlossen war, hätte ich fast wieder einen Rückzieher gemacht. Aber ich beschloss, Gott zu vertrauen und weiterzugehen. Er hatte mich schließlich hierher gebracht, oder etwa nicht?

Hillel, der Arabisch sprach, fand jemanden, der unsere „Spende" annahm und uns das Tor aufsperrte. Als wir schließlich in dem Tunnel standen, stellten wir fest, dass ich die Einzige von uns dreien war, die daran gedacht hatte, eine Taschenlampe mitzubringen. Sie hatte die Größe eines Lippenstifts und war ungefähr so hell wie ein Glühwürmchen. Hillel würde mit der Lampe vorangehen, und ich sollte hinter ihm herlaufen und mich an seinem Gürtel festhalten. Der arme Ken musste in fast völliger Dunkelheit das Schlusslicht bilden, während er mein T-Shirt festhielt und hoffte, dass sich niemand von hinten anschlich, so wie die bösen Buben es in Trickfilmen tun.

Ich beschloss, Gott zu vertrauen und weiterzugehen. Er hatte mich schließlich hierher gebracht, oder etwa nicht?

Wir stiegen die Stufen hinunter und wateten ins Wasser. Nach wenigen Augenblicken machte der Tunnel eine scharfe Biegung und alles Tageslicht war verschwunden. Mein Kopf berührte die schleimige Decke, meine Schultern schabten an der Wand entlang. Ich konnte kaum atmen, als ich in erdrückender Finsternis durch das eiskalte Wasser platschte. Panik stieg in mir auf. Wenn Hillel nicht so viel dafür getan hätte, mich hierher zu bringen – und wenn die nervösen Palästinenser nicht draußen gewartet hätten –, wäre ich umgekehrt, hätte Ken umgerannt und diesen schrecklichen Ort fluchtartig verlassen. Aber so schob ich mich vorwärts, mit winzigen Schritten, während ich keuchte wie ein schwitzender Hund an einem heißen Tag. Bald stieg das Wasser über meine Oberschenkel und reichte mir bis an die Hüfte.

„B...bilde ich mir das nur ein", fragte ich, „oder wird dieses W...wasser tiefer?"

„Sie bilden es sich nicht ein", erwiderte Hillel. „Die kleinen arabischen Kinder lassen das Wasser gerne aufstauen, wenn Touristen hier drin sind, damit der Tunnel sich ganz füllt und das Wasser uns bis zum Hals steht."

Erfülle es und lass es überfließen!

Wie angewurzelt blieb ich stehen. Ich konnte nicht mehr atmen. Wir saßen in der Falle, es gab keinen Ausweg! Aber dann lachte Hillel laut auf und sagte, er mache nur Witze. „Dieses Wasser kommt von einer Quelle", erklärte er, „und ab und zu steigt es ganz natürlich an." Ich hätte ihn am liebsten unter Wasser gedrückt und ertränkt, aber er war in Besitz unserer einzigen Taschenlampe.

Jetzt stimme ich in das Lied der Studenten ein, während ich an dieses erste Erlebnis zurückdenke. Mit mehr Lampen und mehr Leuten fühlt der Tunnel sich weniger klaustrophobisch an. Wir erreichen die Mitte und bleiben stehen, um die Stelle anzusehen, an der die jeweiligen Tunnelenden aufeinandertrafen. Hier ist die älteste hebräische Inschrift in den Fels gehauen, die jemals gefunden wurde, geschrieben von Hiskias Männern, um zu erklären, wie sie den Durchbruch bewerkstelligt hatten, nachdem sie von beiden Seiten aus gegraben hatten. Die Inschrift ist in einem Museum in der Türkei, nicht hier. Wir lassen den Schein unserer Stablampen über den Fels wandern und sehen die Stelle, wo sie war. Und man kann auch sehen, dass die Schläge mit Hammer und Meißel hier in entgegengesetzten Richtungen erfolgt sind.

Dieser Tunnel ist ein bautechnisches Wunder, vor allem wenn man bedenkt, dass er 700 v. Chr. gegraben wurde. Die Experten sind sich bis heute nicht sicher, wie jemand zwei sich windende Tunnel graben konnte, die mehr als einen halben Kilometer voneinander entfernt begannen, und diese sich dann tatsächlich in der Mitte, tief unter der Erde, trafen. Unmöglich! Jeder, der die Geschichte hört und den Tunnel sieht, ist beeindruckt von König Hiskia und seinen Männern.

Aber Gott war nicht beeindruckt. Er schickte seinen Propheten Jesaja, um den König für seine Pläne zu tadeln, indem er sagte: „Ihr seht, dass die Mauer der Stadt Davids brüchig ist und viele gefährliche Risse aufweist. Das Wasser des unteren Teiches staut ihr auf. Für das Wasser, das vom oberen Teich abfließt, baut ihr ein Sammelbecken zwischen dem inneren und äußeren Mauerring. Doch was nützt euch dieses fieberhafte Treiben, solange ihr für Gott blind seid? Ihr seht nicht, dass er euch in diese verzweifelte Lage kommen ließ. Ihr wollt ja nichts wissen von ihm, der schon seit langem dieses Unheil über euch beschlossen hat" (Jesaja 22,9-11). Mit anderen Worten, Hiskia verließ sich auf seine eigenen Vorkehrungen, anstatt auf Gott zu vertrauen.

Eine Viertelstunde später sagt uns ein winziges Licht in der Ferne, dass wir beinahe am Ende des Tunnels angelangt sind. Ich weiß jetzt das alte Sprichwort vom Licht am Ende des Tunnels neu zu schätzen. Ich höre eine Menge dankbarer Seufzer, darunter auch meinen eigenen, als wir in das gleißende Sonnenlicht hinauswaten. Während wir in der Sonne sitzen, um uns aufzuwärmen und unsere Kleidung trocknen zu lassen, denke ich immer noch an Hiskia.

Die Stadt Jerusalem wurde vor den Assyrern bewahrt, aber nicht durch diesen Tunnel. Als die mächtigste Armee der Welt Hiskia umzingelte und forderte, dass der König sich ergab, wusste er, dass er mit seinem Latein am Ende war. Angesichts seiner aussichtslosen Lage ging er zum Tempel hinauf, kniete vor Gott nieder und setzte alle seine Hoffnung und sein Vertrauen in Gott. „Allmächtiger Gott, du Gott Israels, der du über den Cherub-Engeln thronst, du allein bist Gott über alle Königreiche der Welt. … Nun bitte ich dich, Herr, unser Gott: Errette uns aus der Gewalt des assyrischen Königs! Alle Länder der Erde sollen erkennen, dass nur du der Herr bist!" (Jesaja 37,16.20) In dieser Nacht ging der Engel des Herrn durch die Reihen der schlafenden assyrischen Krieger und tötete 185.000 von ihnen. Bei Tagesanbruch sammelte der entsetzte König von Assyrien seine wenigen überlebenden Soldaten ein und floh nach Hause.

Als die mächtigste Armee der Welt Hiskia umzingelte, ging er zum Tempel hinauf, kniete vor Gott nieder und setzte alle seine Hoffnung und sein Vertrauen in Gott..

Es ist in Ordnung, Pläne zu machen, aber die Lektion von Hiskias Tunnel ist: Wenn wir uns auf Gott verlassen, dann siegt er nicht nur, sondern wird auch verherrlicht. Ich denke an die Kämpfe, die ich in letzter Zeit erlebt habe, als mir die Kontrolle über mein Leben entglitt, und an die Zeiten, in denen ich panisch wurde, weil das Wasser höher und höher stieg, bis es mir bis zum Hals zu reichen schien. Trotz all meiner fieberhaften Pläne und Überlegungen hat der Feind mich belagert und umzingelt, sodass ich in der Falle saß und keinen Ausweg sah. Aber während ich vor Hiskias Tunnel in der Sonne sitze, denke ich an Gottes Verheißung, die er Jesaja in den Mund legt, dem Propheten zu Hiskias Zeit: „Hab keine Angst, Israel, denn ich habe dich erlöst! Ich habe dich bei deinem Namen gerufen, du gehörst zu mir. Wenn du durch tiefes Wasser oder reißende Ströme gehen musst – ich bin bei dir, du wirst nicht ertrinken" (Jesaja 43,1-2).

Wir können tiefes Wasser betreten oder völlige Dunkelheit oder eine ungewisse Zukunft – und Gott vertrauen. Am Ende des Tunnels werden wir in strahlenden Sonnenschein hinaustreten.

Der Teich von Siloah

Am Ende von Hiskias Tunnel, im ältesten bewohnten Teil Jerusalems, machen wir am Teich von Siloah Rast. König Hiskia hat den ursprünglichen Teil etwa siebenhundert Jahre vor Christi Geburt bauen lassen, um das Wasser von seinem Tunnel darin aufzufangen. Aber was ich jetzt vor mir sehe, ist der Teich, der zur Zeit Jesu existierte und der vor Kurzem von Archäologen ausgegraben wurde. König Herodes, dieser egomanische Baumeister, baute den Teich von Siloah aus, um ihn größer und prächtiger zu machen, und zwar im römischen Stil, den er so liebte. Heute ist der riesige, öffentliche Teich von Herodes nur zum Teil ausgegraben; er ist ausgetrocknet und von Unkraut zugewuchert und voller Müll. Aber während wir dort sitzen, wo einmal das Ufer war, und aus unseren Wasserflaschen trinken, ist die frühere Pracht trotzdem zu erkennen. Ungefähr so groß wie ein normales öffentliches Schwimmbad, war er mit dem gelbgoldenen Sandstein Jerusalems ausgekleidet. Breite Steinstufen auf allen vier Seiten führen nach und nach in das erfrischende Quellwasser. Das Bild eines Künstlers zeigt den Ort mit einer Traube gut gekleideter Menschen, die in das klare Wasser waten, auf den tribünenartigen Stufen ausruhen oder im Schatten unter den Kolonnaden spazieren gehen.

> *Wir können tiefes Wasser betreten oder völlige Dunkelheit oder eine ungewisse Zukunft – und Gott vertrauen. Am Ende des Tunnels werden wir in strahlenden Sonnenschein hinaustreten.*

Hierher hat Jesus einen Blinden geschickt, um sich zu waschen und sein Augenlicht wieder zu erlangen. Als der Mann sich die Treppe hinuntertastete und ins Wasser stieg, um den Schlamm von seinen Augen zu waschen, sahen das mit Sicherheit viele Menschen. Für einen Rabbi, der die Öffentlichkeit scheute, scheint Jesus einen sehr öffentlichen Ort ausgesucht zu haben, um jemanden zu einem Wunder zu schicken – vor allem am Sabbat. Nachdem die Nachricht von diesem Wunder die Runde gemacht hatte, kann ich mir vorstellen, dass jede Menge sehbehinderte Menschen zum Teich von Siloah eilten, weil sie dachten, das Wasser sei die Quelle der Heilung, obwohl die wahre Quelle doch Jesus war.

Dieser Teich war Teil eines sehr wichtigen Rituals während des Laubhüttenfestes, bei dem auch um Regen für das kommende Jahr gebetet wurde. Während die Gläubigen zusahen, zogen feierlich gekleidete Priester in einer Prozession zum Teich, entnahmen Wasser und trugen es dann den Berg hinauf zum Tempel, wo sie es um den Altar herum gossen. Dort lauschten die Menschen in atemloser Stille, während der Priester die Prophezeiung von Sacharja las, der versprochen hatte, dass eines Tages lebendiges Wasser aus Jerusalem fließen würde (Sacharja 14,8).

Stellen Sie sich den Schock der Priester vor, als Jesus mitten in diesem heiligen Ritual plötzlich an einem gut sichtbaren Ort aufstand, den Ablauf unterbrach und mit lauter Stimme rief: „Wer Durst hat, der soll zu mir kommen und trinken! Wer mir vertraut, wird erfahren, was die Heilige Schrift sagt: Von ihm wird Leben spendendes Wasser ausgehen wie ein starker Strom" (Johannes 7,37-38). Ich frage mich, was die Priester mehr verärgert hat – die Tatsache, dass Jesus ihr sorgfältig einstudiertes Ritual mit seiner Einladung störte oder dass er es wagte, sich selbst mit lebendigem Wasser zu vergleichen.

„Lebendiges Wasser" fließt aus einer natürlichen, von Gott gegebenen Quelle wie einem Strom oder einer Gebirgsquelle. Nur solches Wasser darf für rituelle Bäder und Reinigungszeremonien benutzt werden, weshalb Johannes in einem Fluss taufte und weshalb die Priester das Wasser aus dem mit Quellwasser gespeisten Teich von Siloah holten. Aber die Anführer Israels hatten Jesus, das lebendige Wasser, abgelehnt und sich stattdessen auf ihre eigenen leblosen Regeln und Rituale verlassen, was ihre Rechtfertigung betraf. Gott sagte zu diesen Anführern: „Denn mein Volk hat eine doppelte Sünde begangen: Erst haben sie mich verlassen, die Quelle mit frischem Wasser, und dann haben sie sich rissige Zisternen ausgehauen, die das Wasser nicht halten" (Jeremia 2,13).

Zisternen sind von Menschen gemachte Löcher, von Hand gepflastert und gefüllt. Das Wasser, das in ihnen aufbewahrt wird, ist nicht „lebendig". Zisternen müssen repariert und neu aufgefüllt werden, sonst wird alles Wasser verschwinden. Der Verlust fängt vielleicht mit einem kleinen Riss an; nach Monaten der Vernachlässigung wird das Wasser langsam versickern. Aber eine „lebendige", bewegliche Quelle hat ihren Ursprung bei unserem großzügigen, Leben spendenden Gott. Lebendiges Wasser reinigt nicht nur; es geht auch niemals aus.

Unser endloses Hasten und unsere pharisäerhaften guten Taten können genauso wenig Gerechtigkeit bewirken, wie ein Ritual ohne Gott Regen bringen kann. Oder wie der Teich von Siloah ohne Jesus Heilung bringt. Trotzdem bestehen wir darauf, Gott als Glücksbringer zu benutzen, und versuchen alles richtig zu machen, damit wir Segen in unserem Leben erfahren. Beim Christsein geht es nicht um Segen, wie ich allmählich lerne, sondern um eine Beziehung – und diese Beziehung wird durch Gebet aufgebaut und gefestigt. Dabei geht es um Gehorsam, auch wenn ich etwas nicht verstehe, und auch, wenn es ein Kreuz bedeutet.

Eine „lebendige" Quelle hat ihren Ursprung bei unserem großzügigen, Leben spendenden Gott.

Wenn ich leer und ausgetrocknet bin, liegt es vielleicht daran, dass ich versucht habe, meine Sehnsucht aus von Menschenhand geschaffenen Quellen zu stillen, anstatt mich von dem lebendigen Wasser füllen zu lassen. Wie dumm zu erwarten, dass ein Gottesdienst – natürlich mit meinem bevorzugten Musikstil

– meine Seele befriedigt, wenn doch geistliche Ganzheit und Heilung aus einer Beziehung zu Christus kommen und nicht aus einem Ritual. In meiner Einsamkeit und meinem Verlust habe ich die Dummheit begangen, jede Menge Zisternen zu bauen und jede Menge nutzlose Projekte angefangen, die irgendwann austrocknen. Aber wenn meine durstige Seele sich nach Wasser sehnt und mein leeres Herz nach Heilung, dann kann ich im Gebet zu der wahren Quelle gehen und mich heil machen lassen. Und Gott wird mir geben, was ich brauche, und mich nie dafür bestrafen, dass ich versucht habe, selbst meinen Durst zu löschen.

Ich trinke noch einen Schluck aus meiner Wasserflasche, während ich auf die Überreste des Teiches von Siloah starre, und ich kann seine Einladung förmlich hören: „Wer Durst hat, der soll zu mir kommen und trinken!“ (Johannes 7,37) Aber Jesus sagte noch etwas anderes an jenem Tag, als er die sorgfältig geplante Zeremonie unterbrach. Er sagte: „Wer mir vertraut, wird erfahren, was die Heilige Schrift sagt: Von ihm wird Leben spendendes Wasser ausgehen wie ein starker Strom“ (Johannes 7,38). Das bedeutet, dass ich selbst auch eine Quelle lebendigen Wassers bin.

> *Wenn meine durstige Seele sich nach Wasser sehnt und mein leeres Herz nach Heilung, dann kann ich im Gebet zu der wahren Quelle gehen und mich heil machen lassen.*

Wir haben einen Überfluss an Informationen und Materialien, um uns auf unserem Weg als Christen gegenseitig zu helfen, und ein Reservoir der Religionsfreiheit, aus dem wir schöpfen können, aber trotzdem machen wir immer wieder den Fehler, all das in Zisternen zu speichern, anstatt es frei fließen zu lassen. Wir gehen jahrelang zu Bibelstunden und Hauskreisen und füllen uns mit Leben spendendem Wasser, geben aber nie auch nur einen Becher davon an andere weiter. Wasser, das sich nicht bewegt, wird abgestanden und stirbt, eine Brutstätte für Mücken und Krankheiten.

Lebendiges Wasser, das die Verunreinigten reinwäscht, wie ein Frühlingsregen Nahrung spendet und Blinden das Augenlicht zurückgibt, kann man nicht horten. Es muss zu- und abfließen. Es muss durch uns fließen, immer lebendig, immer anders. Wir müssen uns immer wieder von Christus, dem lebendigen Wasser, füllen lassen, nicht nur um unserer selbst willen, sondern damit Ströme lebendigen Wassers aus uns herausfließen können. Damit wir zu einer sterbenden Welt sagen können: „Ihr habt Durst? Kommt her, hier gibt es Wasser!" (Jesaja 55,1) Ich werde auf dieser Pilgerreise neu gefüllt. Jetzt ist es Zeit überzufließen.

Lebendiges Wasser, das die Verunreinigten reinwäscht, wie ein Frühlingsregen Nahrung spendet und Blinden das Augenlicht zurückgibt, kann man nicht horten.

Yad Vashem

Unser Reisebus verlässt die hektischen Straßen des modernen Jerusalems und biegt in einen friedvollen Park ein. Die Blätter rascheln im nach Erde duftenden Wind, die Vögel zwitschern und singen, die Geräusche der Stadt verlieren sich im Hintergrund. Aber diese heitere Stimmung verfliegt, als wir erfahren, dass wir auf dem Gelände von *Yad Vashem* angekommen sind, Israels Holocaust-Mahnmal. Die Ruhe ist eine Friedhofsruhe.

Wir steigen aus dem Bus und gehen die Allee der Gerechten unter den Völkern entlang, durchqueren einen Hain mit Bäumen, zu Ehren von Menschen aus ganz Europa gepflanzt, die ihr Leben aufs Spiel setzten, um Juden vor Hitlers „Endlösung" zu retten. Jeder Baum ist mit einer Plakette und einem Namen versehen, und ich entdecke Bäume für mehrere Helden und Heldinnen, von denen ich gelesen habe: Oskar Schindler, Dietrich Bonhoeffer, Raoul Wallenberg und Corrie ten Boom.

Ich bleibe neben Corries Baum stehen, um ein Dankgebet zu flüstern. Ich habe ihr Buch *Die Zuflucht* gelesen, als ich frisch verheiratet war, und ihre Geschichte hat bleibenden Eindruck bei mir hinterlassen. Ihr Leben schien zu Beginn so glücklich und normal – ganz so wie mein Leben damals mit meinem Mann und meiner ersten Stelle als Lehrerin –, aber dann änderte sich für Corrie und ihre Familie alles ganz schnell, nachdem die Nazis ihr Land besetzt hatten. Weil die ten Booms Gott zutiefst vertrauten, entschieden sie sich, Juden in ihrem Haus zu verstecken. Die Nazis verhafteten Corrie, ihren Vater und ihre Schwester Betsie und sperrten sie in ein Konzentrationslager. Corrie war die Einzige, die überlebte.

Ich fragte mich damals bei der Lektüre, ob ich den Mut gehabt hätte zu tun, was sie getan hat. Was wäre mit meinem Glauben, wenn ich seinetwegen leiden müsste? Würde ich stärker werden, wenn ich mich auf Gott verließ, oder würde ich wütend werden und in Verzweiflung versinken, wenn er mich nicht rettete oder meine Gebete nicht so beantwortete, wie ich es mir vorstellte? Corries Zeugnis konfrontierte mich mit der Oberflächlichkeit meines eigenen Glaubens, mit dem Fehlen einer tiefen Beziehung zu Gott. Ken und ich mussten unser neues, gemeinsames Leben auf einem felsenfesten Fundament aus Gebet und Glaube und Gehorsam aufbauen. Corries Buch wurde ein ungeheuer wichtiger Meilenstein auf meinem Weg mit Gott.

Was wäre mit meinem Glauben, wenn ich seinetwegen leiden müsste?

Wir verlassen die idyllische Allee und betreten das Museum. Während man als Besucher von einem Ende des langen, schmalen Gebäudes zum anderen geht, erzählt die Ausstellung die Geschichte des Holocausts ganz von Anfang an. Das Erste, was wir sehen, ist eine hohe Wand, die als Filmleinwand dient. Ausschnitte aus Filmen von vor dem Zweiten Weltkrieg lassen uns in einer Straße irgendwo in Europa stehen. Wir sehen durch die Fenster eines Mietshauses und beobachten den Alltag der jüdischen Gemeinde. Wir sehen, wie Familien essen, arbeiten, beten; wie sie sich zum Sabbat versammeln und Lieder singen, die so alt sind wie ihr Glaube; wie sie lachen, sich freuen und Gott feiern. Ich fröstele, weil ich weiß, wie es enden wird.

Ich drehe mich um und gehe weiter und auf dem Weg lese und betrachte ich die Ausstellungsstücke. Der Boden des Museums neigt sich sanft nach unten, während ich sehe, wie der Hass allmählich und unheilvoll zunimmt. Dieser Hass springt mich von öffentlichen Plakaten und Zeitschriftenseiten und Zeitungen an. Die Nazis erlassen Gesetze gegen Juden. Sie verlieren ihre Arbeit. Ihre Häuser und Geschäfte werden konfisziert und geplündert. Alle Juden müssen einen gelben Stern auf ihre Kleidung nähen. Sie werden auf der Straße verspottet und angegriffen. Als die Verfolgung schlimmer wird, packen verzweifelte Familien ihre Sachen, um auszuwandern, müssen aber feststellen, dass nur wenige Länder bereit sind, sie aufzunehmen.

Dann kommt die sogenannte „Reichskristallnacht", in der während antijüdischer Proteste 267 Synagogen in Brand gesteckt, unzählige heilige Schriften vernichtet und Hunderte Juden zusammengeschlagen und getötet werden. Mir fällt auf, wie „harmlos" und langsam alles begann, bis es in einem grausamen Völkermord endete, wie sicher nur wenige Menschen ihn sich vorstellen konnten, geschweige denn ernsthaft glauben konnten, so etwas könnte jemals geschehen. Aber hier sehe ich die Beweise mit eigenen Augen, festgehalten in Fotos und im Film und in Berichten von Überlebenden.

Während ich gehe und zuhöre und lese, werden die Türen zu den Ausstellungsräumen immer schmaler, die Räume werden kleiner und enger, bis ich mich in der Mitte eines ungeordneten Labyrinths wiederfinde. Ich bin umgeben von Bildern, auf denen Juden mit vorgehaltener Waffe zusammengetrieben und in Gettos und Konzentrationslager verschleppt werden. Ich bin von meinem Mann getrennt worden und stehe dicht neben wildfremden Leuten. Verwirrt und orientierungslos suche ich nach dem Weg hinaus oder dem Weg, auf dem ich hereingekommen bin, aber ich kann beide nicht finden. Das Licht ist schummrig, die Decke niedrig. Es gibt keine Fenster.

Ich weiß nicht mehr, wo ich bin.

Da ich mich nirgendwohin wenden kann, schiebe ich mich mit den anderen vorwärts und stelle fest, dass ich plötzlich dicht gedrängt mit den anderen in einem Eisenbahnwaggon stehe, so wie sie Millionen von Juden in den Tod befördert haben. Die Platzangst saugt mir die Luft aus der Lunge. Ich muss hier raus! Sofort!

Während meine Panik zunimmt, wird mir bewusst, dass diese Angst und Desorientierung genau die Gefühle sind, die der Architekt beabsichtigt hat. Ich werde gezwungen, die gleichen Gefühle zu durchleben, die die Juden erlebten, als ihre fröhliche, von Liedern erfüllte Welt zu einem Albtraum wurde. Ich hole tief Luft, um meine Panik zu lindern, und schaffe es durch das Labyrinth, während ich die erschreckenden Bilder betrachte. Todeslager. Krematorien. Massenhinrichtungen. Berge von Schuhen und abrasierten Haaren und verbeulten Koffern, zurückgelassen von Menschen, deren Leben in unvorstellbarem Schrecken endete. Ich blicke in die gespenstischen Gesichter von Männern, Frauen und Kindern, die langsam in den Tod getrieben werden, und meine Tränen fließen ungehindert. Einige quälende Stunden lang bekomme ich einen winzigen Hauch vom Holocaust zu spüren und ich kann es kaum ertragen. Ich will nur noch fliehen, aber das kann ich nicht. Und Millionen von Juden konnten es auch nicht.

Allmählich werden die Räume wieder größer, die Ausstellung ist geordneter, und die Fotos zeigen die Alliierten, die eintreffen und Hoffnung bringen. Der Boden führt wieder langsam bergauf, während ich mich dem Ende der Ausstellung nähere. Hitlers Truppen weichen zurück und ergeben sich. Der Krieg ist zu Ende. Die Rettung kommt endlich für die Überlebenden in den Konzentrationslagern und Arbeitslagern. Ich sehe ein Foto der jungen Anne Frank, die erwachsen werden und als Schriftstellerin leben wollte, so wie ich eine bin, aber die im Konzentrationslager Bergen-Belsen an einer Krankheit starb, sechs Wochen bevor sie befreit worden wäre.

Die Gedenkstätte Yad Vashem endet mit noch einer hohen Wand am anderen Ende des Gebäudes, das Gegenstück zu der Projektionsfläche am Eingang zum Museum, auf der das Leben der Juden vor dem Holocaust gezeigt wurde. Diese zweite Wand ist aus Glas und auf der anderen Seite öffnet sich ein atemberaubender Blick auf das moderne Jerusalem. Ich sehe auf die Häuser und Wohnungen hinaus, wo Wäsche auf den Balkonen flattert. Mütter schieben Kinderwagen auf den Bürgersteigen entlang, Schüler rennen, um einen Bus zu erwischen, alte Männer sitzen in Cafés. Es ist ein Blick auf Baumwipfel und Hügel und blauen Himmel und Straßen, in denen das Leben pulsiert. Der Prophet Sacharja könnte sich so etwas vorgestellt haben, als er die folgenden Worte über Israels Zukunft sprach: „Auf den Plätzen der Stadt werden wieder alte Menschen sitzen, die beim Gehen den Stock zu Hilfe nehmen, und die Straßen werden voll sein von spielenden Kindern. … Ich werde die Menschen meines Volkes retten; aus der ganzen Welt, vom Osten und vom Westen, hole ich und bringe sie nach Jerusalem zurück. Dort sollen sie dann wohnen. Sie werden mein Volk sein, und ich werde ihr Gott sein. Für immer stehe ich zu ihnen, sie können sich fest auf meine Zusagen verlassen!“ (Sacharja 8,4-5.7-8)

Ich weine noch immer, als wir in den Bus steigen und die Holocaust-Gedenkstätte hinter uns lassen. Und ich bin mit meinen Tränen nicht allein. Niemand sagt etwas, weil wir alle versuchen zu verarbeiten, was wir gesehen und erlebt haben. Ich bin ganz benommen, nicht nur von der Brutalität des millionenfachen Mordes, sondern auch von dem Gedanken, dass dies alles gerade mal ein Jahrzehnt vor meiner Geburt geschehen ist. Ich zähle zehn Jahre zurück – und dann zehn Jahre in die Zukunft – und mir läuft ein Schauer über den Rücken. Dies war kein Ereignis aus der fernen Vergangenheit, von primitiven, abergläubischen Menschen verursacht, die es nicht besser wussten. Dies ist in unserer modernen Zeit geschehen, unter zivilisierten Nationen. Wie schnell sich alles ändern kann.

Yad Vashem wirft für mich schreckliche Fragen auf. Warum hat Gott solche Gräueltaten zugelassen? Warum schwieg er, obwohl so viele Juden zu ihm beteten und ihn anflehten? Ähnliche Fragen in Bezug auf sein Schweigen können wir nach Hurrikans und Erdbeben und Tsunamis stellen, die Tausende Menschenleben fordern. Wo ist er? Wie kann ein liebender Gott es zulassen, dass unschuldige Menschen leiden und sterben?

Voller Kummer angesichts dessen, was ich erlebt habe, finde ich keine Antworten.

Und trotzdem hat Gott uns eine Antwort gegeben, wenn wir sie nur verstehen könnten. Er kam auf diesen gewalttätigen, vom Hass entstellten Planeten herunter in einem Akt unvorstellbarer Liebe, um in unserer Mitte zu leben und zu erleiden, was wir erleiden. Der Schrecken von Yad Vashem ist nur eine Ahnung dessen, was Christus am Kreuz erlitt, als er die Last unserer größten Sünde trug. Er ertrug nicht nur Folter und Brutalität, sondern er tat es aus Liebe, sodass selbst einem Nazioffizier vergeben werden kann, wenn er in Buße vor Christus die

Wie kann ein liebender Gott es zulassen, dass unschuldige Menschen leiden und sterben?

Knie beugt. Gott verspricht, dass er in unserem Leid bei uns sein wird, selbst dann, wenn unser Leid uns in ein verlaustes Todeslager führt, so wie Corrie ten Boom und andere es bezeugt haben.

Der Apostel Petrus spricht von dem Leiden, das uns als Nachfolger Christi erwarten könnte, und schreibt: „Meine lieben Freunde! Wundert euch nicht über die heftigen Anfeindungen, die ihr jetzt erfahrt. Sie sollen euren Glauben prüfen und festigen und sind nichts Außergewöhnliches. Freut euch vielmehr darüber, dass ihr mit Christus leidet; dann werdet ihr auch jubeln und euch mit ihm freuen, wenn er in all seiner Herrlichkeit erscheint" (1. Petrus 4,12-13). Ich bin noch nie meines Glaubens wegen verfolgt oder gezwungen worden, für meine Überzeugungen mein Leben zu riskieren. In Amerika ist es nicht schwer, Christ zu sein, verglichen mit dem Iran oder China oder Nazideutschland. Es ist leicht, Gottes Willen für mein Leben anzunehmen, wenn er Überfluss bedeutet anstatt Verfolgung. Also stelle ich mir dieselbe Frage, die ich mir stellte, als ich *Die Zuflucht* gelesen hatte: Würde ich die Nazis mehr fürchten als Gott? Hätte ich mich entschieden, dem Beispiel Christi zu folgen und andere Menschen zu lieben, auch wenn mein eigenes Leben in Gefahr war, so wie Corrie und ihre Familie es taten?

Gott verspricht, dass er in unserem Leid bei uns sein wird, selbst dann, wenn unser Leid uns in ein verlaustes Todeslager führt.

Während ich über all diese Dinge nachdenke, fährt der Bus durch die Stadt und hält beim jüdischen *Shuk*. Das bunte Treiben auf diesem ausladenden Markt unter freiem Himmel reißt mich aus meiner Nachdenklichkeit. Es ist der Abend vor dem Sabbat und die Gänge und Stände sind gerammelt voll mit Menschen, die mit Standbesitzern feilschen und in aller Eile noch ihre Einkäufe erledigen, bevor der Ruhetag beginnt. Der schiere Überfluss an Waren, die leuchtenden Farben und die Düfte und

Geräusche sind so intensiv, als würde Gott rufen: „Schmeckt und seht, wie freundlich ich bin!“

Ich wandere über den Markt, vorbei an Bergen von Orangen, Pistazien, Avocados und unzähligen Sorten von Oliven, mehr als ich jemals gesehen habe. Ich probiere gehaltvolles Gebäck, das vom Ofen noch warm ist, verschlinge mehrere von meinen Lieblingsteilchen, die mit Schokolade gefüllt sind, und lecke mir geschmolzene Schokolade von den Fingern. Männer in Anzügen und Krawatten kaufen Blumen und Erdbeeren für ihre Frauen und besondere Sabbat-Leckereien für ihre Kinder. Hausfrauen begrüßen einander mit „*Schabbat schalom*“ und gehen mit frisch gebackenem Challah-Brot und koscherem Wein nach Hause. Brot und Wein sind Sabbat-Traditionen und erinnern mich außerdem an den Leib und das Blut Christi.

Hätte ich mich entschieden, dem Beispiel Christi zu folgen und andere Menschen zu lieben, auch wenn mein eigenes Leben in Gefahr war?

In einer oder zwei Stunden ist Sonnenuntergang und all dieses geschäftige Treiben wird ganz plötzlich zum Erliegen kommen. Geschäfte und Firmen werden schließen, die Marktstände werden abgeschlossen und die Linienbusse werden nicht mehr fahren. Der Tag der Sabbatruhe wird beginnen, und Gottes Volk wird innehalten, um seine Güte zu feiern. Unser Leiden führt oft dazu, dass wir Gott zornig den Rücken kehren. Hier halten seine Kinder immer noch an ihm fest – und er an ihnen.

So unverständlich der Holocaust mir auch jetzt noch ist, so wird angesichts der Schönheit und Freude dieses Marktes deutlich, dass Gott sein Versprechen an die Nachkommen Abrahams gehalten hat. „Ich, der Herr, habe die Sonne dazu bestimmt, den Tag zu erhellen, den Mond und die Sterne, damit sie nachts leuchten. … Ich sage: So wie diese feste Ordnung für immer besteht, wird auch Israel für immer mein Volk sein“

(Jeremia 31,35-36). Neben dem Porträt der Menschheit in ihren schlimmsten Augenblicken, wie ich sie in Yad Vashem gesehen habe, zeigt sich mir hier ein atemberaubendes Porträt unseres liebenden Gottes, der seine Verheißungen erfüllt.

Jesus sagte, dass Erdbeben, Kriege und Kriegsgerüchte weitergehen würden, bis er wiederkommt. In der Zwischenzeit kann das Leben sich so schnell ändern, wie es das für Corrie ten Boom und für Millionen Juden in Europa tat. Für uns ist es vielleicht der Verlust der Arbeitsstelle, der unerwartete Tod eines geliebten Menschen, eine niederschmetternde Diagnose oder ein verheerender Tornado. Worauf verlasse ich mich? Warum klammere ich mich an Dinge, die nicht wichtig sind?

Welches Leid wir auch immer erdulden müssen, was auch immer der Grund für die Katastrophen ist, die wir erleben, eins ist sicher: Unser liebender Gott bleibt Herrscher über all das. Wenige Kilometer von Yad Vashem und diesem brummenden *Shuk* voller Leben entfernt liegt ein Hügel, der Golgatha genannt wird und auf dem der Kampf gegen den Tod bereits gewonnen wurde. „Dann zerreißt er den Trauerschleier, der über allen Menschen liegt, und zieht das Leichentuch weg, das alle Völker bedeckt. Hier auf diesem Berg wird es geschehen! Er wird den Tod für immer und ewig vernichten" (Jesaja 25,7-8). Der Sieg Christi gibt unserem jetzigen Leben einen Sinn und Hoffnung für unsere Zukunft.

*Worauf verlasse ich mich?
Warum klammere ich mich an Dinge,
die nicht wichtig sind?*

Meine lieben Brüder und Schwestern, bleibt fest und unerschütterlich in eurem Glauben! Setzt euch mit aller Kraft für den Herrn ein, denn ihr wisst: Nichts ist vergeblich, was ihr für ihn tut.

1. Korinther 15,58

Ein neues Gebet für die Reise

Allmächtiger Gott und Vater,
ich lobe dich, weil deine Herrschaft über diese von Kriegen entstellte Erde nie in Zweifel steht – und diese Herrschaft ist immer verbunden mit deiner Treue und Liebe. Du bist das lebendige Wasser, das überreich fließt, sodass wir nie mehr Durst haben werden. Ich denke an all das, was du mir in der Vergangenheit geschenkt hast, und bitte dich um Vergebung, weil ich versucht habe, mich selbst aus den dunklen, ausgetrockneten Orten herauszubuddeln, in die du mich gestellt hast. Vergib mir, dass ich die Mauern meiner Beziehung zu dir nicht ausreichend durch das Gebet gefestigt habe. Danke, dass selbst unsere schlimmsten Taten und unsere Gedankenlosigkeit in Christus vergeben werden können, der Folter und Tod um meinetwillen erduldete. Herr, bitte stärke meinen Glauben und erfülle mich mit deinem lebendigen Wasser, bis ich in die durstige Welt überfließe. Lass alles, was ich tue, zu deinem Lob und deiner Ehre geschehen.
Amen.

Fragen zum Kapitel

- Wie versuchen Sie, den Willen Gottes für Ihr Leben herauszufinden?

- Welche Rolle spielt das Gebet in Ihrem Leben?

- Haben Sie schon einmal darüber nachgedacht, welches Ihre Berufung sein könnte? Was wollen Sie der nächsten Generation mitgeben?

- Die Stadtmauern um Jerusalem schützen die Stadt vor Angriffen von außen. Gibt es in Ihrem Leben auch Mauern, die Sie schützen sollen? Welche Vorkehrungen treffen Sie, um Ihre Zukunft abzusichern?

- Haben Sie schon einmal erlebt, dass Gott Ihnen in schweren Zeiten zur Seite stand?

- Lynn Austin schreibt: „Jedes Mal, wenn ich Gottes Treue in meinem eigenen Leben bezeuge, wird das zu einem Baustein in meiner Glaubensmauer.“ Aus welchen Bausteinen setzt sich Ihre Glaubensmauer zusammen?

- Kennen Sie Situationen, in denen Sie am liebsten einen Rückzieher machen würden? Wie motivieren Sie sich, trotzdem weiterzugehen?

- Was tun Sie, wenn Sie sich – bildlich gesprochen – umzingelt fühlen und mit Ihrem Latein am Ende sind?

- Wie kann man zu einer Haltung finden, Gott angesichts einer ungewissen Zukunft trotzdem zu vertrauen?

- Was ist das Besondere an „lebendigem" Wasser? Warum kann man es nicht horten?

- Haben Sie sich schon einmal die Frage gestellt, ob Sie dazu bereit wären, um Ihres Glaubens willen zu leiden?

- Welche Antwort findet Lynn Austin auf die Frage: „Wie kann ein liebender Gott es zulassen, dass unschuldige Mensche leiden und sterben?" Haben Sie sich diese Frage schon einmal gestellt?

- Kennen Sie Menschen aus der Geschichte, die sich unter Einsatz ihres Lebens für andere eingesetzt haben?

6

Der Tempelberg

Am Ende der Zeit wird der Berg, auf dem der Tempel des Herrn steht, alle anderen Berge und Hügel weit überragen. Menschen aller Nationen strömen dann herbei. Viele Völker ziehen los und rufen einander zu: „Kommt, wir wollen auf den Berg des Herrn steigen, zum Tempel des Gottes Israels! Dort wird er uns seinen Weg zeigen, und wir werden lernen, so zu leben, wie er es will."

Jesaja 2,2-3

Ich stehe auf einer antiken gepflasterten Straße innerhalb der Mauern der Jerusalemer Altstadt. Über mir ist ein Hügel, auf dem früher Gottes heiliger Tempel stand. Der Bereich um mich herum wurde als archäologische Anlage gestaltet, in der Touristen wie ich zwischen den Ruinen aus der Zeit Jesu hindurchwandern können. Damals ähnelte diese Straße wahrscheinlich einer geschäftigen Einkaufsstraße mit Menschen, die in Schwärmen kamen und gingen und die riesigen Treppen zum

Tempel hinauf- und hinabstiegen. Besonders viel war sicherlich während der drei Pilgerfeste los, die jedes Jahr stattfanden, wenn die Juden von überall her zum Gottesdienst kamen. Ich gehe an den Ruinen einer Reihe Geschäfte vorbei, wie in einer modernen Fußgängerzone, und ich kann beinahe hören, wie die Verkäufer ihre Waren anpreisen und die jüdischen Pilger um einen besseren Preis feilschen, so wie es heute noch auf dem Jerusalemer Markt üblich ist.

Riesige behauene Steine und Bruchstücke von Säulen sind jetzt auf dem Boden verstreut, viele davon vom Tempel heruntergeworfen, als die Römer ihn zerstörten. Unser Reiseleiter zeigt auf die Überreste von Bögen, die damals eine gigantische Treppe und Brücke gestützt haben, die zum Gottesdienstbereich des Tempels oben auf dem Berg führte. Der Komplex der Tempelgebäude und Höfe, der sich zur Zeit Jesu oberhalb von meinem jetzigen Standort befand, konnte es mit den sieben Weltwundern der Antike aufnehmen. Die Statistiken mit all ihren beeindruckenden Zahlen können nicht die Pracht dessen wiedergeben, was die Pilger sahen: einen Gottesdienstbereich, der zweimal so groß war wie die Akropolis in Athen; ein Heiligtum, das die Höhe von fünfzehn Stockwerken hatte; einen Vorhof, dessen Größe der Fläche von dreißig Fußballfeldern entsprach.

Die Juden verehren diesen Berg schon lange als den Ort, an dem Abraham sich bereit erklärte, seinen Sohn Isaak zu opfern, um Gott zu gehorchen. Gott werde selbst für das Opferlamm sorgen, hatte Abraham vertrauensvoll gesagt, und Gott sorgte dafür, dass ein Widder sich mit seinen Hörnern im Gestrüpp verfing, und verschonte Isaak (1. Mose 22). Bis heute ist der Klang eines Widderhorns für das jüdische Volk eine Erinnerung an Gottes Rettungstat. Archäologen haben einen gravierten Stein vom Tempel gefunden, auf dem „Ort des Trompetens" stand und der die Stelle auf der Zinne markierte, an dem die Priester standen und ihr Schofar bliesen.

König David kaufte das Tempelgrundstück, um einen dauerhaften Ort der Anbetung zu haben, und sein Sohn, König Salomo, baute hier den ersten Tempel. Die Babylonier zerstörten ihn, als sie Israel eroberten, aber die aus dem Exil zurückgekehrten Juden bauten ihn in bescheideneren Ausmaßen wieder auf, als ihre Unterdrücker ihnen erlaubten, nach Jerusalem zurückzukehren. Vierhundert Jahre später beschloss König Herodes, dass der Tempel überarbeitet werden müsse. Er begann hier im Jahr 20 v. Chr. ein umfangreiches Wiederaufbauprojekt, das zur Zeit Jesu noch in vollem Gange war. Herodes errichtete eine riesige Stützmauer um den unregelmäßig geformten Berg und hinterfüllte sie mit Erde und Steinen und Bogengewölben, um ein massives Plateau oben zu erschaffen, auf dem eine Million Pilger Platz haben würden. Aber die Römer zerstörten den Tempel von Herodes im Jahr 70 n. Chr., und ich sehe die herumliegenden Überreste dieser Zerstörung überall um mich herum: riesige behauene Steinquader, Hunderte Stücke von zerbrochenen Säulen, geschnitzte Pfeiler, Pflastersteine.

Etwa fünfhundert Jahre nach Christus baute Kaiser Justinian die Marienkirche auf dem Fleck, auf dem einst der Tempel gestanden hatte, aber auch diese Kirche wurde zerstört. Jetzt ist der Berg Standort eines Heiligtums des Islams, erbaut um 690 n. Chr., und eine Moschee mit einem goldenen Dach steht an dem Ort, an dem einmal der jüdische Tempel und die christliche Kirche standen. Für Muslime ist dies der drittheiligste Ort im Islam, und der Zugang ist beschränkt und wird streng überwacht. Ich kann nur am Fuß des Berges stehen, umgeben von den Trümmern des Tempels, hinaufblicken und mir vorstellen, wie er ausgesehen haben könnte.

Das riesige Tempelprojekt des Herodes beeindruckte auf jeden Fall die Jünger Jesu. „Als Jesus den Tempel verließ, zeigte einer seiner Jünger begeistert auf die Tempelbauten: ‚Lehrer, sieh dir diese Steine und diese gewaltigen Bauwerke an!‘ Jesus erwiderte: ‚Ja, sieh es dir genau an! Kein Stein wird hier auf dem anderen bleiben. Alles wird nur noch ein großer Trümmerhaufen sein'" (Markus 13,1-2). Jesus sah die Gebäude nicht so, wie sie waren, sondern so, wie sie bald sein würden – kein Stein mehr auf dem anderen –, und so sehen sie noch heute aus. Ich stelle mir vor, wie ein Schauer ihn durchfuhr, während er das sagte, so wie es mir geht, wenn ich ein Foto von der Skyline Manhattans sehe, das vor dem 11. September 2001 aufgenommen wurde, als das World Trade Center noch intakt war. Und das Bild der beiden Türme wird überlagert von Bildern, die ich nicht vergessen kann: Flugzeuge, die zerbersten, Flammen und Rauch, eine Stahlkonstruktion, die in sich zusammenfällt wie ein Turm, den Kinder aus Bauklötzen errichtet haben. Während Jesus in die Zukunft Jerusalems blickte, sah auch er Tod und Zerstörung.

Der modernisierte Tempel des Herodes wurde im Jahr 64 n. Chr. endlich fertiggestellt, aber er stand nur sechs Jahre lang, bevor die Römer ihn zerstörten. Ich kann die Kraft oder den Hass, der nötig war, um diese riesigen Bausteine vom Tempelberg hinunterzuwerfen, genauso wenig einordnen wie den Hass, der zur Zerstörung der Twin Towers in New York führte. Aber Jesus hatte recht, nicht ein Stein des Tempelheiligtums blieb auf dem anderen. Seine Worte müssen in den Ohren der Jünger unglaubhaft geklungen haben. Aber um dem Volk Israel klarzumachen, dass die Zerstörung letzten Endes Gottes Werk war, wurde der Tempel von Herodes am neunten Tag des Monats *Av* zerstört – am selben Tag, an dem im Jahr 586 v. Chr. Salomos Tempel von den Babyloniern zerstört wurde. Noch heute fasten und beten die Juden, um an diesen doppelt tragischen Tag zu erinnern, den *Tisha B'Av*, einen der traurigsten Tage im jüdischen Kalenderjahr.

Die Juden können nicht mehr auf ihrem Tempelberg beten. Die Westmauer – die sogenannte Klagemauer –, an der die Juden beten, ist nicht Teil des ursprünglichen Tempelbaus, sondern ein Rest der langen Stützmauer, die Herodes um den Berg errichten ließ, um ein Plateau zu erschaffen.

Als der Prophet Jeremia vor der kommenden Zerstörung des salomonischen Tempels durch die Babylonier warnte, ließen die religiösen Anführer ihn verhaften und sagten: „Dieser Mann verdient den Tod! Er hat unserer Stadt ein böses Ende angekündigt, ihr habt es ja selbst gehört!" (Jeremia 26,11) Jeremias Leben wurde verschont, aber der Tempel nicht, so wie er es vorhergesagt hatte. Jesus kündigte an, dass der Tempel von Herodes ebenfalls zerstört werden würde, und die Feinde Jesu, wie die Gegner Jeremias, versuchten ihn dafür hinzurichten, indem sie ihm die Worte im Mund herumdrehten: „Zerstört diesen Tempel! In drei Tagen werde ich ihn wieder aufbauen" (Johannes 2,19).

Ich betrachte die Trümmer und sie ernüchtern mich. Wenn Jesus recht hatte, was diesen scheinbar unmöglichen Akt der Zerstörung betraf, warum achte ich dann nicht mehr auf seine anderen Warnungen? Als er vom Jüngsten Gericht und dem Ende der Zeiten sprach, sagte er: „Weil Gottes Gebote missachtet werden, setzt sich das Böse überall durch. Die Liebe wird bei vielen Menschen erlöschen" (Matthäus 24,12). *Bei vielen.* Er warnte: „Passt auf, dass ihr euch nicht durch ein ausschweifendes Leben und Trunkenheit und auch nicht durch die Sorgen des Alltags vom Ziel ablenken lasst! Sonst wird dieser Tag euch überraschen so wie eine Falle, die plötzlich zuschnappt. Denn er wird für alle Menschen auf dieser Welt völlig unerwartet kommen. Bleibt wachsam und betet zu jeder Zeit" (Lukas 21,34-36). Bin ich genauso schuldig wie die Menschen, die Jesus und Jeremia hörten und ihre Warnung missachteten? Wenn Amerika vor den Angriffen des 11. Septembers gewarnt

Bin ich genauso schuldig wie die Menschen, die Jesus und Jeremia hörten und ihre Warnung missachteten?

worden wäre, hätten wir diese Warnung doch ernst genommen. Wie sollen wir jetzt leben im Hinblick auf die Warnungen Jesu?

Jesus sagte, das Böse würde sich durchsetzen, und das kann man sich leicht vorstellen, wenn man unsere moderne Welt betrachtet. Noch mehr Sorgen macht mir allerdings, dass er vorhergesagt hat, unsere Liebe würde erlöschen, und damit meinte er unsere Liebe zu Gott und zueinander. Nach zweiundvierzig Ehejahren achten mein Mann und ich gewissenhaft darauf, dass wir unsere Beziehung immer wieder auffrischen, damit unsere Liebe nicht erlischt. Entscheidend dafür ist, wie wir entdeckt haben, dass wir Zeit miteinander verbringen und nicht zulassen, dass die Geschäftigkeit des Alltags dazwischenkommt. Und noch viel wichtiger ist es dann, nach beinahe fünfzig Jahren als bekennende Christin Zeit und Energie in meine Beziehung zu Gott zu investieren und meine geistliche Leidenschaft am Leben zu erhalten! Jesus warnte die Gemeinde in Ephesus: „Deine Liebe ist nicht mehr so stark wie früher" (Offenbarung 2,4). Ich will nicht, dass das auch auf mich zutrifft. Wenn mein Mann und ich regelmäßige Abende zu zweit planen, kann ich mir doch sicherlich auch Zeit fürs Gebet und für regelmäßige geistliche Auszeiten nehmen – sozusagen für einen „Abend zu zweit" mit Gott.

Ich sollte nicht nur die Flammen meiner Leidenschaft für Gott schüren, sondern mich auch vergewissern, dass meine Liebe zu meinen Mitmenschen nicht erlischt.

Ich sollte nicht nur die Flammen meiner Leidenschaft für Gott schüren, sondern mich auch vergewissern, dass meine Liebe zu meinen Mitmenschen nicht erlischt. Experten sprechen von „Mitleidsmüdigkeit", die dann auftritt, wenn wir von dem Versuch überwältigt werden, die Not von Menschen zu lindern, die durch Naturkatastrophen wie Erdbeben oder Überschwemmungen betroffen sind. Wir können einfach nicht mehr als eine Katastrophe auf einmal bewältigen, und irgendwann werden wir taub für das Leid anderer Menschen, so wie bei einer Art emotionaler Betäubungsspritze. Ist das bei mir auch so?

Ich muss mein Verhalten anderen gegenüber neu überdenken und mich vergewissern, dass ich nicht zu sehr mit meinen eigenen Anliegen beschäftigt bin, um anderen zu helfen. Unsere Gemeinde kümmert sich um dieses Problem, indem sie ein Missionsprojekt in unserer Stadt plant. Mitglieder, ob alt oder jung, wollen gemeinsam etwas für ältere Mitmenschen tun, die Hilfe brauchen, und Familien helfen, die in Zeiten der Rezession Unterstützung benötigen. Wieder scheint Liebe sich darin auszudrücken, wie viel Zeit ich investiere, und nicht unbedingt darin, wie viel Geld ich spende.

Jesus beendete seine Warnungen mit den Worten: „Bleibt wachsam und betet zu jeder Zeit“ (Lukas 21,36). Das Fundament jeder Ehe ist die Kommunikation, dass man sich Zeit nimmt, miteinander zu reden, einander zuzuhören, die Freuden und Sorgen und Bedürfnisse miteinander zu teilen. All das prägt auch unsere Beziehung, unsere Liebe zu Gott. Jesus zog sich oft an einen einsamen Ort zurück, um mit seinem Vater im Gebet allein zu sein. Ich weiß, wie wichtig das Beten ist. Und doch habe ich zugelassen, dass meine Sorgen mich ablenken, anstatt mich Gott näher zu bringen. In meinem Ärger und meiner Enttäuschung habe ich Gott „angeschwiegen“, so wie ich es manchmal mit meinem Mann mache. Ich bin froh, dass ich auf dieser Pilgerreise die Zeit habe, um Gott wieder von meinen Sorgen, meinem Kummer und meiner Angst zu erzählen, und ich bin froh, dass ich die Zeit habe, auf das zu hören, was er mir antworten will. Ich lege das Fundament, damit ich ein besseres Gebetsleben habe, wenn ich zu Hause bin.

In meinem Ärger und meiner Enttäuschung habe ich Gott „angeschwiegen“, so wie ich es manchmal mit meinem Mann mache.

Diese antiken, geschäftigen Straßen in Jerusalem sind jetzt

menschenleer und die Ladenbesitzer und Kunden sind längst fort. Aber der Trümmerhaufen aus Steinen, die früher einmal Teil des Tempels waren, macht mir auch Hoffnung. Jesus sagte: „Ich komme schnell und unerwartet. Darum halte fest, was du hast, damit dir niemand deinen Siegespreis nehmen kann. Denn wer durchhält und den Sieg erringt, den werde ich zu einer Säule im Tempel meines Gottes machen; er wird dort immer bleiben“ (Offenbarung 3,11-12).

Ich möchte eine Säule in dem neuen Tempel sein, den Jesus zu bauen begonnen hat.

Lebendige Steine

Ich steige die weitläufige Treppe unterhalb des Tempelberges hinauf, aber die Stufen enden im Nirgendwo. Früher führten sie zu einer Tür in der dicken Stützmauer des Tempels und dann weiter zu einer geschlossenen Treppe, die bis nach oben reichte. Aber der Eingang ist jetzt zugemauert. Der Reiseleiter zeigt darauf, und ich erkenne die Umrisse des antiken Tores aus der Zeit Christi und ein Stück eines Sturzes über dem Türrahmen. Am Ende der Treppe posiere ich neben einem der ursprünglichen Steinquader der Stützmauer für ein Foto. Es ist ein riesiger Felsblock, der etwa zweieinhalb Meter lang und halb so dick ist. Er muss mehrere Tonnen wiegen, aber die Steinmetze haben jeden Stein so perfekt behauen, dass kein Mörtel nötig war, um das Ganze zu stabilisieren. Gleich unter mir befinden sich die Überreste mehrerer *Mikwaot*, der rituellen Bäder, in denen Gottesdienstbesucher untertauchten, um rituelle Reinheit zu erlangen, bevor sie ihre Opfer darbrachten.

Ich möchte eine Säule in dem neuen Tempel sein, den Jesus zu bauen begonnen hat.

Diese Treppe und diese Tür waren einer der Haupteingänge zum Tempelkomplex, und sie führten die Gläubigen von der Straße hinauf zum Gipfel des Berges, hoch über mir. Jesus stieg dieselben glatten Sandsteinstufen hinauf, um zum Haus Gottes zu gelangen. Ich wünschte, ich könnte ihm durch die jetzt verschlossene Pforte in die schattige Dunkelheit folgen und dann die innen liegende Treppe hinauf. Wir würden auf dem riesigen, gepflasterten Platz in den strahlenden Sonnenschein hinaustreten und Gottes herrlichen Tempel sehen, der vor Gold glitzert.

Jesus ist hier entlanggegangen. Mir läuft ein Schauer über den Rücken, als ich die gleiche Aussicht vor mir habe, die auch er von diesem Ort aus gesehen haben muss, mit dem Ölberg auf der anderen Talseite links von uns und der Stadt Davids unter uns. Die moderne Stadt mag anders aussehen, und der Tempel erhebt sich nicht mehr über uns, aber die Berge und Täler und der Himmel sehen genauso aus wie damals, als Jesus hier lebte. Pilger, die nach Israel kommen, um auf den Spuren Jesu zu gehen, sind oft verwirrt, weil sie bunte Kirchen vor sich sehen. Aber diese Stufen und der Blick von hier oben aus sind authentisch.

Die Tür und die innen liegende Treppe sind seit Jahrhunderten verbarrikadiert. Aber diejenigen unter uns, die Christus kennen, brauchen keinen Tempel mehr, um ihre Opfer zu bringen, denn nach Gottes Willen „sind wir geheiligt ein für alle Mal durch das Opfer des Leibes Jesu Christi“ (Hebräer 10,10). Trotzdem war Gott nie ohne seinen Tempel. „Wisst ihr nicht, dass ihr Gottes Tempel seid und der Geist Gottes in euch wohnt?“, heißt es in der Bibel. „Wenn jemand den Tempel Gottes verdirbt, den wird Gott verderben, denn der Tempel Gottes ist heilig; der seid ihr“ (1. Korinther 3,16-17). Gott fing am Schawuot-Fest, dem zweiten obligatorischen Pilgerfest, an, diesen neuen Tempel zu bauen – fünfzig Tage nach dem Passahfest, fünfzig Tage nachdem Jesus von den Toten auferstanden war. Wir nennen diesen Tag Pfingsten.

Wir müssen uns die Jünger als gesetzestreue Juden vorstellen, die sich als Gruppe nach der Auferstehung versammelten, um das Schawuot-Fest zu feiern. An diesem Tag brachten die Gläubigen in einer fröhlichen Prozession die allerersten Früchte ihrer Sommerernte zum Tempel. Sie hatten ihre Gaben mit Bändern geschmückt, sobald die Früchte im Frühling sprossen, um sie für Gott zu reservieren. Dies ist auch der Gedenktag für den Empfang der Gebote auf dem Berg Sinai, was mit einer öffentlichen Thoralesung begangen wird. Am allerersten Schawuot-Fest, als Mose mit den Zehn Geboten vom Berg herabgestiegen war, starben dreitausend Israeliten – die Strafe dafür, dass sie das Goldene Kalb angebetet hatten.

Als die Jünger und Gefährten Jesu ihre Feier um neun Uhr morgens begannen, geschah etwas Erstaunliches. „Plötzlich kam vom Himmel her ein Brausen wie von einem gewaltigen Sturm … So wurden sie alle mit dem Heiligen Geist erfüllt" (Apostelgeschichte 2,2.4). Im Alten Testament kam Gottes Geist in kleinen Dosen und blieb für eine kurze Zeit auf Gottes Propheten und anderen, die zu seinem Dienst berufen waren. Aber Gott versprach: „In späterer Zeit will ich, der Herr, alle Menschen mit meinem Geist erfüllen. … ja, sogar euren Sklaven und Sklavinnen gebe ich in jenen Tagen meinen Geist" (Joel 3,1-2). Jetzt war es geschehen. Sie alle waren mit der Kraft des Heiligen Geistes erfüllt. Als die Menschen herbeigelaufen kamen, um zu sehen, was los war, predigte Petrus den erstaunten Juden, die von überall her zu dem Fest gekommen waren. Dreitausend Menschen wurden an jenem Tag Nachfolger Christi, die ersten Früchte seines weltweiten Leibes.

Viele Forscher glauben, dass die Ereignisse von Pfingsten hier am Tempel stattfanden. In der Bibel heißt es, der Sturm „erfüllte das ganze Haus, in dem sie sich versammelt hatten" (Apostelgeschichte 2,2). Im Gegensatz zum Passahfest, das in den privaten Häusern gefeiert wurde, war Pfingsten ein Fest, das im Tempel gefeiert wurde, also ist es höchstwahrscheinlich, dass Petrus und die anderen sich früh am Morgen dieses wichtigen Feiertags dort versammelt hatten. Außerdem wäre ein normales jüdisches Wohnhaus in Jerusalem viel zu klein gewesen, um eine Rede vor dreitausend Zuhörern zu ermöglichen. Diese Stufen, die zum Haupteingang des Tempels führen, wären eine wunderbare Bühne mit Tribünen für das Ereignis gewesen. Und die rituellen Bäder direkt unter mir hätten eine gute Gelegenheit zur Taufe der frisch Bekehrten geboten.

Aber der Ort, an dem Petrus seine Pfingstpredigt hielt, ist nicht wichtig. Wichtig ist, dass Gott an diesem Tag die ersten Steine seines neuen Tempels legte. „Als Gemeinde Jesu Christi steht ihr auf dem Fundament der Apostel und Propheten. Doch der Stein, der dieses Gebäude trägt und zusammenhält, ist Jesus Christus selbst. Durch ihn sind die Bauteile untereinander fest verbunden und wachsen zu einem Tempel des Herrn heran. Weil ihr zu Christus gehört, seid auch ihr ein Teil dieses Baus, in dem Gottes Geist wohnt" (Epheser 2,20-22). Gott hat seinen Heiligen Geist gesandt, nicht damit er in von Menschen erbauten Häusern lebt, sondern in seinem Volk. Ein Tempel aus riesigen Steinquadern kann nicht tun, was Jesus seinen Jüngern aufgetragen hat: „Geht hinaus in die ganze Welt und verkündet allen Menschen die rettende Botschaft" (Markus 16,15). Aber dieser neue Tempel, wie die ursprüngliche Stiftshütte, die Mose in der Wüste baute, kann dorthin reisen, wo Gott sein Volk hinsendet.

> *An Pfingsten legte Gott die ersten Steine seines neuen Tempels.*

Mir war nicht immer bewusst, was für ein Privileg das ist – erst jetzt, als ich hier stehe, erkenne ich es. Jahrhundertelang dachte man, Gottes Geist wohne nur hier in seinem Tempel.

Aber jetzt wohnt der Heilige Geist in uns. Ich kann diesen Ort verlassen, und der Geist geht mit mir, führt mich, formt mich. „Ich bin immer bei euch“, hat Jesus versprochen, „bis das Ende dieser Welt gekommen ist!“ (Matthäus 28,20) Aber mit diesem Versprechen ist auch Verantwortung verbunden.

> *Gott hat seinen Heiligen Geist gesandt, nicht damit er in von Menschen erbauten Häusern lebt, sondern in seinem Volk.*

Ich blicke zu diesen übrig gebliebenen Steinen in der Stützmauer des Tempels auf und sehe, wie perfekt die Steinmetze jeden der riesigen Quader gehauen haben, sodass er genau passt. Es ist ein Bild von uns, seinen „lebendigen Steinen“. Petrus schrieb: „Zu ihm dürft ihr kommen. Er ist der lebendige Stein, den die Menschen weggeworfen haben. Aber in Gottes Augen ist er wertvoll und kostbar. Lasst auch ihr euch als lebendige Steine zu einem Haus aufbauen, das Gott gehört“ (1. Petrus 2,4-5).

Die Formulierung „lebendiger Stein“ hat eine doppelte Bedeutung. Wir sind offensichtlich lebendig mit schlagenden Herzen und lebenden Körpern und wir haben das Leben Christi in uns. Aber ein lebendiger Stein ist auch ein Terminus technicus für einen Felsbrocken, der aus dem Steinbruch geschlagen, geschnitten und zu einem Bauelement geformt wurde. In letzter Zeit habe ich mich so gefühlt wie ein Fels im Steinbruch, an dem man schmerzlich herumschneidet und -hämmert. Aber wenn ich zu den Originalsteinen der Tempelmauer hinaufblicke, die seit zweitausend Jahren ohne Mörtel halten, dann kann ich mir allmählich vorstellen, wie das Endergebnis aussehen wird, wenn Gott sein Werk an mir – und an uns – vollendet hat.

Das griechische Wort, das Jesus als Zimmermann bezeichnet, bedeutet viel mehr als jemand, der nur mit Holz arbeitet. Es ist die Bezeichnung für einen Baumeister oder Steinmetz – und wer Israel bereist, stellt schnell fest, dass die meisten Gebäude hier aus Stein sind und nicht aus Holz. Jesus, unser Baumeister, kann die schmerzlichen Zeiten in unserem Leben gebrauchen, um uns für unseren vollkommenen Platz in seinem neuen Tempel zu formen. Wenn wir ihm erlauben, an uns zu arbeiten, werden wir „lebendige Steine“, so geformt, dass wir Schulter an Schulter dicht zusammenstehen können. Wir sind der Tempel Gottes und strahlen wie Gold im Wert von einer Million Dollar. Wie tröstlich zu wissen, dass aller Schmerz, den wir jetzt erleben, Gott eines Tages zur Ehre gereichen wird, wenn wir ihn ihm überlassen.

Wenn ich mich gegen sein Wirken in meinem Leben wehre, werde ich so nutzlos wie ein Stein in einer Treppe, die nirgendwohin führt, sondern in einer Sackgasse endet. Aber geformt von der Gnade und Liebe Christi helfe ich anderen, ihren Weg aus der Dunkelheit in Gottes blendendes Licht zu finden.

Die Kotel

Heute begebe ich mich zu dem Ort, an dem die Juden beten, nämlich zur Westmauer. Die Israelis nennen sie einfach die *Kotel* – die Mauer – und sie ist einer der heiligsten Orte des Judentums. Dieses Stück Mauer gehörte einst zur Stützmauer des Königs Herodes und ist der Ort, der dem ehemaligen Heiligsten des früheren Tempels am nächsten ist. Dieses Gebäude beherbergte das Allerheiligste und die Bundeslade. Es war Gottes Wohnstatt auf Erden.

Jesus, unser Baumeister, kann die schmerzlichen Zeiten in unserem Leben gebrauchen, um uns für unseren vollkommenen Platz in seinem neuen Tempel zu formen.

Tausende Gläubige kommen jeden Tag zu dieser Mauer, aber um hierher zu gelangen, müssen wir durch eine Sicherheitskontrolle, die von israelischen Soldaten bewacht wird. Frauen müssen ihre Handtaschen durchsuchen lassen, und Männer müssen ihre Taschen ausleeren und ihre Rucksäcke öffnen. Jeder muss durch einen Metalldetektor. Ich sehe überall Soldaten, und einige beobachten uns von oberhalb der Klagemauer. Man hat mir erzählt, dass die Sicherheitsvorkehrungen an Feiertagen noch strenger sind.

Ich weiß, dass ich jederzeit und überall beten kann, aber hier herrscht ein Gefühl gesammelten Glaubens, als würden die Gebete unzähliger Gläubiger aus allen Jahrhunderten noch in der Luft hängen.

Als wir an den Toren vorbei sind, liegt der weite, offene Platz im Sonnenschein da. Männer und Frauen beten getrennt voneinander, so wie sie es in Gottes Tempel auch getan haben, mit einer niedrigen Absperrung zwischen den beiden Bereichen. Ich gehe zur Seite der Frauen und nähere mich der Mauer, wo ich an den großen Steinblöcken hinaufblicke, von denen manche einen Meter hoch und zwei Meter lang sind. Sie ragen in mehreren Reihen über meinem Kopf auf und ich verspüre ein Gefühl der Freude und Ehrfurcht. Einige der Frauen entfernen sich rückwärts von der Mauer, die Hände im Gebet gefaltet, weil sie diesem heiligen Ort nicht den Rücken kehren wollen.

Ich bin der Tradition gefolgt und habe meine Gebete auf einen Zettel geschrieben, um ihn in die schmalen Fugen zwischen den Steinen zu schieben. Hunderte solcher Gebete stecken bereits in jedem verfügbaren Spalt. Ich stopfe meinen Zettel zwischen die Steine, dann schließe ich die Augen und bete. Die Steine fühlen sich warm an von der Sonne, als ich meine Hände auf die Mauer lege. Aus irgendeinem Grund bin ich von Gefühlen überwältigt. Ich weiß, dass ich jederzeit und überall beten kann, aber hier herrscht ein Gefühl gesammelten Glaubens, als würden die Gebete unzähliger Gläubiger aus allen Jahrhunderten noch in der Luft hängen.

Als König Salomo tausend Jahre vor Christus den Tempel einweihte, betete er mit folgenden Worten: „Wenn Ausländer, die nicht zu deinem Volk Israel gehören, deinetwegen aus fernen Ländern hierher kommen, … dann erhöre auf deinem Thron im Himmel auch ihre Gebete, die sie vor diesem Tempel sprechen! Erfülle die Bitten dieser Menschen, damit alle Völker auf der Erde dich als den wahren Gott erkennen! Dann werden sie dich achten und verehren" (2. Chronik 6,32-33). Schon vor dreitausend Jahren hat Salomo für mich gebetet!

Nachdem ich mein Gebet beendet habe, blicke ich zu der festungsartigen Wand auf und versuche, mein Gefühl festzuhalten. Ich möchte in Gott meinen Fels, meine Festung sehen, so stark und schützend wie diese hohe Mauer. Ich will daran denken, dass ich alle meine Bedürfnisse und Gebetsanliegen zusammenfalten und ihm übergeben kann. Dann kann ich weggehen und sie bei ihm lassen, weil ich weiß, dass er mich gehört hat.

Ich folge dem Beispiel der anderen Frauen und trete langsam von der Mauer zurück. Nachdem ich mich wieder meiner Gruppe angeschlossen habe, überquere ich den Platz und gehe durch die Sicherheitskontrolle hinaus, vorbei an langen Schlangen von Menschen, die darauf warten, den Platz betreten zu dürfen. Es kommt mir unpassend vor, dass man sich auf dem Weg zum Gottesdienst oder Gebet durchsuchen lassen muss, aber ohne Sicherheitsvorkehrungen wäre die Kotel eine hervorragende Zielscheibe für Israels Feinde.

Die Juden zur Zeit Jesu waren auf die Heiligkeit des Tempels ebenso eifrig bedacht wie die modernen Wachen auf seine Sicherheit. Der größte Bereich auf dem Tempelberg, der Vorhof der Heiden, stand allen Gläubigen offen. Aber nur Juden konnten durch die Absperrungen in den Vorhof der Frauen oder den noch kleineren Vorhof der Männer gehen – vorausgesetzt, sie waren rituell rein, das heißt ohne Mängel und nicht behindert. Ein großes Schild warnte, dass alle Nichtjuden, die versuchten, in diesen inneren Höfen zu beten, hingerichtet würden. Der Apostel Paulus wurde bei einem Aufstand am Tempel beinahe getötet, weil die Juden glaubten, er hätte einen Nichtjuden aus Ephesus namens Trophimus in diesen heiligen Bereich gelassen (Apostelgeschichte 21,27-36).

Jenseits des Vorhofs der Männer wurde der Zugang zum Tempel immer weiter beschränkt. Nur geweihte Priester und Leviten konnten sich dem Altar nähern, um Opfer darzubringen. Nur sie durften in die Tempelhalle hinein und Weihrauch verbrennen oder die Menora, den siebenarmigen Leuchter, entzünden. Und den heiligsten Raum von allen, das Allerheiligste, das mit einem Vorhang abgetrennt war, durfte niemand außer dem Hohenpriester betreten – und er durfte dies nur einmal im Jahr, am Versöhnungstag, tun, um das Blut für das Opfer zu bringen. Man stelle sich das Entsetzen der Priester am Tag der Kreuzigung Christi vor, denn da „zerriss im Tempel der Vorhang vor dem Allerheiligsten von oben bis unten" (Matthäus 27,51). Christus hatte einen direkten Zugang zu Gott geschaffen, und zwar für jeden, der sein Opfer am Kreuz annahm – Männer und Frauen, Juden und Nichtjuden.

Jesus achtete ebenfalls darauf, dass die Heiligkeit des Tempels gewahrt wurde, aber nicht aus demselben Grund wie die Priester. Zu seiner Zeit war der Vorhof der Heiden in ein lautes, kommerzielles Einkaufszentrum verwandelt worden, in dem Geldwechsler ihre Buden aufgestellt hatten und Opfertiere verkauft wurden. Die Menschen nahmen den Vorhof sogar als Abkürzung, um ihre Einkäufe von einer Seite von Jerusalem zur anderen zu tragen. Wenn Ausländer wie ich herkamen, so wie König Salomo es vorhergesehen hatte, mussten sie sich an Tierkäfigen und laut feilschenden Markthändlern vorbeiquetschen, um einen Platz zum Beten zu finden. Jesus warf die Tische um und zitierte die Propheten Jeremia und Jesaja, während er Kisten mit Tauben und Geldbeutel zu Boden schleuderte. „Ihr wisst doch, was Gott in der Heiligen Schrift sagt', rief Jesus der Menschenmenge zu: ,Mein Haus soll für alle Völker ein Ort des Gebets sein', ihr aber habt eine Räuberhöhle daraus gemacht" (Markus 11,17). Jesus räumte den Weg frei, damit jeder, der den Gott Israels suchte, Zugang zu ihm haben konnte.

Unter diesem Gesichtspunkt möchte ich mir meine eigene Gemeinde ansehen, wenn ich wieder zu Hause bin. Was kann ich tun, um zu gewährleisten, dass unser Kirchenraum eine Atmosphäre ehrfürchtiger Anbetung ausstrahlt? Ist er ein heiliger Ort, den nichts Profanes entweiht und in dem nichts vom Gottesdienst ablenkt? Ist er ein Ort, an dem sowohl Gläubige als auch Suchende willkommen sind und unseren heiligen Gott anbeten können, oder ist er zu einem geschäftigen, lauten Marktplatz geworden?

Jesus räumte den Weg frei, damit jeder, der den Gott Israels suchte, Zugang zu ihm haben konnte.

Vielleicht sollte ich auch bei meinen persönlichen Andachtszeiten eine Sicherheitskontrolle einrichten. Egal, ob ich zu Hause bete oder in der Gemeinde, ich muss alle meine Feinde fernhalten, darunter auch meine eigenen ablenkenden Gedanken, kleinliche Beschwerden und die Last angestauter Sorgen, die auf meinen Schultern liegen und mich beschweren wie volle Taschen. Wenn mein Gottesdienst sich nichtssagend anfühlt, dann liegt es ja vielleicht daran, dass ich meine schützenden Absperrungen vernachlässigt habe und unwillkommene Ablenkungen hereinlasse.

Sonntags scheint der Feind genau zu wissen, wie er meinen Mann und mich angreifen kann, damit wir schon schlecht gelaunt im Gottesdienst ankommen, sodass uns kaum nach Beten zumute ist. Wir müssen durch eine geistliche Sicherheitskontrolle, damit wir mit der richtigen Einstellung und einem versöhnlichen Herzen kommen, wenn wir Gottes Vergebung erfahren möchten. Jesus sagte: „Wenn du eine Opfergabe zum Altar bringst und dir fällt plötzlich ein, dass dein Bruder dir etwas vorzuwerfen hat, dann lass dein Opfer am Altar zurück, geh zu deinem Bruder und versöhne dich mit ihm. Erst danach bring Gott dein Opfer dar“ (Matthäus 5,23-24). Was wäre, wenn ich mir ein paar Minuten Zeit nehmen würde, um mein Herz und meinen Sinn vor dem Gottesdienst vorzubereiten? Dasselbe gilt für meine Stille Zeit zu Hause. Bevor ich dem heiligen Gott gegenübertrete, könnte ich das endlose Geratter in meinem Kopf, das ablenkende Telefon und meine E-Mail-Benachrichtigung ausschalten und damit den Vorhof säubern, so wie Jesus es tat.

Wir müssen durch eine geistliche Sicherheitskontrolle, damit wir mit der richtigen Einstellung und einem versöhnlichen Herzen kommen, wenn wir Gottes Vergebung erfahren möchten.

Ich werde nie die Ehrfurcht vergessen, die mich erfüllte, als ich heute an der Mauer stand und betete – und auch nicht die Freude, die ich in den Mienen der anderen Gläubigen sah. Durch Anbetung und Gebet können wir uns einem heiligen, gerechten Gott nähern, der uns begegnen möchte. Der Vorhang der Trennung ist entzweigerissen, und wir können die Wärme seiner Liebe wie von der Sonne erwärmte Steine spüren – immer und überall.

Bar-Mitzwa

Ich bin zur Kotel zurückgekehrt, um zu beten. Etwas an dieser Mauer zieht mich an, ein Gefühl der Heiligkeit und Verbundenheit, wenn ich an all die Männer und Frauen aus der Bibel denke, die hier Gott angebetet haben, alle meine Lieblingsgestalten wie Jesaja und König Hiskia und Jeremia und natürlich Jesus.

Heute höre ich Trommeln und Becken und Musik, das Blasen des Schofars, Klänge einer fröhlichen Feier. Begeisterung liegt in der Luft, während die Musiker in weißen Gewändern mit goldenen Borten eine Prozession über den Platz vor der Klagemauer anführen. Sie begleiten einen Jungen unter einem tragbaren, mit samtenen Vorhängen geschmückten Baldachin. Die Menschen drehen sich um und sehen zu, wie die Musiker ihn und seine Familie singend, klatschend und feiernd zur Mauer führen. Der Junge blickt ein bisschen verlegen drein, offenbar nicht gewohnt, im Mittelpunkt der Aufmerksamkeit von Familie und Freunden zu stehen – und schon gar nicht, dass Hunderte Fremde ihn anstarren und Touristen ihn fotografieren.

Heute ist die Bar-Mitzwa dieses Jungen. Heute wird er ein „Sohn des Gesetzes", das bedeuten die hebräischen Worte *bar mitzwa*. Er wird die Ehre haben, den heutigen Abschnitt aus der Thora laut vorzulesen, und er kann von jetzt an in der Synagoge aus den heiligen Schriften lesen. Heute wird er zum ersten Mal die Tefillin auf Stirn und Arm tragen und von jetzt an jeden Morgen für den Rest seines Lebens, wenn er betet. Diese kleinen Schachteln, die mit Lederriemen vor die Stirn und um den linken Arm gebunden werden, enthalten Bibelverse aus dem zweiten und fünften Buch Mose. Für jüdische Männer gilt die Anweisung: „Schreibt euch diese Worte zur Erinnerung auf ein Band, und bindet es um die Hand und die Stirn!" (5. Mose 6,8)

> *Durch Anbetung und Gebet können wir uns einem heiligen, gerechten Gott nähern, der uns begegnen möchte.*

Ich sehe zu, wie die Prozession des jungen Mannes bis zu dem Gottesdienstbereich in der Nähe der Mauer weiterzieht. Die Männer in seiner Familie umringen ihn, während die Frauen und Mädchen von hinter der niedrigen Absperrung aus zusehen und ihn und einander mit Süßigkeiten bewerfen. Der Psalmist erklärte: „Dein Wort ist meine Lieblingsspeise, es ist süßer als der beste Honig" (Psalm 119,103). Die Bonbons helfen Kindern, Gottes Wort von klein auf mit Süße in Verbindung zu bringen.

In der Bibel heißt es, dass die Eltern Jesu jedes Jahr zum Passahfest nach Jerusalem reisten. „Als Jesus zwölf Jahre alt war, gingen sie wie gewohnt dorthin" (Lukas 2,42). Im Alter von zwölf Jahren begann für Jungen die Pflicht, als Erwachsene an den jüdischen Festen teilzunehmen, und dies war höchstwahrscheinlich das erste Mal, dass Jesus die Gelegenheit hatte, zusammen mit den anderen Männern die Thora zu lesen und zu studieren, um sich auf seine eigene Bar-Mitzwa vorzubereiten. „Alle wunderten sich über sein Verständnis und seine Antworten" (Lukas 2,47).

Das Studium der heiligen Schriften war Jesus so wichtig, dass er in Jerusalem blieb, als die Feierlichkeiten vorüber waren, anstatt mit seiner Familie nach Hause zurückzukehren. Ich kann verstehen, wenn ein Kind noch in Disney World bleiben will, aber wie viele Kinder würden einen Ort der Anbetung vorziehen, um mit den älteren Männern die Bibel zu lesen! Als seine besorgten Eltern Jesus endlich fanden, sagte er: „Warum habt ihr mich gesucht? … Habt ihr denn nicht gewusst, dass ich im Haus meines Vaters sein muss?" (Lukas 2,49) In diesen wenigen, kurzen Versen bekommen wir einen Eindruck davon, wie sehr er das Wort seines Vaters liebte und wie wichtig es ihm war, darin zu lesen und es zu verstehen.

Ich stelle mir vor, dass der zwölfjährige Jesus so ähnlich aussah wie dieser moderne Bar-Mitzwa-Junge mit seinem dunklen Haar und den dunklen Augen, umringt von seiner stolzen Familie. Wie dieser Junge hat Jesus eine Kopfbedeckung, eine Kippa, getragen, während er betete, und seine Mutter hat Quasten an die Ecken seines Gewandes genäht, die *tzitzit* genannt werden, wie die Thora es vorschrieb. Wahrscheinlich hat er auch die Tefillin an Stirn und Arm getragen, wenn er morgens betete. Wir wissen, dass fromme Juden zur Zeit Jesu sie trugen, weil er die Pharisäer dafür tadelte, dass sie es demonstrativ taten. „Mit allem, was sie tun, stellen sie sich zur Schau. Am Arm tragen sie breite Gebetsriemen und an den Gewändern riesige Quasten" (Matthäus 23,5). Aber Jesus hat nie gesagt, dass Juden sie überhaupt nicht tragen sollten. Diese Symbole an Stirn und Arm erinnerten die Juden daran, Gottes Gebote immer im Kopf zu haben und sie bei all ihrem Handeln zur Grundlage zu machen.

Während ich diese Bar-Mitzwa-Feier beobachte, wünsche ich mir, wir hätten auch ein solches Ritual, um unsere Entscheidung zu feiern, Männer und Frauen des Wortes Gottes zu werden. Wenn wir doch nur die Leidenschaft Jesu hätten, die Bibel zu studieren und über Gottes Gesetz nachzudenken, das süßer als Honig ist, und mit Freude darin zu lesen, anstatt das Bibelstudium nur zu einem weiteren Punkt auf unserer To-do-Liste zu machen.

Die jüdische Art, die Bibel zu lesen, unterscheidet sich sehr von unserer. In den Hauskreisen und Bibelstunden, die ich miterlebe, scheinen viele Christen Angst zu haben, schwierige Fragen zu stellen, weil sie nicht ketzerisch klingen wollen – oder, noch schlimmer, sie haben Angst, dass die Antworten oder das Fehlen einer Antwort die wackeligen Wände ihres Glaubens zum Einsturz bringen könnten. Wie vereinbaren wir zum Beispiel das Gebot „Du sollst nicht töten" mit Gottes Befehl an Josua, jeden Kanaaniter, ob Mann, Frau oder Kind, zu töten? Wie passt die klare Aussage der Bibel, „Der Herr ist unser Gott, der Herr allein", zu unserer Lehre von der Trinität? Also beschließen wir, nicht tiefer zu graben, und halten uns

Wenn wir doch nur die Leidenschaft hätten, die Bibel zu studieren, anstatt das Bibelstudium nur zu einem weiteren Punkt auf unserer To-do-Liste zu machen.

an die fertigen Antworten, die man uns gelehrt hat. Zu viele unserer Lehrer stellen sich vor unsere jungen Leute hin und sagen: „Dies ist alles, was ihr wissen müsst; das bedeutet dieser Bibeltext; das hier sind die Lektionen, die wir aus der Geschichte von David und Goliath oder von Noahs Arche lernen können." Wir schnüren ordentliche Päckchen, als könnte man Gott in eine Tafel mit Flanellbildern pressen und dafür sorgen, dass unsere Kinder beim Ausmalen der Malbücher nicht über die Linien malen. Wir sind zufrieden, wenn unsere Schüler alles wiederholen können, was wir gesagt haben, und überglücklich, wenn sie sagen, dass sie jedes Wort davon glauben.

Im jüdischen Unterricht sind Fragen die entscheidende Methode, wie junge Menschen lernen. Ihre Lehrer stellen eine schwierige Frage und wissen, dass die jüdischen Gelehrten sich selbst nicht immer einig sind, was die Antwort betrifft. Die Schüler springen zwischen verschiedenen Versen aus den heiligen Schriften hin und her, sie hinterfragen, was die anderen sagen, und beobachten, wie jeder Widerspruch ein bisschen mehr Licht auf das Problem wirft. Wenn sie ein bestimmtes Wort nicht verstehen, suchen sie die Stelle in der Thora, an der es zum ersten Mal vorkommt, und untersuchen den Kontext, um Antworten zu finden. Ich glaube, das war es, was Jesus und die Lehrer an jenem Tag im Tempel taten. „Alle wunderten sich über sein Verständnis und seine Antworten." Die Lehrer hatten Fragen gestellt, über die seit der Zeit von Mose die klügsten Männer des Judentums diskutiert und gestritten hatten. Sie erwarteten keine fertigen Antworten von diesen jungen Thoraschülern, keine hundert Prozent beim Test. Aber Jesus legte ihnen anhand der heiligen Schriften dar, was Gottes Wort wirklich bedeutete. Und es war nicht nur so, dass seine Lehrer staunten – Jesus genoss die Sache offensichtlich wie ein Kind einen Ausflug in einen Erlebnispark.

Wir vertiefen den Glauben unserer Kinder nicht, indem wir

ihnen Milch geben. Sie brauchen Fleisch, an dem sie ihre Kauwerkzeuge ausprobieren können. Und am besten tun wir das, indem wir mutig genug sind, die schwierigen Fragen zu stellen. Mein erster Ringkampf mit Gott vor etwa dreißig Jahren zerstörte meinen Glauben nicht; er führte dazu, dass ich in der Bibel las und suchte und fragte und nachhakte. Ich versuchte, meinen Kindern beizubringen, dass es in Ordnung ist, mit Gott zu ringen, wann immer sie Zweifel und Ängste hatten, so wie Jakob es getan hatte. Das ist es auch, was Jakobs neuer Name, Israel, bedeutet: das Volk, das mit Gott ringt.

> *Wir vertiefen den Glauben unserer Kinder nicht, indem wir ihnen Milch geben. Sie brauchen Fleisch.*

Als meine Tochter Maya vierzehn war und das erste Mal den Ruf spürte, dem jüdischen Volk zu dienen, entdeckte sie eine Ungereimtheit in der christlichen Praxis unserer Gemeinde. Maya hatte mit einer ihrer jüdischen Schulfreundinnen das Passahfest gefeiert und erkannte all die schönen Bilder von Christus in dem Seder, der abendlichen Passahfeier. Sie sah auch, dass das letzte Abendmahl eine Feier genau dieses Passahmahls war, und als Jesus das Brot nahm und brach und sagte: „Dies ist mein Leib“, benutzte er ungesäuertes Brot. Sie hatte in der Sonntagsschule gelernt, dass Sauerteig eine Art Sünde ist … ein bisschen davon zerstört unseren ganzen Körper, so wie ein wenig Sauerteig einen ganzen Brotlaib aufgehen lässt. Dann fragte sie – oder besser, sie verlangte eine Antwort –, warum unsere Gemeinde für das Abendmahl Brot mit Sauerteig benutzte. Warum hielten unsere Pastoren gesäuertes Brot hoch, wenn sie sagten: „Der Leib Christi, für euch gebrochen.“ Christus war ohne Sünde. Unsere Gemeinde sollte ungesäuertes Brot benutzen.

Sie hatte natürlich recht. Ich sagte ihr, sie solle mit ihrem Jugendleiter sprechen. Er zuckte mit den Schultern und schlug vor, sie solle sich an den Ältestenrat wenden. Als wir das nächste

Mal Abendmahl feierten, marschierte sie in die Sakristei, als die Teller vorbereitet wurden, und fragte die Leute, die das Abendmahl austeilen sollten, warum sie gesäuertes Brot nahmen. Die meisten lachten und machten sich darüber lustig. Einer von ihnen sagte, es sei so üblich, so sei es schon immer gewesen. Als ein anderer sagte, dass es in der Stadt kein ungesäuertes Brot zu kaufen gebe, informierte sie ihn darüber, in welchem Gang im Supermarkt ihre jüdischen Freunde das ungesäuerte Brot für ihr Passahfest fanden.

Nicht zufrieden damit, dass ihre ernst gemeinte Frage einfach beiseitegewischt wurde, ging sie zu unserem Hauptpastor. Es ehrt ihn, dass er sie nicht mit einer vorgefertigten Antwort abspeiste. Stattdessen versprach er, darüber nachzudenken und sich wieder bei ihr zu melden. Als sie das nächste Mal miteinander sprachen, sah auch er die wunderbare Bedeutung des ungesäuerten Brotes – mit Streifen und Löchern – als ein Symbol für den Leib Christi. Bei unserem nächsten Abendmahlsgottesdienst erklärte er ausführlich, warum von jetzt an Brot ohne Sauerteig auf dem Abendmahlsteller liegen würde und nicht die übliche Brotsorte. Außerdem wehrte er zahlreiche Beschwerden von Gemeindemitgliedern ab, weil er es wagte, sich von der traditionellen Praxis abzuwenden.

Ich war stolz auf meine Tochter und ihre Bereitschaft, schwierige Fragen zu stellen – so stolz wie diese Bar-Mitzwa-Eltern es auch sein müssen. Als sie älter wurde, wurden Mayas Fragen nicht immer so erfolgreich und umfassend beantwortet wie in diesem Fall. Sie stocherte in dem christlichen College, das sie besuchte, in einigen Hornissennestern herum und tut dies auch jetzt bei ihrem Studium in Jerusalem. Aber ihr Glaube ist gefestigt genug, sich von schwierigen Fragen nicht erschüttern zu lassen.

Ich glaube, die jüdische Art zu lernen ist viel weiser. Wenn wir unseren Kindern nicht erlauben, Fragen zu stellen, wenn wir sie nicht dazu ermutigen, werden sie die Fragen trotzdem haben – aber dann haben sie nicht das Handwerkszeug dazu, in der Bibel nach Antworten zu suchen. Wir werden ihnen das Gefühl geben, sie seien schuldig oder sündig oder unchristlich, weil sie Zweifel haben, und sie werden zögern, Lücken in ihrer Glaubensrüstung zu offenbaren. Wir wissen, dass sie Zweifel haben – die haben wir alle, wenn wir ehrlich sind. Die jüdische Art ist es nachzubohren und Fragen zu stellen und die Bibel Zeile für Zeile auseinanderzunehmen, in dem Wissen, dass Gott uns die Antworten zeigen wird, wenn wir von ganzem Herzen suchen. Keiner von uns sollte sich mit Standardantworten oder einer Schubladen-Theologie zufriedengeben. Diese Pilgerreise hat schon jetzt meine schlaffen geistlichen Muskeln gekräftigt, während ich mit Gott gerungen habe.

Wir haben vielleicht kein solches Ritual wie die Bar Mitzwa, aber Gott will trotzdem, dass wir erwachsen werden und kindische Dinge ablegen, damit wir Söhne und Töchter seines Wortes werden können.

Die Bar-Mitzwa geht weiter, als ich die Kotel verlasse. Später wird die Familie des Jungen ein Fest feiern, um den Beginn seiner Studien der heiligen Schriften zu begehen. Wir haben vielleicht kein solches Ritual wie die Bar-Mitzwa, aber Gott will trotzdem, dass wir erwachsen werden und kindische Dinge ablegen, damit wir Söhne und Töchter seines Wortes werden können. Jesus sagte: „Auch der kleinste Buchstabe im Gesetz Gottes behält seine Gültigkeit, solange Himmel und Erde bestehen“ (Matthäus 5,18). Das bedeutet, wir sollen es kennen, es studieren, es lieben. Und vor allem sollen wir uns darüber freuen, wie süß es ist.

Eine gewaltige Stimme hörte ich vom Thron her rufen: „Hier wird Gott mitten unter den Menschen sein! Er wird bei ihnen wohnen, und sie werden sein Volk sein.“

Offenbarung 21,3

Ein neues Gebet für die Reise

Unser liebender himmlischer Vater,
du bist unser starker Schutzturm, der eine, bei dem wir Zuflucht suchen können. Trotzdem bist du immer bei uns, wo auch immer wir sind, und nah genug, um unsere geflüsterten Gebete zu hören. Vergib mir, dass ich meine Liebe zu dir und zu meinen Mitmenschen habe erlöschen lassen; dass ich mich durch Zeitdruck oder Ärger oder Ablenkungen oder etwas anderes davon habe abhalten lassen, im Gebet zu dir zu kommen. Vergib mir, dass ich mich gegen den Meißel des Steinmetzes gewehrt habe, als du meine Kämpfe dazu gebrauchen wolltest, mich in einen lebendigen Stein für deinen neuen Tempel zu formen. Danke, dass du uns dein lebendiges Wasser in Christus schenkst, der die Absperrungen zwischen dir und uns einreißt. Ich danke dir für dein geschriebenes Wort, deinen Liebesbrief an uns, der uns lehrt, wie wir dich lieben, dir dienen und für dich leben sollen. Bitte fache meine Leidenschaft für die Bibel neu an, für ihre Herausforderungen und ihre Süße. Hilf mir, meinen Platz als lebendiger Stein einzunehmen – um deiner und deiner Herrlichkeit willen.
Amen.

Fragen zum Kapitel

- Jesus hatte seine Zeitgenossen gewarnt und die Zerstörung des Tempels angekündigt. Aber die Menschen nahmen diese Warnung nicht ernst. Welche Schlüsse zieht Lynn Austin daraus für sich persönlich?

- Welche weiteren Vorhersagen und Warnungen hat Jesus ausgesprochen? Wie geht Lynn Austin damit um?

- Wozu kann Gott die schmerzlichen Zeiten in unserem Leben gebrauchen?

- Was kann passieren, wenn wir uns gegen Gottes Wirken in unserem Leben wehren?

- Welche besondere Einsicht hat Lynn Austin, als sie an die Klagemauer tritt und beten will?

- Wie verstehen Sie die Verse aus 2. Chronik 6,32-33?

- Was meint Lynn Austin mit dem Begriff „geistliche Sicherheitskontrolle"?

- Wodurch ist Ihr Gebetsleben gefährdet?

- Wie kann es heute gelingen, junge Menschen den Zugang zum Glauben zu möglichen? Was machen viele Kirchen und Gemeinden im Umgang mit Kindern und Jugendlichen falsch?

- Können Sie die folgende Aussage von Lynn Austin bestätigen? „Wir vertiefen den Glauben unserer Kinder nicht, indem wir ihnen Milch geben. Sie brauchen Fleisch, an dem sie ihre Kauwerkzeuge ausprobieren können." Was könnten Sie in Ihrer Gemeinde anders machen?

- Wie können wir geistlich erwachsen und Söhne und Töchter seines Wortes werden?

7

Die Karwoche

„Jerusalem! O Jerusalem! Du tötest die Propheten und erschlägst die Boten, die Gott zu dir schickt. Wie oft schon wollte ich deine Bewohner um mich sammeln, so wie eine Henne ihre Küken unter ihre Flügel nimmt! Aber ihr habt es nicht gewollt!"

Matthäus 23,37

Wilder Rosmarin und Salbei parfümieren die Luft, als ich meine Wanderschuhe schnüre. Heute liegt eine anstrengende Wanderung vor uns, während wir in der Woche vor Ostern auf den Spuren Jesu gehen. Ich trinke meine Tasse Tee, schüttele meine Müdigkeit ab und fahre mit dem Bus in den verschlafenen Ort Bethanien, in dem Maria, Marta und Lazarus zu Hause waren.

Die unbedeutende Kleinstadt, in der Jesus Lazarus von den Toten auferweckte, ist etwas mehr als drei Kilometer Luftlinie von Jerusalem entfernt. Es kommt mir viel weiter vor, als unser Bus den Ölberg hinauf- und auf der anderen Seite wieder hinunterfährt, durch ein Labyrinth aus schmalen Straßen mit dichtem Verkehr. Aber Bethanien lag so nah an Jerusalem, dass die Kunde vom Wunder Jesu schneller dorthin eilte als eine Brieftaube. Das Wunder wurde zum Öl, das den glimmenden Ärger seiner Feinde in die feurige Entschlossenheit, ihn zu töten, verwandelte: „Viele von den Juden, die bei Maria gewesen waren, glaubten an Jesus, nachdem sie gesehen hatten, was er tat. Aber einige liefen schnell zu den Pharisäern und berichteten ihnen alles" (Johannes 11,45-46). Der Hohepriester Kaiphas beschloss: „Für uns alle ist es besser, wenn einer für das Volk stirbt, als dass ein ganzes Volk zugrunde geht" (V. 50). „Von dem Tag an waren die führenden Männer der Juden fest entschlossen, Jesus zu töten" (V. 53).

Das Dorf Bethanien war damals wahrscheinlich genauso klein und dicht besiedelt wie jetzt. Natürlich steht heute eine Kirche über dem Grab des Lazarus. Ich steige hinter den anderen eine unheimliche, schmale Steintreppe hinunter, um das unterirdische Grab zu sehen. Hier unten bekommt man Platzangst und es erinnert an einen guten Horrorfilm. Ich bin ebenso froh, wieder hier herauszukommen, wie Lazarus es gewesen sein muss.

Als unsere Besichtigung Bethaniens beendet ist, machen wir uns zu Fuß auf den Weg nach Jerusalem, so wie Jesus und seine Jünger es am Palmsonntag taten. Ich lebe im mittleren Westen der USA, wo eine Strecke von gut drei Kilometern über die flache Prärie nur wenig Zeit und kaum Mühe kostet. Aber Jerusalem liegt auf einem Berg, und der ist von Bergen wie von stämmigen Leibwächtern umgeben, die noch höher sind. Um zu dem Ziel Jesu, dem Tempel, zu gelangen, müssen wir den Ölberg erklimmen und auf der anderen Seite hinab ins Kidrontal gehen, um danach wieder bergauf zum Tempelberg zu steigen. In der Bibel wird der Anschein erweckt, als würden Jesus und seine Jünger diese Hügel ohne Mühe überwinden. Nirgendwo steht etwas davon, dass die Leute prusten und schwitzen, so wie ich es jetzt tue. Niemand jammert oder sagt: „Warte mal kurz, damit ich verschnaufen kann.“ Ich hoffe, meine körperliche Kondition spiegelt nicht meinen geistlichen Zustand wider.

Als wir etwa ein Drittel des Anstiegs zum Ölberg zurückgelegt haben, kommt uns ein ehrgeiziger arabischer Junge entgegen, der ein ramponiertes Maultier hinter sich herzerrt. „Du reiten? Ja?“, fragt er. „Nur drei Schekel.“

Wir lachen alle, weil wir an den triumphalen Einzug Jesu in Jerusalem auf einem Esel denken müssen. Tatsächlich sind wir ganz in der Nähe von Bethsaida, dem Dorf, in dem Jesus sein Reittier ausgeliehen hatte. Ich bin sicher, dass der Esel, auf dem er geritten ist, nicht so klein und zerrupft war wie dieser – und er hatte auch kein Preisschild. Dieses untersetzte Maultier mit seinem durchhängenden Rücken sieht nicht so aus, als könnte es den Jungen den Berg hinauftragen, geschweige denn einen Erwachsenen. Aber unser Reiseleiter überzeugt eine müde, weißhaarige Frau in unserer Gruppe, das Angebot anzunehmen. Sie handeln den Preis auf einen Schekel herunter und wir helfen der Frau, auf das Tier zu steigen. Dann reitet sie davon, im Damensitz und lachend wie ein junges Mädchen, während ihre Füße nur wenige Zentimeter über dem Boden baumeln.

Während wir unseren Aufstieg fortsetzen, beschließt unser Reiseleiter, uns ein Lied beizubringen, das auf Psalm 122 basiert, einem der Wallfahrtspsalmen (Psalm 120-134). „Wie sehr habe ich mich gefreut, als man zu mir sagte: Komm mit, wir gehen zum Tempel, zum Haus des Herrn!“ (V. 2) Er erklärt uns, dass jüdische Reisende Psalmen wie diesen sangen, während sie für jedes der drei obligatorischen Pilgerfeste nach Jerusalem zogen. Mit der Zeit müssen ihnen die Worte so vertraut gewesen sein wie uns unsere geliebten Weihnachtslieder, die wir jedes Jahr singen. Und so erreichen wir den Gipfel des Berges singend – und keuchend – und machen Rast.

Der Ausblick vom Gipfel raubt mir das bisschen Atem, das ich noch habe. Der Tempelberg und die Altstadt von Jerusalem schimmern in der Ferne, ihre Sandsteinmauern und -gebäude von der Morgensonne vergoldet. Abgesehen von der Kuppel des muslimischen Heiligtums, das jetzt an der Stelle steht, wo einst der Tempel war, könnte dies der gleiche Anblick gewesen sein, den Jesus und unzählige andere Passahpilger vor zweitausend Jahren hatten. Freude und Erregung durchströmen mich, als ich dieses schöne Panorama betrachte. Die Begeisterung zur Zeit Jesu muss elektrisierend gewesen sein, als er seinen Anhängern nach drei Jahren voller Spekulationen und Kontroversen endlich erlaubte, öffentlich zu verkünden, dass er der lang erwartete Messias war, der auf einem Esel geritten kam.

Die Menschenmenge brach in Jubel und frohen Gesang aus. Vielleicht sangen sie die traditionellen Passahlieder, als sie diesen Berg hinaufstiegen, und jetzt scheinen die Worte erstaunlich passend: „Mit Zweigen in den Händen schließt euch zusammen zum Reigen … Ach, Herr, bring doch Hilfe! … Gesegnet sei er, der kommt im Namen des Herrn" (Psalm 118,27-29; Einheitsübersetzung). Die Menschen hatten diesen Psalm ihr Leben lang gesungen, und jetzt, im Triumphzug Jesu, nahmen die Worte und Bilder vor ihren Augen Gestalt an. Kein Wunder, dass ihre Rufe durch das Tal bis nach Jerusalem schallten. Um einen Eindruck von ihrem Freudentaumel zu bekommen, können wir uns vorstellen, wie wir an Weihnachten in der Kirche stehen und „Freue dich, Welt, dein König naht!" singen – und plötzlich kommt Jesus wieder! Unser sehnlichst erwarteter Heiland und König steht vor uns! Alle die Lieder, die wir gesungen haben, und die Bibeltexte, in denen von seiner Wiederkunft die Rede ist, sind vor unseren Augen erfüllt worden.

Genau das geschah an jenem Tag in Jerusalem. Die jubelnde Menge, die ihren Messias begrüßte, erwartete einen politischen Führer, und dies war seine Krönung. Sie schwenkten Palmzweige, Symbole des Sieges, durch die Luft, so wie die Fans der Fußballnationalmannschaft nach einem gewonnenen Spiel bei einer WM-Endrunde durch die Straßen ziehen und Fahnen schwenken. Andere schüttelten ihre Umhänge von den Schultern und breiteten sie auf dem Boden aus, um seinen Weg auszulegen. Ich habe im Flur einen Wandschrank voll mit Jacken und Mänteln, also würde es mich nicht viel kosten, einen davon auf den Boden zu legen, damit ein Esel mit seinen schmutzigen Hufen darübertrampelt. Aber die Menschen zur Zeit Jesu hatten oft nur diesen einen Umhang, ein Kleidungsstück für alle Zwecke, das während des Tages als Mantel, nachts als Decke und unterwegs zum Tragen von Lebensmitteln oder Babys diente und für alle möglichen anderen Dinge nützlich war. Diesen Stoff zu Jesu Füßen auszubreiten, war ein richtiges Opfer. Aber wie konnten sie besser ihre Treue zu dem lange erwarteten König ausdrücken? Die Heilige Schrift wurde erfüllt! „Freut euch, ihr Menschen auf dem Berg Zion, jubelt laut, ihr Einwohner von Jerusalem! Euer König kommt zu euch! Er ist gerecht und bringt euch Rettung. Und doch kommt er nicht stolz daher, sondern reitet auf einem Esel“ (Sacharja 9,9).

Der Tag, den wir als Palmsonntag feiern, war außerdem ein wichtiges Datum im jüdischen Kalender. Es war der Tag, an dem jede Familie das Lamm – ein männliches ohne Makel – auswählte, das sie beim Passahfest in wenigen Tagen opfern würden (2. Mose 12,3). Die Menge glaubte vielleicht, sie hätten einen König erwählt, aber stattdessen wählten sie ihr Passahlamm, das eine viel größere und dauerhaftere Freiheit bringen würde.

Ich hätte gerne noch einen Psalm gesungen, während wir unsere Rast beenden und uns auf den Weg den Berg hinunter machen, aber die Ostseite des Ölbergs sieht heute ganz anders aus als zu Lebzeiten Jesu. Unsere Wanderung führt uns über einen jüdischen Friedhof, an Tausenden von geweißten Gräbern vorbei. Schwarz gekleidete Trauernde stehen zu einem Begräbnis um eines davon herum, also gehen wir in respektvollem Schweigen weiter. Auf vielen der Grabsteine liegen kleine Kiesel, die von Hinterbliebenen dort zurückgelassen wurden und mich an einen anderen Abschnitt der Geschichte vom Triumphzug Jesu erinnern.

Die Menge glaubte vielleicht, sie hätten einen König erwählt, aber stattdessen wählten sie ihr Passahlamm, das eine viel größere und dauerhaftere Freiheit bringen würde.

„Lehrer, verbiete das deinen Jüngern!", brüllten die ungläubigen Pharisäer ihm über das Singen und Rufen hinweg zu. Sie erkannten die gefährlichen politischen Folgen des palmwedelnden Festzuges und wussten, dass auch die Römer die Bedeutung verstehen würden. Jesus weigerte sich. „Glaubt mir: Wenn sie schweigen, dann werden die Steine am Weg schreien", antwortete er (Lukas 19,39.40).

Israel hat den steinigsten Boden, den ich je gesehen habe, und so wären die Rufe von Millionen Steinen ohrenbetäubend gewesen. Aber die Pharisäer, die die heiligen Schriften auswendig kannten, müssen in der Antwort Jesu ein Zitat des Propheten Habakuk erkannt haben. Anstatt seine Anhänger zurechtzuweisen, tadelte Jesus sie! „Weh dem, der für sein Haus unrechten Gewinn sucht und sich hoch droben sein Nest baut ... Es schreit der Stein in der Mauer" (Habakuk 2,9.11; Einheitsübersetzung). Habakuk warnt vor Gottes Urteil über Korruption und Blutvergießen und endet mit einer herrlichen messianischen Prophezeiung: „Ja, das Land wird erfüllt sein von der Erkenntnis der Herrlichkeit des Herrn, so wie das Meer mit Wasser gefüllt ist" (V. 14). Jesus sagte den Pharisäern, dass Gott sie bald richten würde. Aber die fröhliche Feier, die am Palmsonntag begann, war nicht aufzuhalten.

Wir finden weitere geschäftstüchtige junge Araber, die am Fuß des Berges auf uns warten und verschwommene Postkarten und billige Souvenirs feilbieten. „Ein Schekel! Ein Schekel!", rufen sie. Unser Reisebus wartet ebenfalls auf uns. Es ist zu schwierig, von hier aus den Tempelberg zu erklimmen, weil man dafür die moderne Autostraße überqueren müsste, die durch das Kidrontal führt. Außerdem ist das Goldene Tor, durch das Jesus sicherlich einzog, um zum Tempel zu gelangen, heute versiegelt. Aber als wir abfahren, blicke ich zum Ölberg zurück und sehe immer noch jenen Palmsonntag vor mir und stelle mir das Staunen und die Freude der Jünger vor.

Jesus hatte seinen Anhängern erklärt, was mit ihm geschehen würde, sobald sie Jerusalem erreichten, aber ich vermute, sie haben ihm nicht so richtig geglaubt. Ich bin sicher, dass Petrus, Jakobus, Johannes und die anderen sich noch immer an die Hoffnung klammerten, der Messias könnte ein politischer König sein, der auf Davids Thron sitzen und Israel regieren würde. Der Siegeszug an Palmsonntag und die Menschenmassen, die ihm die Treue gelobten, schürten diese Hoffnung wahrscheinlich noch. Und die Erinnerung an die Feiern machten die Verzweiflung und Verwirrung nur noch schlimmer, als der König, den sie erwählt hatten, sich als Lamm erwies, das am Passahfest geopfert wurde.

Ich habe Jesus öffentlich als meinen Messias und Herrn bekannt, aber ich frage mich, ob ich nicht auch, wie die Feiernden an Palmsonntag, falsche Erwartungen wecke, was Jesus betrifft – wer er ist und was er in meinem Leben tun will. Ich habe um Errettung aus schwierigen Umständen gebetet, als erwartete ich, dass er alle meine Probleme wie römische Soldaten verjagt und sie sich zurückziehen. Und wenn sie das nicht tun, bin ich enttäuscht und entmutigt. Aber vielleicht will Jesus ja gar nicht die Umstände ändern, sondern sie dazu

Ich habe um Errettung aus schwierigen Umständen gebetet, als erwartete ich, dass er alle meine Probleme wie römische Soldaten verjagt und sie sich zurückziehen.

benutzen, *mich* zu verändern. Geht es bei seinem Opfer auf Golgatha nicht eigentlich darum? Mich von meinen Sünden frei zu machen, damit ich ihm ähnlicher werden kann?

Bevor ich meinen Mantel in einer taumelnden Palmsonntagsparade vor ihm auf den Boden werfe, während ich von der Menge mitgerissen werde, muss ich vielleicht etwas sorgfältiger untersuchen, was Jesus wirklich gemeint hat, als er sagte: „In der Welt habt ihr Angst, aber lasst euch nicht entmutigen: Ich habe die Welt besiegt“ (Johannes 16,33).

Das letzte Abendmahl

Der Raum hat keinerlei Ähnlichkeit mit dem in da Vincis Gemälde. Wir sind eine schmale, steile Treppe zu dem Zimmer im Obergeschoss hinaufgestiegen, das so arrangiert ist, wie es beim letzten Abendmahl gewesen sein könnte. Der dunkle Raum hat kaum Fenster, und die schlichten Steinmauern sind kahl. Nur von Öllampen erleuchtet, wirkt es hier drin eher wie Abend denn wie Tag. Ein langer, niedriger Tisch steht in der Mitte des Zimmers, umgeben von Teppichen und Matten. Wir versammeln uns darum herum und lagern uns auf dem Boden, die Ellbogen auf den Tisch gestützt – etwas, wofür meine Mutter mich tadeln würde, aber nur so kann man hier bequem essen.

Zur Zeit Jesu hätten auf diesem Tisch die ganzen traditionellen Zutaten des Passahmahls gestanden: bittere Kräuter und Salzwasser, um an die Tränen und die Sklaverei zu erinnern; eine klebrige Masse namens *Charosset* als Symbol für ihre Arbeit mit Ziegeln und Mörtel; ungesäuertes Brot, um an den eiligen Aufbruch zu erinnern; und gebratenes Lamm als Erinnerung an das rettende Blut an ihren Türpfosten. Jesus und seine Jünger hatten von klein auf das Passahfest gefeiert, die gleichen Gerichte gegessen, die gleichen traditionellen Lieder gesungen und die vertrauten Passagen der Heiligen Schrift gelesen, und so war jedes Element dieser Mahlzeit ihnen vertraut. „Wie sehr habe ich mich danach gesehnt, mit euch das Passahmahl zu essen, bevor ich leiden muss“, sagte er. „Ihr sollt wissen: Ich werde das Passahmahl erst wieder in der neuen Welt Gottes mit euch feiern. Dann hat sich erfüllt, wofür das Fest jetzt nur ein Zeichen ist“ (Lukas 22,15-16). Er wollte den Jüngern noch seine letzten Lektionen mit auf den Weg geben, also mussten sie wichtig sein.

Als unsere Gruppe um den Tisch lagert, hat der Reiseleiter eine Überraschung für uns. „Wir werden einander die Füße waschen“, sagt er. Ich unterdrücke ein Stöhnen. Ich will meine Füße nicht in aller Öffentlichkeit entblößen, geschweige denn jemanden so nah daranlassen, dass er sie riechen kann. Ich bin den ganzen Vormittag in verschwitzten Schuhen gelaufen – und davor schon eine Woche in demselben Paar durch die Wüste gewandert. Ich werde mich zurücklehnen und zusehen.

Ich bin nicht die Einzige, die sich ziert. Das Ritual offenbart unseren sturen amerikanischen Individualismus. Wir wollen nicht, dass jemand uns einen so intimen Dienst erweist, unsere hässlichen Blasen sieht und den Dreck, den wir so sorgfältig verstecken. Und genauso wenig wollen wir die Warzen und die Hornhaut anderer Leute sehen. Sei so gut und behalte deine Unvollkommenheit und Wunden für dich.

Wenn ich schon mit bockigem Stolz und Unbehagen reagiere, wie müssen die Jünger sich gefühlt haben, als Jesus verkündete, er würde ihnen die Füße waschen?

Wenn ich schon mit bockigem Stolz und Unbehagen reagiere, wie müssen die Jünger sich gefühlt haben, als Jesus verkündete, er würde ihnen die Füße waschen? Man stelle sich vor, wie sie ihn ungläubig angestarrt haben, als er seinen Mantel auszog und wie ein Diener gekleidet die niedere Arbeit tat, Wasser ins

Haus zu schleppen, und sich dann hinkniete und die Aufgabe eines Sklaven übernahm. Die Jünger waren den ganzen Tag auf staubigen Straßen gelaufen, durch Dreck und Dung. Keiner von ihnen hatte Anti-Schweiß-Spray in den Sandalen. Keiner von ihnen war vorher bei der Pediküre gewesen. Petrus verschränkte die Arme und schüttelte trotzig den Kopf. „Niemals sollst du mir die Füße waschen!" (Johannes 13,8) Er traute sich, Jesus einen Korb zu geben?

Zu knien und einem anderen zu dienen, ist eine Erfahrung, die mich mit Demut erfüllt.

Mache ich den gleichen Fehler?

Ich finde mich selbst in der Reaktion von Petrus wieder und überlege es mir anders. Ich füge mich in das Ritual, weil ich weiß, dass ich hier vielleicht eine wichtige Lektion lernen kann.

„Tut euch mit jemandem zusammen, den ihr nicht kennt", gibt der Reiseleiter die Anweisung, „und nicht mit einem Angehörigen oder Freund." Ich knie mich vor eine Frau, die ich kaum kenne, und ziehe ihr die Schuhe aus. Dann bade ich ihre Füße in einer Schüssel mit Wasser. Als ich fertig bin, wäscht sie mir die Füße. Es ist eine Erfahrung, die mich mit Demut erfüllt, zu knien und einem anderen zu dienen, und noch mehr, selbst bedient zu werden. Doch genau das ist es, was Jesus den Jüngern sagen wollte. Wir müssen verletzlich und ehrlich miteinander und ihm gegenüber sein. Er kennt ohnehin alle unsere Warzen, warum bringen wir sie dann nicht ans Tageslicht und erlauben ihm, uns reinzuwaschen? Und die Hände, die er dazu benutzt, gehören meinen Mitchristen, seinem Leib.

„Versteht ihr, was ich eben getan habe?", fragte Jesus, als er fertig war. „Wie ich, euer Meister und Herr, euch jetzt die Füße gewaschen habe, so sollt auch ihr euch gegenseitig die Füße waschen" (Johannes 13,12.14). Die Jünger sollen ihren Herrn beobachten und sein Verhalten nachahmen, nicht nur seine Worte nachplappern. Wenn er selbst demütig genug war, um die Rolle eines Dieners anzunehmen, dann muss ich das auch tun. Und wenn er mir sagt, ich soll die Schuhe ausziehen und aufhören, den Schmutz und die Hässlichkeit zu verbergen, damit meine Gemeindefamilie mir helfen kann, rein zu werden, wie kann ich es dann wagen, die Arme zu verschränken und trotzig den Kopf zu schütteln?

Mir wird bewusst, dass Jesus auch Judas die Füße gewaschen haben muss. Ich erinnere mich an eine Gelegenheit, bei der ich mich von den Worten und Taten einer anderen Christin sehr verletzt und verraten gefühlt habe, aber wenn ich dem Beispiel Jesu folgen will, dann müsste ich ihr verzeihen. Und nicht nur das, ich müsste ihr dienen. Ich kann beides nicht aus eigener Kraft, sondern nur mit seiner Hilfe.

> *Wenn Jesus demütig genug war, um die Rolle eines Dieners anzunehmen, dann muss ich das auch tun.*

Während wir wieder um den Tisch herum Platz nehmen, durchbohren die abschließenden Worte Jesu mein Herz: „Wenn ihr das begreift und danach handelt, wird man euch glücklich schätzen“ (Johannes 13,17).

Und ich verpasse ein wunderbares Geschenk, wenn ich es nicht tue.

Abendmahl

Ein richtiges Passahmahl ist eine ausgedehnte Feier, die bei Sonnenuntergang beginnt und bis tief in die Nacht hinein dauert. Wir können die Tiefe dieser Feier nicht in einer einzigen Stunde nachspüren, aber unser Reiseleiter lässt uns an einigen besonderen Momenten teilhaben. Für Jesus und seine Nachfolger war dieses Mahl ein Gedenken an ihren Bund mit Gott und an die

Befreiung aus der Sklaverei in Ägypten. Aber als Jesus es am Abend vor seiner Kreuzigung mit seinen Jüngern feierte, machte er Brot und Wein, die traditionell beim Passahfest gereicht wurden, zu unserer Gedenkfeier, indem er seinen neuen Bund und unsere Befreiung aus der Sklaverei der Sünde feierte. Jedes Mal, wenn wir von seinem Leib und Blut zu uns nehmen, bestätigen wir, dass wir seine Jünger sind und dass wir tun werden, was der Herr uns sagt, anstatt unseren eigenen dickköpfigen Wünschen zu folgen.

Wenn wir hier in diesem Raum ein ganzes Passahmahl einnehmen würden, gäbe es im Laufe des Abends vier Becher Wein. Jeder Becher steht für eine der vier Verheißungen, die Gott dem Volk Israel bei jenem ersten Passahfest in Ägypten zusagte (2. Mose 6,6). Die erste lautet: „Ich will euch von eurer schweren Arbeit erlösen", die zweite: „und euch von der Unterdrückung durch die Ägypter befreien". Und der dritte Becher ist es, bei dem Jesus, so glaube ich, trank, während er sagte: „Dies ist mein Blut, mit dem der neue Bund zwischen Gott und den Menschen besiegelt wird. Es wird für euch zur Vergebung der Sünden vergossen" (Lukas 22,20). Er steht für das Versprechen: „Euch aber werde ich retten." Nach dem Passahmahl, einige Stunden später, würde seine Erlösung beginnen.

Jedes Mal, wenn wir von seinem Leib und Blut zu uns nehmen, bestätigen wir, dass wir tun werden, was der Herr uns sagt, anstatt unseren eigenen dickköpfigen Wünschen zu folgen.

Es bleibt noch ein vierter Becher, aber Jesus sagte: „Von jetzt an werde ich keinen Wein mehr trinken, bis die neue Welt Gottes gekommen ist" (Lukas 22,18). Diesen letzten Becher trank er, als er einen Schluck Wein nahm, als er am Kreuz litt, um die letzte Verheißung zu erfüllen: „Ich nehme euch als mein Volk an" (2. Mose 6,7). Dann verkündete er: „Es ist vollbracht!" (Johannes 19,30)

Während der Reiseleiter die Passahtraditionen erklärt, staune ich im Stillen darüber, wie gründlich Gott die Geschichte von der Erlösung durch Christus in diesen Ritualen verwurzelt hat: dass drei Portionen ungesäuertes Brot in ein Tuch geschlagen werden, dann das mittlere Stück herausgenommen, in zwei Stücke gebrochen und für eine Weile versteckt wird; dass es später mit Silberbesteck wieder hervorgeholt und von dem Gastgeber in kleine Stücke gebrochen wird, die um den Tisch gereicht werden. „Dies ist mein Leib, der für euch gegeben wird“ (Lukas 22,19).

Niemandem, der dieses Mahl Jahr für Jahr feierte, konnte dieser reiche Symbolismus entgehen, vor allem als Christus das Passahmahl vor ihren eigenen Augen durchlebte und am Kreuz in genau der Stunde starb, in der das Passahlamm des Volkes im Tempel geopfert wurde. Und trotzdem begriffen die Jünger es am Anfang nicht. Sie hatten sich ihr eigenes Bild gemacht, wie der Messias sein und was er tun würde, und als sein grausamer Tod diese Bilder zunichtemachte, schien auch ihr Leben zu Ende zu sein. Aber wie unendlich viel besser sein Heil doch ist als das, was ihr beschränkter Verstand sich vorstellen konnte!

Ich habe auch Bilder davon erschaffen, wie mein Leben aussehen und wie Gott meine Gebete erhören sollte. Ich gestehe, dass ich wütend auf Gott bin, wenn ich diese zerbrochenen Träume in der Hand halte. Und doch waren seine Antworten auf meine Gebete am Ende immer besser als alles, was ich hätte planen können. Immer. Selbst wenn die Antwort Nein lautete.

Seine Antworten auf meine Gebete waren am Ende immer besser als alles, was ich hätte planen können. Selbst wenn die Antwort Nein lautete.

Das traditionelle Passahmahl endet mit Singen und Gebet. Das abschließende Gebet Jesu ist uns in Johannes 17 überliefert. Erstaunlicherweise betete er an jenem Abend für seine Jünger und für uns. Er betete für unsere Bewahrung und Segen und Gemeinschaft: „Genau so sollen auch sie ganz eins sein. Und die Welt wird erkennen, dass du mich gesandt hast" (V. 23).

Das Passahmahl endete. „Nachdem sie das Danklied gesungen hatten, gingen sie hinaus an den Ölberg" (Markus 14,26). Bevor der Freitag mit dem Sonnenuntergang zu Ende ging, würde einer seiner Jünger ihn verraten. Die anderen würden voller Angst fliehen. Petrus würde dreimal leugnen, dass er Jesus überhaupt kannte, geschweige denn einer seiner Jünger war. Jesus würde an einem Kreuz sterben.

Wir sollen uns auf Gottes Pläne verlassen, wenn wir beten, anstatt ihm zu sagen, was er zu tun hat.

An dem niedrigen Tisch zu sitzen, ist unbequem, weil ich den harten Boden und die noch härteren Lektionen nicht gewöhnt bin. In einem Raum wie diesem hier, an einem Abend, an dem die Freiheit und Gottes wundersame Errettung gefeiert wurden, lehrte Jesus, was es heißt, sein Jünger zu sein. Wir sollen einander dienen – und das bedeutet, dass ich meinen Stolz und meine Unabhängigkeit herunterschlucke und meiner Gemeindefamilie meine Verletzungen und Zweifel und Ängste zeige. Wir sollen uns auf Gottes Pläne verlassen, wenn wir beten, anstatt ihm zu sagen, was er zu tun hat. Und wir sollen eines Herzens und Sinnes sein als Zeugen in einer ungläubigen Welt.

Judas aß das Mahl des Bundes. Er nannte sich Jünger und ließ sich von Jesus die Füße waschen. Er küsste ihn sogar zur Begrüßung, so wie ein treuer Jünger es tun würde. Aber sein Handeln strafte seine Worte Lügen. Die anderen Jünger versprachen ebenfalls, ihm zu folgen, aber im entscheidenden Augenblick flohen sie in alle Himmelsrichtungen und leugneten, ihn zu kennen. Beim Abendmahl trinke auch ich aus dem Kelch des neuen Bundes und nenne ihn Herr, aber verrät oder verleugnet mein Verhalten ihn?

Wir verlassen den schummrigen Raum und gehen hintereinander die Treppe hinunter, um nach draußen in die Sonne zu treten. Meine Füße sind vielleicht sauber, aber ich fühle mich unangenehm bloßgestellt. Es scheint mir viel zu einfach, mich leichtfertig als Jüngerin Jesu zu bezeichnen – und deutlich schwieriger, als ich dachte, diesem Namen gerecht zu werden.

Gethsemane

Als das Passahmahl mit Jesus und den Jüngern an diesem Abend endete, ging er mit ihnen im Dunkeln den Berg hinunter und quer durch Jerusalem. Während sie auf dem Weg an anderen Häusern vorbeikamen, hörten sie wahrscheinlich Lachen und Singen, das durch die offenen Fenster drang, hinter denen Juden in der ganzen Stadt mit ihren Familien feierten. Vor den Stadtmauern durchquerte er das schmale Kidrontal zum Garten Gethsemane an den unteren Hängen des Ölbergs.

Eine große Kirche beherrscht den Ort, an dem Jesus der Tradition nach am Abend vor seiner Kreuzigung seine qualvollen Gebete gesprochen hat, aber unser Reiseleiter führt uns zu einem privaten Olivenhain hinter der Kirche. Ein israelischer Gärtner öffnet unserer Gruppe mit der Astschere in der Hand das Tor zu dem von einer Mauer umgebenen Grundstück und schließt es hinter uns wieder, sodass der Lärm und die Geschäftigkeit des modernen Jerusalems etwas gedämpft sind. Man kann sich gut vorstellen, dass der Garten, in dem Jesus betete, auch so friedvoll war, während die Stadt und seine unglückseligen Jünger schliefen. Ihre Müdigkeit ist verständlich. Sie haben gerade eine üppige Mahlzeit verzehrt und die vier erforderlichen Becher Wein getrunken, und das in einer Feier, die selten vor Mitternacht endet. Da wäre ich auch schläfrig.

Seit Jahrhunderten gedeihen Olivenbäume an diesem Westhang des Ölbergs, und das tun sie heute noch. Die alten Bäume sind nicht sehr groß, ungefähr so hoch wie ein Apfelbaum, aber die knorrigen Stämme der ältesten Exemplare sind so dick wie ein Fass. An diesem Wintertag hängen keine Früchte an den Ästen, da Oliven im Herbst geerntet werden, aber die schmalen silbrig grünen Blätter bleiben das ganze Jahr an den Zweigen.

Genau gegenüber von uns, auf der anderen Seite des Kidrontals, ist der Berg, auf dem einst Gottes Tempel stand. Als Jesus von seinem Gebet aufblickte, sah er vielleicht das goldene Dach des Tempels im Mondlicht schimmern. Juden aus der ganzen damals bekannten Welt versammelten sich dort, um zu beten und zuzusehen, wie die Priester jeden Morgen und Abend Lämmer opferten. Da das Feuer auf dem Altar die ganze Nacht hindurch brannte, könnte Jesus auch den Duft des Abendopfers gerochen haben, während er betete.

Unser Reiseleiter erklärt, dass Gethsemane „Ölpresse" bedeutet; Christus betete im Garten der Ölpresse. Für die alttestamentlichen Gottesdienste waren große Mengen Olivenöl notwendig, um die Opfer zu verbrennen und die goldenen Lampen in der Tempelhalle unaufhörlich leuchten zu lassen. Um das kostbare Öl zu gewinnen, wurden die Oliven zuerst zerquetscht und dann unter schweren Steinen ausgepresst. Unser Reiseleiter hebt eine Olive, die unter einem der Bäume liegt, auf und zerdrückt sie in der Hand. Der erste Saft, der herausquillt, hat die rötlich braune Farbe von Blut.

In der Nacht, als Jesus hier betete, war er kurz davor, zerbrochen und zerquetscht zu werden, erdrückt von der ungeheuren Last unserer Sünde. Sein Schweiß war wie große Blutstropfen, als er unter den raschelnden Ästen der Olivenbäume betete: „Vater, wenn es möglich ist, bewahre mich vor diesem Leiden. Aber nicht was ich will, sondern was du willst, soll geschehen" (Lukas 22,42). Nachdem er uns diesen Bibelvers vorgelesen hat, lädt unser Reiseleiter uns ein, einen Ort im Garten zu suchen, um zu beten, jeder für sich. Wir verteilen uns und ich sehe einen großen Stein, auf den ich mich setzen kann.

Während unser Reiseleiter uns den Bibeltext vorlas, beobachtete ich, wie der Gärtner schweigend seine Arbeit verrichtete und die Bäume, für die er zuständig war, beschnitt. Aber er schnitt nicht nur einen oder zwei tote Zweige ab, ein bisschen hier, ein bisschen da. Dieser Mann hackte erbarmungslos auf die Bäume ein. Während ich zusah, wie er die armen Bäume verstümmelte, hätte ich am liebsten gerufen: „Hören Sie auf! Das ist zu viel! Sie bringen sie noch um!"

In der Nacht, als Jesus hier betete, war er kurz davor, zerbrochen zu werden, erdrückt von der ungeheuren Last unserer Sünde.

Ich gebe zu, dass ich vom Gärtnern nicht viel verstehe. Wenn ich die Büsche bei mir zu Hause schneide, bin ich viel zu nachsichtig, weil ich Angst habe, einen teuren Baum oder Strauch zu beschädigen. Vielleicht sieht der Apfelbaum vor meinem Arbeitszimmerfenster deshalb so verwachsen und ungepflegt aus und mein Flieder blüht schon seit Jahren nicht mehr. Trotzdem ging dieser Gärtner meiner Meinung nach zu weit, als er die Äste abtrennte, als hätte er ein persönliches Hühnchen mit den Bäumen zu rupfen. Der Haufen abgeschnittener Äste auf dem Boden sah größer aus als die Menge der Äste, die noch an den Stämmen blieben. Vielleicht wollte er die Stämme auch noch roden, wenn er fertig war, dann den Hain abholzen und etwas ganz anderes anpflanzen. Aber nein, dies sei der übliche Winterschnitt, hat unser Reiseleiter mir versichert, als ich ihn fragte.

Etwa eine Stunde bevor Jesus hier am Abend seiner Verhaftung betete, hatte er das Passahmahl mit seinen Jüngern gegessen. Die lange Mahlzeit gab ihm die Gelegenheit, ihnen seine letzten Unterweisungen mit auf den Weg zu geben – die letzte Übungsstunde vor der Abschlussprüfung, bei der sie auf sich allein gestellt sein würden. Eine dieser letzten Lektionen war: „Ich bin der wahre Weinstock, und mein Vater ist der Weingärtner. Alle Reben am Weinstock, die keine Trauben tragen, schneidet er ab. Aber die Frucht tragenden Reben beschneidet er sorgfältig, damit sie noch mehr Frucht bringen“ (Johannes 15,1-2). Während ich zusah, demonstrierte der israelische Gärtner die Lektion Jesu. Es stimmt, die toten, unfruchtbaren Äste mussten abgeschnitten werden. Aber er stutzte auch die gesunden, fruchtbringenden Äste zurück, damit sie noch mehr Früchte tragen – vorausgesetzt, die Bäume überlebten das Massaker, dachte ich im Stillen.

Im vergangenen Jahr habe ich Gott so oft hinterfragt, als ich mit Verlusten und Veränderungen zu kämpfen hatte, die in meinen Augen zu tiefe Einschnitte bedeuteten. Selbst einige der fruchtbringenden Äste in meinem Leben wurden gnadenlos abgehauen. Ich habe mich so verwundet und verstümmelt gefühlt wie diese gekappten Bäume, als ich Teile von mir verlor. „Hör auf!“, hätte ich am liebsten gerufen: „Du schneidest zu viel ab! Es bleibt ja nichts mehr übrig!“ Aber jetzt sehe ich, dass Gott, wie dieser Gärtner, weiß, was er tut. Diese Olivenbäume werden in der nächsten Saison noch mehr Frucht tragen. Und das werde ich im Glauben auch.

> *Die toten, unfruchtbaren Äste mussten Abgeschnitten werden. Aber er stutzte auch die gesunden, fruchtbringenden Äste zurück, damit sie noch mehr Früchte tragen.*

Der Gärtner bückt sich, um die herumliegenden Äste aufzusammeln und wegzutragen, damit sie verbrannt werden. Ich weiß: wenn ich im nächsten Herbst hierher zurückkehren könnte, würde ich sehen, dass die übrig gebliebenen Äste von der reichen Olivenernte niedergedrückt werden. Es ist nicht das erste Mal, dass der Gärtner diese Bäume radikal zurückgeschnitten hat, und es wird ganz sicher nicht das letzte Mal sein. Der Zyklus soll weitergehen, Jahr für Jahr: Rückschnitt, Wachstum, Frucht, Öl und wieder Rückschnitt. „Wenn ihr viel Frucht bringt und euch so als meine Jünger erweist, wird die Herrlichkeit meines Vaters sichtbar“ (Johannes 15,8).

Nur in unseren ungeschulten Augen sieht es zu brutal aus, wenn Gott in unserem Leben etwas entfernt. Er fordert uns auf, es geduldig zu ertragen, zu unserem eigenen Besten, und darauf zu vertrauen, dass überreiche Frucht zu seiner Ehre die Folge sein wird. Möge mein Gebet sein: „Nicht mein, sondern dein Wille geschehe.“

Jahr für Jahr: Rückschnitt, Wachstum, Frucht, Öl und wieder Rückschnitt. Nur in unseren ungeschulten Augen sieht es zu brutal aus, wenn Gott in unserem Leben etwas entfernt.

Das Haus des Hohenpriesters

Der Blick vom Haus des Hohenpriesters aus ist umwerfend. Kaiphas hatte den Reichtum und die Macht und den Einfluss, um ein Haus auf einem der vielen Hügel der Stadt zu haben, von wo aus er die umliegenden Berge und Täler im Blick hatte. Der helle Sandstein von Gottes heiligem Tempel muss in der Ferne geleuchtet haben, das goldene Dach in der Sonne gefunkelt. Wir sind mit dem Bus vom Garten Gethsemane hierher gefahren, aber nach seiner Verhaftung war Jesus gezwungen, diesen Weg zu Fuß im Dunkeln zurückzulegen, gefesselt und vorwärtsgestoßen von den Tempelwachen. Seine treuen Jünger waren geflohen und hatten sich zerstreut.

Natürlich steht jetzt eine Kirche an dieser Stelle, aber die lange Steintreppe, die den Hügel von der Straße aus hinaufführt, stammt aus dem ersten Jahrhundert. Ich kann gehen, wo Jesus mit Sicherheit gegangen ist – falls ich tatsächlich zu dem Ort will, an dem sein unfairer Prozess stattfand; wenn ich die falschen Anschuldigungen hören will, die man ihm an den Kopf warf; oder den ungerechten Schuldspruch miterleben: „Er ist des Todes schuldig.“

In der Kirche steigen wir erneut eine Treppe hinunter in ein feuchtes, kaltes Verlies, hinter Kaiphas' Haus in den Fels gehauen. Eisenringe sind in die Steinwände eingelassen und verhinderten die Flucht der Gefangenen. Wieder wird mir die Authentizität dieses Ortes bewusst. Ich gehe auf den Spuren Jesu, der hier in Haft saß und auf seinen Prozess vor dem Sanhedrin wartete. Ohne Vorwarnung schaltet unser Reiseleiter das Licht aus und wir stehen im Dunkeln. Jesus, das Licht der Welt, saß in völliger Dunkelheit, angekettet und zusammengeschlagen. Für mich.

Ich bin froh, wieder in den Hof hinauszukönnen, aber meine Erleichterung hält nicht lange vor. Dies ist der Ort, an dem Petrus, früher ein treuer Nachfolger, dreimal leugnete, Jesus auch nur zu kennen. Er schwor sogar einen Eid darauf. Während er sich mit den anderen um das Feuer drängte, um der dunklen, ungewissen Nacht zu entfliehen, hatte er keine Ahnung, wie diese Krise in seinem Leben enden würde. Er sah nur, dass der Mann, dem er gefolgt war und dem er als seinem Messias vertraut hatte, jetzt in einem Verlies saß. Die religiöse Bewegung, an die er geglaubt hatte und für die er seinen Beruf aufgegeben hatte, war zusammengebrochen, und es bestand durchaus die Chance, dass Petrus selbst auch verhaftet wurde. Jesus hatte gesagt, er würde verraten werden und leiden und sterben und dann am dritten Tag auferstehen. Aber Versprechen haben die Eigenart, sich in Luft aufzulösen, fortgeweht von dem starken Wind der Angst, wenn wir

Jesus, das Licht der Welt, saß in völliger Dunkelheit, angekettet und zusammengeschlagen. Für mich.

in Schwierigkeiten und Ungewissheit geraten. Petrus musste Jesajas Prophezeiung vergessen haben: „Alle Menschen kennen den Herrn, das Wissen um ihn erfüllt das Land wie Wasser das Meer“ (Jesaja 11,9).

Wie Petrus habe auch ich Worte des Verrats geäußert, als meine Angst lauter war als mein Glaube, und dem Sinn nach gesagt: „Ich kenne Jesus nicht!“ Als die Dunkelheit das Licht seines Wortes auslöschte, zweifelte ich daran, dass seine Verheißungen für mich jemals wahr werden würden. Ich habe vielleicht meine Leugnung nicht auf einem öffentlichen Platz hinausposaunt, aber immer wenn ich der Angst und Sorge nachgebe, leugnet meine Seele die Macht und die Verheißungen Christi. Ja, ich verstehe jetzt, wie Petrus sich gefühlt haben muss, als er in jener Nacht hier stand.

Wie Petrus habe auch ich Worte des Verrats geäußert, als meine Angst lauter war als mein Glaube.

In der Ferne höre ich Gesang und einen Augenblick später erscheint eine Gruppe afrikanischer Touristen in ihren bunten Dashikis und Turbanen in der Kirchentür. Sie singen und klatschen und loben Gott, und auch wenn ich ihre Sprache nicht verstehe, erkenne ich Lobpreis und Freude und den Namen *Jesu*. Hätte Petrus sich in jener dunklen, hoffnungslosen Nacht träumen lassen, dass eines Tages der Lobgesang seiner afrikanischen Brüder und Schwestern diesen Hof erfüllen würde? Ich glaube nicht. Unsere Vorstellungskraft ist zu begrenzt, unser Glaube zu klein. Aber hier sind sie, Männer und Frauen Gottes genau wie Petrus, Jünger Jesu von einem anderen Kontinent.

Eine der letzten Verheißungen Christi an Petrus – und an uns – lautete: „Ihr dürft sicher sein: Ich bin immer bei euch, bis das Ende dieser Welt gekommen ist!“ (Matthäus 28,20) Wenn ich nur dunkle Nacht und einen schummrigen Hof sehen kann, wenn die Angst anfängt, Worte des Verrats zu flüstern, dann kann ich mich an das Versprechen Christi klammern. Bei ihm sind die Dinge nie so, wie sie scheinen.

Golgatha

Unsere Reise durch die Karwoche geht weiter, während wir durch die schmalen Straßen der Jerusalemer Altstadt schlendern. Die Via Dolorosa, der Leidensweg, ist für uns markiert und zeigt uns den Weg, den Jesus zum Kreuz zurücklegte. Es fällt mir schwer, darüber nachzudenken, wie dieser letzte Gang gewesen sein muss, während ich dem Gedränge von Menschen und Fahrzeugen auszuweichen versuche. In der Bibel heißt es, dass die führenden Priester Jesus zuerst zwangen, im Morgengrauen den Tempelberg bis zur Antonia-Festung hinaufzusteigen und dann vor Pilatus zu erscheinen. Um neun Uhr morgens hatten sie ihn bereits brutal ausgepeitscht und verspottet und geschlagen und vor die Stadtmauern geführt, um ihn zu kreuzigen. Zu der Zeit, als er ans Kreuz genagelt wurde, opferten die Tempelpriester gerade das morgendliche Lamm für die Sünden des Volkes. Als sein lebloser Körper vor Sonnenuntergang desselben Tages vom Kreuz abgenommen wurde, brachten die Priester im Tempel das Abendopfer dar.

> *Wenn ich nur dunkle Nacht und einen schummrigen Hof sehen kann, dann kann ich mich an das Versprechen Christi klammern. Bei ihm sind die Dinge nie so, wie sie scheinen.*

Und so kommen wir nun nach Golgatha. Nach der Tradition, die Tausende von Jahren alt ist, befinden sich sowohl der Hügel, auf dem Jesus gekreuzigt wurde, als auch das Grab im Garten, in dem er bis zu seiner Auferstehung lag, innerhalb der Mauern der Grabeskirche. Zur Zeit Jesu lag der Ort außerhalb der Stadtmauern, aber jetzt befindet er sich innerhalb der Mauern der Altstadt, in der Nähe des arabischen Basars. Die formlose, fensterlose Kirche wirkt mit ihren fleckigen, ungleichmäßigen Steinen von außen nicht sehr vielversprechend, ganz und gar nicht wie die hoch aufragenden Kathedralen, die ich in Europa gesehen habe. Ihr Alter und die Tatsache, dass die Menschen sich seit Jahrhunderten wegen dieser Kirche bekämpfen, sind wahrscheinlich für ihr äußeres Erscheinungsbild verantwortlich, weil die festungsähnlichen Gebäude mehrere Male wiederaufgebaut und niedergerissen, gewonnen und wieder verloren wurden.

Wir betreten die Kirche durch einen bogenförmigen Eingang und befinden uns plötzlich in einer anderen Welt. Dieser heilige Ort wurde in Tausenden von Jahren christlicher Ergebenheit vergoldet und poliert und verziert, und ich habe das Gefühl, dass ich mich in dem funkelnden Durcheinander kaum bewegen kann. Der Schmuck einer überladenen Religion scheint mich zu erdrücken: glänzendes Silber und Bronze, gestickte Wandbehänge, flackernde Kerzen, der übermächtige Geruch von Weihrauch, Priester in wehenden Gewändern, Marmorstatuen. Zu sagen, dass der Ort nicht länger einer Hinrichtungsstätte oder einem Friedhof ähnelt, ist die Untertreibung des Jahrhunderts.

Ich stelle mich an, um eine kurze Treppe zu der Stelle hinaufzusteigen, wo damals angeblich das Kreuz stand, aber als ich dort ankomme, kann ich mir bei dem ganzen Prunk das Leiden Christi überhaupt nicht vorstellen. Ein Mann in brauner Robe stößt mich und die anderen Touristen an, damit wir weitergehen. Ich warte wieder in der Schlange, um in ein eckiges Steindenkmal hineinzublicken, das Einzige, was von dem Felsen, in den das geliehene Grab gehauen war, noch übrig ist. Leer oder nicht, es erinnert gar nicht mehr an ein Grab. Da ich mich zu keiner der religiösen Traditionen, die hier vertreten sind, zugehörig fühle, muss ich zugeben, dass es mir schwerfällt, ein Gefühl von Ehrfurcht oder ein Staunen oder sonst irgendetwas zu empfinden, das ich hier erwartet hatte.

Unser Reiseleiter, ein jüdischer Christ, findet es auch schwierig sich vorzustellen, wie Golgatha und das leere Grab ausgesehen haben könnten, wenn man diese Kirche besichtigt. Er bietet an, uns zu einem Ort zu bringen, an dem wir uns eher ausmalen können, wie das alles vor zweitausend Jahren ausgesehen haben könnte. Also gehen wir und laufen wieder durch die engen Altstadtstraßen bis zum arabischen Markt. Gleich darauf sind wir zusammengepfercht mit in schwarze Gewänder gehüllten muslimischen Frauen und Souvenirverkäufern, die ihre Waren anpreisen. Die aggressiven Rufe der Ladenbesitzer klingen zornig: „Gucken! Kaufen! Kaufen! Ein Schekel!"

„Gehen Sie weiter, bleiben Sie nicht stehen", sagt unser Reiseleiter.

Man hat uns gewarnt, uns vor Taschendieben in Acht zu nehmen, und so beschleunige ich meine Schritte, bis wir schließlich die Altstadt durch das Damaskustor verlassen. Wir sind jetzt im muslimischen Teil des modernen Jerusalems, und obwohl die Straßen hier breiter sind, quellen sie immer noch vor Menschen und Verkehr über, und alle scheinen in Eile zu sein. Ich möchte dem Lärm und der Enge entfliehen, aber unser Reiseleiter fordert uns an einer geschäftigen Straßenecke auf, stehen zu bleiben.

„Hier!", sagt er und zeigt auf das Treiben um uns herum. „Hier, an einem ganz öffentlichen Ort wie diesem, vor den Stadtmauern – an einem solchen Ort haben die Römer Christus gekreuzigt. Sie haben ein öffentliches Schauspiel aus den verurteilten Männern gemacht, haben sie in ihrer Schande hoch aufgestellt, dem Spott der Passanten ausgesetzt." Während eines Pilgerfestes wie dem Passahfest müssen die Straßen hier dem Times Square in New York an Silvester geähnelt haben.

Ich kann den Gedanken, dass Christus an einer Straße wie dieser ans Kreuz genagelt wurde, nicht ertragen – nackt und verwundbar, leidend und sterbend, während die Leute vorbeieilten, desinteressiert und mitleidlos. Sie blieben höchstens stehen, um ihn zu verhöhnen. Die Worte „Er trug unsere Schuld" bekommen eine neue Bedeutung für mich. Ich neige den Kopf und fühle mich unwürdig, überwältigt von der Liebe, die ihm den Tod gebracht hat.

Wir gehen ein, zwei Häuserblocks weiter, einen kleinen Hügel hinauf, bis wir den Eingang zu einem ummauerten Garten erreichen. Dieser friedvolle Hain mit Bäumen enthält ein Grab aus dem ersten Jahrhundert im Originalzustand, und hier kann ich mir die biblischen Ereignisse viel besser vorstellen. Ob dies der tatsächliche Schauplatz ist oder nicht, spielt dabei keine Rolle.

Wir gehen zum Ende des Parks, um den zerklüfteten, naturbelassenen Felsen zu betrachten, der Teil dieses Hügels ist, und wir sehen, dass dort das dem Wetter ausgesetzte Gestein die Züge eines Schädels trägt. Während wir uns in einer ruhigen Ecke versammeln, um das Abendmahl zu feiern, höre ich Stimmen und Gesang. Reisegruppen aus aller Welt sitzen in kleinen Höhlen und feiern ebenfalls zusammen das Abendmahl. Sie singen Lieder in verschiedenen Sprachen – Deutsch, Koreanisch, Italienisch und andere, die ich nicht identifizieren kann. Einige der Melodien klingen vertraut, auch wenn die Sprache es nicht ist, aber ich brauche keinen Dolmetscher, um zu verstehen, was gesagt wird: „Dies ist mein Leib, für euch gebrochen; mein Blut, für euch vergossen." Ich sitze in dem Teil des Gartens, der für unsere Gruppe reserviert ist, und kann meine Tränen nicht zurückhalten, während ich am Leib und Blut Christi teilhabe, umgeben von den bunten Geräuschen der Anbetung.

Danach kommen wir endlich zu dem schmucklosen Grab, das aus der Zeit Christi stammt. Es erinnert an eine zerklüftete Höhle, die in den Felsen gehauen wurde. Neben der Graböffnung steht eine riesige flache Steinscheibe, die vor die Öffnung gerollt werden kann, um sie zu verschließen. Der Stein ist weggerollt. Das Grab ist leer. So müssen die Frauen, die an jenem ersten Ostermorgen, dem letzten Tag des Passahfestes, zum Grab kamen, es gesehen haben. Der riesige runde Stein, der vorher den Eingang versiegelt hatte, war beiseitegerollt. Auf dem schmalen Felspodest im Inneren des Grabes lagen nur die abgelegten Tücher.

Das Passahfest besteht aus drei separaten Festen: dem Passahfest, dem Fest der ungesäuerten Brote und dem Fest der Erstlingsfrüchte. Da jüdische Tage von Sonnenuntergang bis Sonnenuntergang gehen, aß Jesus das traditionelle Passahmahl mit seinen Jüngern, wurde dann verhaftet, verurteilt und gekreuzigt, alles während des Passahfestes. Sobald die Sonne untergegangen war, begann das zweite Fest, das Fest der ungesäuerten Brote. Zu Beginn dieses Festes wurde Jesus ins Grab gelegt und die Öffnung des Grabes wurde mit einem schweren Stein verschlossen.

Während dieses zweiten Festes schwenken die Gläubigen Weizengarben, während sie Gott dafür danken, dass die Erde ihnen Brot schenkt. Sie erinnern an das Manna, mit dem er sie in der Wüste versorgt hat, dem „Brot“, das es umsonst gab und von dem genug da war, sodass alle ihre Bedürfnisse gestillt waren, während sie sich im Glauben versammelten. „Ich bin das Brot des Lebens“, sagte Jesus. „Ich sage euch die Wahrheit: Ein Weizenkorn, das nicht in den Boden kommt und stirbt, bleibt ein einzelnes Korn. In der Erde aber keimt es und bringt viel Frucht, obwohl es selbst dabei stirbt“ (Johannes 12,24). Ich bezweifle, dass seine Jünger oder seine Mutter oder irgendjemand sonst sich an diese Worte erinnerte, als sie zusahen, wie er am Fest der ungesäuerten Brote begraben wurde.

Wenn ein Weizenkorn erst einmal im Boden liegt, ist es unsichtbar, und so konnten die Jünger nicht sehen – oder sich vorstellen –, was für eine große Ernte Gott bald einbringen würde.

Der Sabbat begann ebenfalls bei Sonnenuntergang an jenem

Karfreitag, deshalb mussten die jüdischen Nachfolger Jesu zu ihren Häusern gehen und von ihrer Arbeit ruhen, anstatt seinen Leichnam zu salben oder an seinem Grab zu klagen. Ich stelle mir vor, wie sie zusammenhockten, trauernd, außerstande, Dinge zu tun wie Feuer zu machen oder etwas zu essen zuzubereiten oder mehr als ein kurzes Stück zu gehen. Ich stelle mir vor, wie sie warteten und sich völlig hilflos fühlten. So hilflos, wie ich es bin, wenn es darum geht, mich selbst zu retten. So hilflos wie ich, irgendetwas zu tun, um meine Sünde von mir zu nehmen und mich wieder mit Gott zu versöhnen. Für die Jünger muss dieser lange Sabbat ein Tag des Kummers und der Katastrophe gewesen sein. Wenn ein Weizenkorn erst einmal im Boden liegt, ist es unsichtbar, und so konnten sie nicht sehen – oder sich vorstellen –, was für eine große Ernte Gott bald einbringen würde. Aber während ich hier in diesem Garten in das leere Grab schaue und dann wieder in den Sonnenschein hinaustrete, bin ich von Beweisen für diese Ernte umgeben, weil Christen aus aller Welt in Dutzenden Sprachen Gott loben und Leib und Blut Christi miteinander teilen.

Der erste Ostermorgen vor zweitausend Jahren fiel auf das Fest der Erstlingsfrüchte

Der erste Ostersonntag vor zweitausend Jahren fiel auf den dritten Feiertag während des Passahfestes, das Fest der Erstlingsfrüchte. An diesem Tag nahmen die Gläubigen die allerersten Garben Korn von ihren Feldern und brachten sie Gott als Opfer dar. Bis zur vollen Ernte würde es noch einige Wochen dauern, aber sie gaben Gott das Erste und Beste ihrer Ernte in dem Vertrauen darauf, dass er ihnen noch mehr schenken würde. Das Fest der Erstlingsfrüchte wird immer an einem Sonntag gefeiert, unabhängig davon, auf welchen Tag das Passahfest und das Fest der ungesäuerten Brote fallen. Da das Passahfest den Mondphasen folgt, liegen die drei Feste nur gelegentlich an drei aufeinanderfolgenden Tagen. Aber in Gottes vollkommenem Zeitplan taten sie es in dem Jahr, in dem Christus gekreuzigt wurde. Solche Präzision hilft mir, auf seinen Zeitplan in meinem eigenen Leben zu vertrauen. Dies war ein Zeichen der Vorsehung Gottes, das Zeichen des Jona: „Jona war drei Tage und drei Nächte im Bauch des großen Fisches. Ebenso wird der Menschensohn drei Tage und drei Nächte in den Tiefen der Erde sein“ (Matthäus 12,40).

Die Tatsache, dass Jesus am Fest der Erstlingsfrüchte von den Toten auferstand, ist Gottes Verheißung an uns alle, dass wir auch an seiner Auferstehung teilhaben werden. Der Apostel Paulus sah diese Bedeutung, als er schrieb: „Denn wie sie in Adam alle sterben, so werden sie in Christus alle lebendig gemacht werden. Ein jeder aber in seiner Ordnung: als Erstling Christus; danach, wenn er kommen wird, die, die Christus angehören“ (1. Korinther 15,22-23). Diese vergängliche Welt um mich herum ist nicht alles. Christus hat einen neuen Himmel und eine neue Erde verheißen, in denen unsere auferstandenen Leiber nie Schmerz oder Leid oder Tod erfahren werden. „Durch die Taufe sind wir also mit Christus gestorben und begraben. Und wie Christus durch die Herrlichkeit und Macht seines Vaters von den Toten auferweckt wurde, so sollen auch wir ein neues Leben führen“ (Römer 6,4).

Dass Jesus am Fest der Erstlingsfrüchte von den Toten auferstand, ist Gottes Verheißung an uns alle, dass wir auch an seiner Auferstehung teilhaben werden.

Nur ungern verlasse ich den Garten und trete wieder in die Welt hinaus, aber genau das sollen wir tun. „Klammert euch nicht an mich“, sagte Jesus am Ostermorgen zu den Frauen. „Geht und sagt es den anderen“ (siehe Johannes 20,17). In dem Augenblick, als ich die Mauer des Gartens hinter mir lasse und Autos und Busse und Menschen vorbeieilen sehe, werde ich aus der Vergangenheit gerissen und wieder in die Gegenwart geschleudert. Ich stehe mitten im muslimischen Teil von Jerusalem, und mir wird bewusst, dass diese hastenden, eilenden Menschen Christus nicht kennen. Sie kennen seine Liebe und seine Vergebung nicht. Die Wahrheit trifft mich wie ein Schlag.

Vor einer Stunde, bevor ich mir vorgestellt hatte, wie Jesus verspottet an einer Straße wie dieser hängt, bevor ich an seinem Leib und seinem Blut teilhatte, bevor ich aus dem dunklen, leeren Grab in die Sonne hinausgetreten war, habe ich diese Menschen gesehen und an Taschendiebe und Terroristen gedacht, an Fremde aus einer fremden Kultur, die eine fremde Religion ausüben. Jetzt, wenn auch nur einen kurzen Augenblick lang, sehe ich sie, wie Gott sie sieht. Sie sind von Herzen geliebt. So sehr geliebt, dass Christus für sie litt und blutete und starb.

Wenn ich nur so lieben könnte, wie er es tut. Wenn ich nur weniger von mir hätte und mehr von Christus!

Wenn sie nur wüssten.

Ich bezweifle, dass sie die Wahrheit entdecken werden, indem sie die Grabeskirche besuchen und die christlichen Touristen beobachten und den Gesängen zuhören. Und ich glaube, sie würden es nicht einmal nach einem Besuch des Grabes in diesem Garten verstehen.

Wenn sie nur wüssten.

Wenn ich nur so lieben könnte, wie er es tut. Wenn ich nur weniger von mir hätte und mehr von Christus!

Denn Gott hat die Menschen so sehr geliebt, dass er seinen einzigen Sohn für sie hergab. Jeder, der an ihn glaubt, wird nicht zugrunde gehen, sondern das ewige Leben haben. Gott hat nämlich seinen Sohn nicht zu den Menschen gesandt, um über sie Gericht zu halten, sondern um sie zu retten.

Johannes 3,16-17

Ein neues Gebet für die Reise

Mein liebender Heiland und Herr,
ich denke an den Leidensweg, den du für mich gegangen bist, und preise dich für deine unermessliche Liebe. Du hast das Universum in Liebe erschaffen und auch uns, damit wir eine liebende Beziehung zu dir haben. Und dann hast du deine Liebe auf Golgatha gezeigt. Ich bekenne, dass ich mich dieser Liebe nicht würdig fühle. Jesus, die Strafe, die du ertragen hast, hätte mir gelten müssen – die Strafe für meinen Stolz, dafür, dass ich meinen eigenen Willen und nicht deinen wähle, dafür, dass ich meine Mitmenschen nicht so liebe, wie du sie liebst. Danke, dass du meinen Platz eingenommen hast. Danke für deine herrliche Auferstehung und die Verheißung, dass wir eines Tages daran teilhaben werden. Danke für die neuen Brüder und Schwestern, die du mir aus jedem Stamm und jedem Volk und jeder Sprache geschenkt hast. Vergib mir, dass ich jedes Mal deine Macht und Güte leugne, wenn ich mich von Sorgen und Angst beherrschen lasse und vergesse, dass deine Wege höher sind als meine, so hoch der Himmel über der Erde ist. Ich bitte dich um den Glauben, meine Pläne und meinen Willen deinem unterzuordnen. Hilf mir, mich in meinem Leben von dir zurückschneiden zu lassen, damit ich zu deiner Ehre Frucht bringe. Möge mein bestes Gebet immer lauten: „Nicht mein, sondern dein Wille geschehe."
Amen.

Fragen zum Kapitel

- Lynn Austin vergleicht ihr Gebet um Errettung aus schwierigen Umständen mit der Bitte, dass Jesus ihre Probleme wie römische Soldaten verjagt. Kennen Sie Situationen, in denen Sie ähnliche Bitten an Jesus gerichtet haben?

- Wie reagieren Sie, wenn sich die Umstände nicht verändern und Sie immer wieder mit denselben Problemen zu kämpfen haben? Wie stehen Sie zu dem Satz: „Vielleicht will Jesus ja gar nicht die Umstände ändern, sondern sie dazu benutzen, mich zu verändern."

- Was meinte Jesus, als er sagte: „In der Welt habt ihr Angst, aber lasst euch nicht entmutigen: Ich habe die Welt besiegt." (Johannes 16,33)

- Welche Gefühle überkommen Sie, wenn Sie sich vorstellen, dass andere Ihnen die Füße waschen?

- Welche Schlüssel zieht Lynn Austin aus der Tatsche, dass Jesus sich nicht zu schade war, vor seinen Jüngern zu knien und die Rolle eines Dieners einzunehmen?

- Gibt es in Ihrem Leben Menschen, deren Füße zu waschen Ihnen schwerfallen würde? Welchem „Judas" sollten Sie endlich verzeihen?

- Die Jünger begriffen den Opfertod Jesu zunächst nicht, weil sie sich ihr eigenes Bild vom Messias gemacht hatten. Welche Bilder haben Sie im Kopf, welche Träume verfolgen Sie? Mussten Sie – ähnlich wie Lynn Austin – zerbrochene Träume loslassen? Wie gehen Sie damit heute um?

- Haben Sie schon erlebt, dass Gott wie ein Gärtner in Ihr Leben eingegriffen hat und einzelne Äste und Zweige gekappt hat? Wie haben Sie sich dabei gefühlt? War Ihnen immer klar, dass Gott schon weiß, was er tut?

- Kennen Sie auch Situationen, in denen Sie genauso ängstlich und feige wie Petrus waren?

- Wie beurteilen Sie den Satz: „Immer wenn ich der Angst und Sorge nachgebe, leugnet meine Seele die Macht und die Verheißungen Christi"?

- Waren Sie schon einmal in der Situation, dass Sie nur noch „dunkle Nacht und einen schummrigen Hof" um sich herum sahen? Was hat Sie aus diesem Loch wieder herausgeholt?

- Wie ist der Satz „Bei Gott sind die Dinge nie so, wie sie scheinen" zu verstehen?

8

Die judäische Landschaft

Singt dem Herrn und preist seinen Namen! Verkündet jeden Tag: Gott ist ein Gott, der rettet! Erzählt den Völkern von seiner Hoheit! Macht den Menschen alle seine Wunder bekannt!

Psalm 96,2-3

Wenn ich in der Bibel las, wie Menschen von einer Stadt zur anderen gingen, war mir nie bewusst, wie lang die Strecken waren, die sie zurücklegten, oder wie gebirgig die Landschaft war. Ich habe einen ganz neuen Respekt für die körperliche Fitness dieser Leute entwickelt! Auf unserem Weg von Jerusalem an die Mittelmeerküste reisen wir durch die Region, die zur Zeit Jesu als Judäa bekannt war. Die Hügel sind hier grün von Bäumen und Feldern und dazwischen verstreut sieht man Felsen und Dörfer. Zwischen den Hügeln gedeihen Obstplantagen und Weinberge.

Wir verlassen die Hauptverkehrsstraße, um an der Festung

von Latrun haltzumachen, einem echten militärischen Stützpunkt, der noch im Sechstagekrieg 1967 in Gebrauch war. Seine Sandsteinmauern tragen Wunden von Kanonenkugeln, Artillerie- und Maschinengewehrfeuer. Ich müsste inzwischen eigentlich daran gewöhnt sein, die vielen Hügel Israels hinaufzusteigen, aber ich bin trotzdem außer Atem, als ich die Festung vom Parkplatz aus erreicht habe. Doch die Mühe lohnt sich, wenn man die Aussicht bedenkt. Die Hauptstraße von der Küstenebene nach Jerusalem erstreckt sich gut sichtbar unter uns und erlaubt somit, auch die näher kommenden Feinde Israels zu sehen. Die imposante Steinfestung steht bereit, sozusagen die Hände in die Hüften gestemmt, als wollte sie die Angreifer herausfordern, es nur zu wagen.

Das breite grüne Ajalon-Tal liegt unter mir, gesprenkelt mit Feldern und Weinbergen und von den umliegenden Bergen umarmt. Ich staune immer wieder über Israels vielfältige Schönheit – und Geschichte. Dies ist das berühmte Tal, in dem Gott die Sonne mitten am Tag stillstehen ließ, damit Josua seine Feinde besiegen konnte. „Weder vorher noch nachher hat es je einen Tag gegeben, an dem der Herr auf eine so außergewöhnliche Bitte gehört hätte. Damals aber tat er es, denn er kämpfte auf der Seite Israels“ (Josua 10,14).

Heute ist die Festung von Latrun eine Kriegsgedenkstätte für die israelischen Truppen, ein Ort, den Familien und Mitsoldaten besuchen, um ihrer Lieben zu gedenken, die im Kampf gefallen sind. Der große Platz um die Festung herum dient als Freilicht-Panzermuseum mit mehr als einhundert Fahrzeugen verschiedener Marken und Bauweisen. Die Männer in unserer Gruppe sind fasziniert von den Erläuterungen durch unseren Reiseleiter, aber mir wird es langweilig. Ich drehe mich um und lasse den Blick über das Ajalon-Tal schweifen. Die Sonne steht tief am Winterhimmel, aber ich versuche mir vorzustellen, dass sie bis zum Zenith hinaufwandert – und dann einen ganzen Tag lang dort bleibt. Davon berichtet nämlich die Bibel, als sie erzählt, wie Israel hier gegen seine Feinde kämpfte, um das verheißene Land für sich in Anspruch zu nehmen. Aber wenige Wochen vorher hatte Josua, der Heeresführer der Israeliten-Armee, einen verheerenden Fehler gemacht.

Nach ruhmreichen Siegen bei Jericho und Ai traf Josua sich mit einer Delegation von Fremden, die einen Friedensvertrag schließen wollten. Er wusste, dass Gott ihm verboten hatte, irgendwelche Abkommen mit den Bewohnern des Landes zu schließen, aber diese Männer waren hartnäckig. „Wir sind aus einem anderen Land hergekommen", sagten sie. „Wir sind nicht eure Feinde." Sie sahen zerrissen aus und vom Marschieren müde, ihr Brot war trocken und verschimmelt, ihre Sandalen ausgetreten, als hätten sie viele Kilometer zu Fuß zurückgelegt. Josua glaubte ihre traurige Geschichte und unterschrieb ein Friedensabkommen mit ihnen, ohne vorher zu beten oder Gott um Rat zu fragen, und er schwor einen Eid, sich mit ihnen zu verbünden. Überraschung! Es war alles ein Trick – das verdorbene Brot, die ausgelatschten Schuhe. Die Männer waren überhaupt nicht weit gereist, sondern kamen aus Gibeon, einer der kanaanitischen Städte, die Josua zerstören sollte. Josua hatte sich dummerweise mit dem Feind eingelassen, und jetzt hatte er ein Abkommen am Hals, das Gott ihm zu schließen verboten hatte.

Ich liebe diese kleine Episode, die einen biblischen Helden als menschlich und fehlbar zeigt. Josua war in Ägypten geboren und hatte die zehn Plagen mit eigenen Augen gesehen. Er hatte Gottes wundersame Errettung vor dem Engel des Todes miterlebt, war durch das Rote Meer gelaufen, während Wände aus Wasser sich neben ihm auftürmten. Er war der Feuersäule durch die Wüste gefolgt, hatte Manna gegessen und Wasser aus einem Fels geschöpft. Josua war treu geblieben, als beinahe alle anderen seiner Generation aufgegeben hatten, und er war einer der einzigen beiden Kundschafter, die Gott geglaubt und einen positiven Bericht über das Gelobte Land abgeliefert hatten. Bei jeder Gelegenheit, sich von Angst beherrschen zu lassen oder zu klagen oder Götzen anzubeten, hatte Josua sich immer wieder entschieden, Gott zu vertrauen. Er war einer der wenigen, die den ganzen Weg mit Gott von Ägypten zurückgelegt hatten und noch am Leben waren, und Gott hatte ihn auserwählt, um nach Moses Tod dessen Platz einzunehmen.

Und jetzt hatte Josua einen schrecklichen Fehler gemacht. Er hatte sich mit dem Feind eingelassen. Ob er sich wohl am liebsten selbst in den Hintern getreten hätte? Ist er in sein Zelt gegangen und hat vor Frust und Enttäuschung über sein Versagen geweint? Ich glaube, das hat er. Josua ist keine flache Bilderbuchfigur, sondern ein Mensch aus Fleisch und Blut, so wie ich. Und er muss sicher gewesen sein, dass Gott mit ihm fertig war.

Bevor Josua seine Kündigung einreichen konnte, kam ein Bote aus Gibeon – der Stadt, mit der er gerade die unvernünftige Allianz eingegangen war. Die Könige von fünf mächtigen Stadtstaaten hatten sich zu einer Koalition zusammengeschlossen und marschierten jetzt auf Gibeon zu, um es anzugreifen. Die Bewohner von Gibeon baten Josua um Hilfe und flehten ihn an, ihr Abkommen zu ehren und sie zu retten. Josua, dessen Name „Gott rettet" bedeutet, muss sich gefragt haben, ob er überhaupt noch das Recht hatte, irgendjemanden zu retten. Aber Gott sagte: „Hab keine Angst vor ihnen; ich gebe sie in deine Gewalt. Keiner von ihnen kann dir standhalten" (Josua 10,8).

Da sind sie wieder: Gottes Gnade, Barmherzigkeit und Vergebung, selbst im Alten Testament. Josua konnte wieder aufstehen und weitergehen, nachdem er gestürzt war – und das können wir auch. Josua trommelte Israels Armee zusammen und kam der Stadt Gibeon zu Hilfe.

Gibeon liegt im zentralen Hochland von Israel, und von Josuas Lager aus war es ein Marsch von mehr als zwanzig Kilometern, immer bergauf. Wenn wir bei einer Sache gescheitert sind, erscheint uns der Weg zurück immer besonders steil, oder nicht? Vielleicht erinnert uns die Mühe daran, unseren Fehler nicht noch einmal zu machen.

Josua konnte wieder aufstehen und weitergehen, nachdem er gestürzt war – und das können wir auch.

Josuas Rettung in Gibeon war erfolgreich, und die fünf Armeen der Angreifer flohen das Ajalon-Tal hinunter. Aber Josua wollte einen dauerhaften Sieg. Diesmal würde er es richtig machen und auch den letzten Feind vernichten. Keine Kompromisse mehr. Aber ihm lief die Zeit davon und so betete er.

Die Reaktion war, dass der Himmel seine Schleusen öffnete und ein Arsenal aus Hagel herunterpeitschen ließ wie Gottes Kanonenkugeln, die den Feind auf der Flucht trafen. Und dann geschah ein Wunder: Die Sonne blieb stehen! Sie schien weiter, bis der letzte Feind aufgespürt und vernichtet war.

Als sich während der Schlacht das Blatt wendete, versteckten die fünf feindlichen Könige sich in einer Höhle. „Rollt Steine vor die Öffnung", wies Josua seine Männer an, „damit sie nicht fliehen können. Wir kümmern uns um sie, wenn die Schlacht zu Ende ist" (siehe Josua 10,18-19). Als es so weit war, befahl er seinen Feldherren, einen Fuß auf den Nacken der besiegten Könige zu stellen. „Jetzt seht ihr, was der Herr mit allen Feinden machen wird, gegen die ihr kämpft!" (Josua 10,25) Die Leichen der getöteten Könige wurden an einem Baum aufgehängt, ein Zeichen, das Gott verfügt hatte, um zu zeigen, dass sie unter seinem Fluch standen (5. Mose 21,22-23).

Bevor wir unser Leben Christus übergeben haben, heißt es in der Bibel, waren wir Feinde Gottes wie diese Kanaaniter, weil wir den Götzen unserer Kultur folgten und nach unseren eigenen Regeln lebten. Wegen unserer Sünde war die Todesstrafe über uns verhängt, so wie über sie und wie über alle ungehorsamen Menschen. Aber „von diesem Fluch des Gesetzes hat uns Christus erlöst. Als er am Kreuz starb, hat er diesen Fluch auf sich genommen“ (Galater 3,13). „Christus hat unsere Sünden auf sich genommen und sie selbst zum Kreuz hinaufgetragen. Das bedeutet, dass wir für die Sünde tot sind und jetzt leben können, wie es Gott gefällt“ (1. Petrus 2,24).

Der Tag, an dem Jesus uns von diesem Fluch erlöst hat, war einer der dunkelsten Tage, die jemals registriert wurden. Von zwölf bis drei Uhr mittags schien die Sonne nicht, während Jesus am Kreuz hing. Die Dunkelheit steht für das göttliche Urteil, und während Jesus, „das Licht der Welt“, Gottes Fluch am Kreuz erlitt, drohte die Dunkelheit die Welt zu verschlingen. Einige Stunden lang schien es, als würde die Finsternis siegen. Aber Jesus überwand die Finsternis.

Er hat mehr als seinen Anteil getan an dem Krieg, den wir führen, aber seine Anweisung an uns ist klar: „Wenn ihr aber mit der Kraft des Geistes eure selbstsüchtigen Wünsche tötet, werdet ihr leben“ (Römer 8,13). Das bedeutet, dass ich nicht nachtragend bin. Dass ich nicht die Beherrschung verliere oder lieblose Dinge sage. Dass ich nicht habgierig bin. Dass ich anderen vergebe. Und es bedeutet, dass ich alle Festungen erobere, die noch in der Hand des Feindes sind. Gott kämpft mit mir und für mich, aber Kompromisse mit der Sünde sind keine Option. Habe ich genug Mut, um in den Krieg zu ziehen?

„Wenn ihr aber mit der Kraft des Geistes eure selbstsüchtigen Wünsche tötet, werdet ihr leben.“

Gott gebot dem jüdischen Volk, jedes Jahr am Versöhnungstag zu fasten und zu beten. Jeder sollte sein Leben bedenken und seine Sünden bekennen. Bevor wir beim Abendmahl am Leib und Blut Christi teilhaben, „soll sich jeder prüfen“ (1. Korinther 11,28). Buße ist viel mehr als ein halbherziges Geständnis. Jeder, der seine ungezogenen Kinder aufgefordert hat, sich zu entschuldigen, weiß, wie ein widerwilliges, mürrisches „Entschuldigung" klingt. Das griechische Wort für Buße, *metanoia*, bedeutet eine totale Umkehr, der Sünde den Rücken zu kehren, einen ganz neuen Weg einzuschlagen und in eine komplett andere Richtung zu gehen – so wie Josua es tat, als er den Kompromissen den Rücken kehrte und anfing zu kämpfen. Wenn wir wahrhaft Buße tun, ist Gott gnädig und wird uns vergeben, so wie er Josua vergeben hat. Aber meine jüdischen Freunde sagen mir auch, dass etwas nicht stimmt, wenn man am Versöhnungstag dieselbe Schuld bekennt wie im Vorjahr. Ich werde versuchen, mich an diese Warnung zu erinnern, wenn ich mich auf das Abendmahl vorbereite.

> *Umkehr bedeutet, der Sünde den Rücken zu kehren, einen ganz neuen Weg einzuschlagen und in eine komplett andere Richtung zu gehen.*

Wir sollen der Sünde gestorben sein, nicht sie künstlich am Leben erhalten oder ein Abkommen mit ihr schließen. Das erfordert Veränderung, ein Wort, das die meisten von uns hassen. Egal, wie wir es sagen: „Achtet darauf, dass euer vergänglicher Leib nicht von der Sünde, von seinen Begierden beherrscht wird" oder: „Nichts, keinen einzigen Teil eures Körpers sollt ihr der Sünde als Werkzeug für das Böse zur Verfügung stellen" (Römer 6,12-13) – Gottes Anweisung an uns hat viel Ähnlichkeit mit dem Befehl, den Josua erhielt: „Vernichte den Feind vollkommen." Ich habe noch einen langen Weg vor mir.

Gott ließ die Sonne stillstehen, sodass Josua kämpfen konnte, und jetzt will er sein Licht in all die dunklen Ecken meines Herzens leuchten lassen, in denen ich Kompromisse eingegangen bin, und mir die Bollwerke zeigen, die der Feind immer noch unter Kontrolle hat. Wenn ich sein Licht leuchten lasse, immer weiter, dann kann ich kämpfen, bis der Feind endgültig besiegt ist. Jesus ist gestorben, damit ich ein neues Leben haben kann, nicht ein Leben in Gefangenschaft oder Kompromissen.

Das kann ich natürlich nicht alleine bewerkstelligen, genauso wenig, wie Josua den Feind ganz allein vertreiben oder die Sonne über dem Ajalon-Tal stillstehen lassen konnte. Josua und ich können nur dann den Sieg erringen, wenn wir Gott vertrauen. Wenn ich die Motivation mitbringe, gibt er mir die Kraft, mich von allem zu befreien, was ihm missfällt, auch wenn es wehtut. Selbst wenn ich scheitere und es ein harter Kampf ist, es immer wieder zu versuchen.

> *Gott ließ die Sonne stillstehen, sodass Josua kämpfen konnte, und jetzt will er sein Licht in die dunklen Ecken meines Herzens leuchten lassen.*

Das Kreuz ist mehr als ein Schmuckstück oder eine Wanddekoration. Es ist ein Kriegsdenkmal wie dieses hier in Latrun und erinnert uns nicht nur an den Sieg, den Christus errungen hat, sondern auch an den ungeheuren Preis, den dieser Sieg gekostet hat. Ich will nichts von dem Territorium hergeben, das Christus durch seinen Tod erlöst hat, indem ich zu meinen alten, sündigen Wegen zurückkehre. Nicht, wenn das Blut, das auf dem Schlachtfeld vergossen wurde, sein eigenes war.

Wachturm

Etwa eine Stunde außerhalb von Jerusalem verlassen wir die Hauptverbindungsstraße und fahren eine schmale, gewundene Straße hinauf zu einem Aussichtsturm mit einem eindrucksvollen Blick über die judäische Landschaft. Die Israelis nennen diese Gegend *Schefela* oder Ausläufer und hier streiften einst Samson und König David umher. In Johannes 3,22 steht: „Danach kam Jesus mit seinen Jüngern in die Provinz Judäa. Dort blieb er einige Zeit, um zu taufen."

Aber als wir oben bei dem Aussichtspunkt ankommen, stellen wir fest, dass wir nicht allein sind. Eine Einheit israelischer Soldaten benutzt diesen Ort für Manöver. Armeefahrzeuge und Ausrüstung sind auf dem Parkplatz reichlich vorhanden. Ihre wasserdichten Stahlcontainer enthalten eine ausgeklügelte technische Ausstattung mit Teleskopen und Abhörgeräten und dem größten Fernglas, das ich jemals gesehen habe. Junge Soldaten in makellosen grünen Uniformen haben diese Instrumente auf dem Bergrücken aufgebaut und blicken schweigend in die Ferne. Sie sind so konzentriert, dass unsere Ankunft sie überhaupt nicht abzulenken scheint.

Wir steigen die Spindeltreppe zur Plattform des Aussichtsturmes hinauf und lassen den Blick über die Landschaft schweifen, die friedlich in der warmen Wintersonne daliegt. Obwohl ich in die gleiche Richtung blicke wie die Soldaten, können sie mit ihrer Militärtechnologie viel weiter sehen als ich. Jemand aus unserer Gruppe fragt den Kommandanten der Truppe, was seine Soldaten machen. Seine knappe Antwort: „Üben."

Das Kreuz ist mehr als ein Schmuckstück oder eine Wanddekoration. Es erinnert uns nicht nur an den Sieg, den Christus errungen hat, sondern auch an den ungeheuren Preis, den dieser Sieg gekostet hat.

Diese Soldaten üben sich in Wachsamkeit, und dafür bin ich dankbar. Ich habe mich nie bedroht oder in Gefahr gefühlt, als ich in Israel war, denn auch wenn das Land im Moment im Frieden lebt, ist die Armee des Landes immer auf der Hut vor Bedrohungen, die diesen Frieden gefährden könnten. Ich sehe die disziplinierten Bewegungen der Soldaten und ihre nüchternen Mienen, und ich weiß, dass Wachsamkeit eine ernste Angelegenheit ist.

„Bleibt wach und betet", sagte Jesus zu seinen Jüngern, „damit ihr der Versuchung widerstehen könnt" (Markus 14,38). Er will, dass ich mein eigenes Herz bewache und aufmerksam auf die Feinde meiner Seele achte, vor allem in den Bereichen, wo der Feind mir immer wieder aufzulauern scheint. Anstatt hektisch durch jeden Tag zu rennen, warum nicht stehen bleiben, wie diese Soldaten es tun, und einen genaueren Blick auf die Wochen und Monate werfen, die vor mir liegen, und mich im Gebet auf die Herausforderungen vorbereiten, die mir auf dem Weg begegnen könnten? Als jemand, der sich ständig zu viele Sorgen macht, weiß ich, dass es mich nervös machen kann, wenn ich immer nach Gefahren Ausschau halte. Deshalb muss ich den folgenden Rat ernst nehmen: „Lasst euch durch nichts vom Gebet abbringen, und vergesst dabei nicht, Gott zu danken“ (Kolosser 4,2). Wenn ich Wachsamkeit mit Dankbarkeit verbinde, verändert sich mein Blickwinkel, weil ich mich nicht mehr auf die Bedrohung konzentriere, sondern sie unserem lebendigen Heiland überlasse, der in der Vergangenheit auf mich achtgegeben hat.

Jesus will, dass ich mein eigenes Herz bewache und aufmerksam auf die Feinde meiner Seele achte.

Während ich die jungen Soldaten bei diesem Wachturm beobachte, wird mir aber auch bewusst, dass mein Blick viel zu lange nach innen gerichtet war. Gott will, dass wir aufeinander achtgeben, dass wir wachsam beten und Meldung machen, wenn wir sehen, dass jemand in Gefahr ist.

Es ist die Pflicht und Verantwortung des Wachmannes, vor drohenden Gefahren zu warnen. Zur Zeit des Alten Testaments hatten die meisten Städte befestigte Mauern und Türme. Die Bürger postierten Wachleute auf den Mauern und wiesen sie an, Tag und Nacht wachsam zu sein. Die Sicherheit der Gemeinschaft war ihre Aufgabe. Gott ernannte den Propheten Ezechiel zum Wachmann für sein Volk, eine Aufgabe, die er nicht auf die leichte Schulter nehmen durfte. „Wenn ich einem Menschen, der mich verachtet, den Tod androhe, und du warnst ihn nicht, um ihn von seinen falschen Wegen abzubringen und sein Leben zu retten, dann wird er wegen seiner Sünde sterben. Dich aber werde ich für seinen Tod zur Rechenschaft ziehen" (Ezechiel 3,18). Ebenso würden diese jungen Soldaten zur Rechenschaft gezogen werden, wenn sie durch ihre Ferngläser eine Gefahr in der Ferne erspähen und diese mit einem Schulterzucken abtun würden.

Es klingt ziemlich grausam, den Wachmann zu bestrafen, aber dieser Vers aus Ezechiel zeigt uns Gottes Herz. Er will nicht, „dass auch nur einer von euch verloren geht. Jeder soll Gelegenheit haben, zu Gott umzukehren" (2. Petrus 3,9). Verstehe ich den Ernst meiner Verantwortung, andere vor der Gefahr zu warnen, in der sie sich befinden, vor dem tödlichen Feind, der ihnen auflauert? Habe ich dasselbe Gefühl der Dringlichkeit, das Ezechiel und diese Soldaten an den Tag legen? Wenn wir Nachfolger Christi sind, müssen uns die Verlorenen ebenso wichtig sein wie ihm. Wir müssen die mächtige Ausrüstung nutzen, die er uns gegeben hat, den Heiligen Geist, um Menschen vor den Folgen zu warnen, wenn sie ihn ablehnen.

Der Apostel Paulus schrieb: „Bleibt wachsam, und steht fest im Glauben! Seid entschlossen und stark! Bei allem, was ihr tut, lasst euch von der Liebe leiten" (1. Korinther 16,13-14). Und das ist das Wichtigste, glaube ich. Es reicht nicht, andere Menschen vor den Gefahren eines Lebens in Sünde zu warnen, ich muss es auf liebevolle Weise tun. Ich möchte gerne fähig sein, die Sünder zu lieben – ich *muss* dazu fähig sein, sie zu lieben –, bevor ich ihre Sünde verurteile. Warum sollten sie sonst auf mich hören? Ohne echte Liebe werden sie mich nur für einen stereotypen, heuchlerischen, wertenden Christen halten, der auf andere mit dem Finger zeigt. Und dann wird meine Warnung ungehört verhallen.

> *Wenn ich Wachsamkeit mit Dankbarkeit verbinde, verändert sich mein Blickwinkel.*

Vielleicht sollte ich zuerst darum bitten, eine tiefere Liebe und mehr Mitgefühl für andere zu empfinden, mit einem Herzen wie dem Herzen Gottes, das hinter die äußerliche Sünde schaut und den Einzelnen so sieht, wie er es tut. Bevor ich warnend den Zeigefinger hebe, muss ich mir durch Liebe und Freundlichkeit überhaupt erst einmal das Recht dazu verdienen.

> *Unsere Aufgabe als Leib Christi ist es, wachsam zu sein, so als würde ein unsichtbarer Feind sich anschleichen.*

Wenn ich nach Hause komme, liegt einiges an Arbeit vor mir. Diese Soldaten bei dem Wachturm haben mich daran erinnert, dass Gott die Menschen, die in Gefahr sind und niemanden haben, der sie warnt, liebt. Unsere Aufgabe als Leib Christi ist es, wachsam zu sein, so als würde ein unsichtbarer Feind sich anschleichen. Denn genau das ist der Fall.

Joppe

Wir haben den antiken israelischen Hafen Joppe am Mittelmeer erreicht. Früher haben hier Schiffe aus der ganzen Region angedockt und exotische Waren gebracht, und unter den Seeleuten waren viele verschiedene Sprachen zu hören. Wir müssen uns durch ein Labyrinth aus engen Straßen schlängeln, um zum Ufer zu gelangen, aber plötzlich dehnt sich das Meer vor uns aus, so blau und glitzernd wie eine Schale mit Saphiren. Sanfte Wellen lecken am Strand, als wollten sie uns schüchtern einladen, die Segel zu setzen. Ich bin immer hoffnungsvoll, wenn ich am Meer bin, und auch ein wenig rastlos, weil es mich in die Ferne zieht.

Die skurrile Statue eines Wals erinnert uns an Joppes fragwürdigen Ruhm als die Stadt, von der aus der Prophet Jona aufbrach, bevor er von einem großen Fisch verschluckt wurde. Gott beauftragte Jona, den Assyrern in Ninive zu predigen, aber er segelte in die entgegengesetzte Richtung – und ich kann es ihm nicht verdenken. Die Assyrer waren brutale, gewalttätige Leute, die ihre Opfer gerne folterten und deren Tod so lange wie möglich hinauszögerten. Sie waren der Erzfeind der Israeliten und hatten gnadenlos die zehn nördlichen Stämme erobert und in die Sklaverei verschleppt. Gott wollte, dass Jona diesen hinterhältigen, gottlosen Heiden predigte? Da hätte er mich genauso gut in die Berge von Afghanistan schicken können, um dort den Taliban das Evangelium zu verkünden.

Sobald Jona Gottes Befehl erhalten hatte, kam er hierher nach Joppe, um ein Boot zu besteigen und so viele Seemeilen wie nur möglich zwischen sich und Ninive zu bringen. Aber es war nicht die Angst vor den Assyrern, die ihn fliehen ließ. Nachdem der Sturm Jonas Schiff beinahe hatte kentern lassen und die Matrosen ihn über Bord geworfen hatten und nachdem er drei Tage und drei Nächte im Bauch des großen Fisches zugebracht hatte, gestand Jona den wahren Grund. „Ich wusste, dass du barmherzig bist", sagte er zu Gott, „und nicht schnell wütend wirst, sondern unendlich viel Liebe übst" (siehe Jona 2,4). Jonas größte Angst war, dass Gott diesen Feinden vergeben könnte – und das wollte Jona nicht.

Gottes Befehl, einem nicht jüdischen Volk zu predigen, hätte Jona eigentlich nicht überraschen dürfen. Israels Berufung als auserwähltes Volk Gottes war es, ein Segen für die nicht jüdische Welt zu sein. Der Grundriss von Gottes Tempel beinhaltete einen riesigen Vorhof, in dem die Nichtjuden Gott anbeten konnten. Die Propheten und Psalmisten des Alten Testaments hatten versprochen, dass eines Tages alle Völker Israels Gott anbeten würden. Aber Jona wollte derjenige sein, der beschloss, für welche Völker diese Verheißung galt und für welche nicht – und die Assyrer gehörten seiner Meinung nach definitiv in die zweite Gruppe! Joppe war der Ort, an dem der Prophet sich weigerte, Gottes Ruf zu folgen.

Das Neue Testament erwähnt den Hafen von Joppe ebenfalls. In Apostelgeschichte 10 lesen wir, dass der Apostel Petrus hier bei Simon dem Gerber unterkam, „der ein Haus am Meer hat" (V. 6). Wahrscheinlich genoss er die gleiche sonnige Aussicht und sanfte Brise, die ich hier erlebe. Petrus hatte eine gewaltige Mission hier am Meer zu erfüllen, nämlich seinen jüdischen Landsleuten von Jesus zu erzählen. Er weckte sogar eine fromme Frau namens Dorcas von den Toten auf. Aber Petrus – wie Jona – predigte das Evangelium nur Juden, wie er selbst einer war. Es war ein angenehmer, von Erfolg gekrönter Job, in dem er sich häuslich eingerichtet hatte. So ähnlich wie ich in meiner Tätigkeit zu Hause, bevor alle die Veränderungen anfingen.

Das Leben von Petrus wurde auf den Kopf gestellt – so wie das von Jona und von mir. In einer Vision sagte Gott zu Petrus, er sollte aus seiner vertrauten Routine aufbrechen und unreine Tiere töten und essen. Während Petrus noch versuchte, diese Vision zu verstehen, kamen schon Boten von einem nicht jüdischen Zenturio namens Kornelius. Die Männer flehten Petrus an, mit ihnen zu kommen und in der Stadt Cäsarea das Evangelium zu predigen – also in einer römischen Stadt mit all ihren kulturellen Symbolen des Römischen Reiches, zum Beispiel dem Amphitheater, einem Hippodrom und Tempeln, die heidnischen Göttern geweiht waren. Gute jüdische Männer wie Petrus betraten Cäsarea nicht und sie aßen schon gar keine nicht koscheren Speisen im Haus eines Nichtjuden mit einem unbeschnittenen Zenturio. Aber Gottes Auftrag war eindeutig gewesen, und die Vision hatte sich dreimal wiederholt, nur für den Fall, dass Petrus versucht war, sie als Hungerfantasie abzutun: „Wenn Gott etwas für rein erklärt, dann nenne du es nicht unrein" (Apostelgeschichte 10,15).

Kornelius war nicht nur ein Nichtjude, sondern er war zu allem Überfluss auch noch Römer. Er war ein Feind von Petrus, so wie die Assyrer Jonas Feinde waren. Die Römer waren auch gnadenlose Heiden. Ich bin sicher, dass Petrus nicht vergessen hatte, wie römische Soldaten Jesus gefoltert und ausgepeitscht und gekreuzigt hatten, während ein römischer Zenturio dabeistand und zusah. Es ist Petrus hoch anzurechnen, dass er nicht auf den ersten Frachter sprang und sich aus dem Staub machte. Aber ich glaube, die Ironie seiner Situation war ihm nicht entgangen; Gott hatte ihn dazu berufen, seinen heidnischen Feinden zu predigen, während er in Joppe war. Ich sehe beinahe vor mir, wie er über Gottes Timing lächeln musste. Immerhin hätten die Boten von Kornelius Petrus auch in einer der anderen Städte finden können, in denen er gepredigt hatte. Aber nein, sie waren nach Joppe gekommen. Noch eine Ironie ist, dass der Vater von Petrus Jona hieß. Niemand hatte damals Nachnamen, also war Petrus' offizieller Name Petrus, Sohn des Jona.

Petrus gehorchte Gott und ging mit diesen Boten zu einem nicht jüdischen Haus in einer römischen Stadt. Als er predigte, wurden die Heiden gläubig. Endlich erfüllte Gottes auserwähltes Volk die Verheißung, die Abraham erhalten hatte, dass durch ihn und seine Nachkommen die Welt gesegnet werden würde.

Jesus hatte den Juden, die ein Wunder sehen wollten, gesagt, dass sie nur „das Zeichen des Jona" bekommen würden. „Jona war drei Tage und drei Nächte im Bauch des großen Fisches. Ebenso wird der Menschensohn drei Tage und drei Nächte in den Tiefen der Erde sein" (Matthäus 12,40). Jesus erfüllte dieses Zeichen durch seine Auferstehung nach drei Tagen im Grab. Aber ich glaube, „das Zeichen des Jona" könnte auch eine Erinnerung für die Juden – und für uns – gewesen sein, dass Gottes Gnade und Güte auf Golgatha allen Menschen gilt, auch unseren Feinden.

„Das Zeichen des Jona" könnte eine Erinnerung für die Juden – und für uns – gewesen sein, dass Gottes Gnade und Güte auf Golgatha allen Menschen gilt, auch unseren Feinden.

Als Jona wieder an Land war und schließlich Gottes Ruf folgte, taten die Assyrer Buße und kamen zum Glauben, und zwar alle, vom König bis zum einfachen Mann. Die Juden zur Zeit Jonas hätten niemals geglaubt, dass das geschehen könnte. Und sie wollten eigentlich auch gar nicht, dass es geschieht. Feinde gehörten in den dunkelsten Winkel der Hölle. Und die Juden zu Petrus' Zeit hätten nie geglaubt, dass die feindliche Nation der Römer mit ihrem Glauben an eine Vielzahl heidnischer Götter Christus annehmen und sich dem Gott Israels zuwenden könnte. Aber das taten sie. Petrus wurde am Ende der Anführer der Kirche in Rom. Und Rom wurde später das Hauptquartier der christlichen Kirche.

Bis mein Leben anfing, sich auf unwillkommene Weise zu verändern, lebte ich sehr zufrieden in meiner ruhigen, homogenen Gemeinde im friedlichen mittleren Westen der USA. Ich mochte meine alten, vertrauten Tätigkeiten, das Schreiben christlicher Bücher, die Vorträge in Gemeinden und bei Tagungen. Wie Jona und Petrus arbeitete ich unter Menschen, die so waren wie ich selbst.

Aber vor zwei Jahren wurde eine riesige Moschee in meiner Stadt errichtet, keine zwei Kilometer von unserem Haus entfernt. Ich kann ihre goldene Kuppel von meinem Schlafzimmerfenster aus sehen. Jetzt, wo sie einen Gottesdienstraum haben, ziehen viele Moslems in diese Gegend. Alle drei Häuser, die in letzter Zeit in unserer Straße zum Verkauf standen, wurden von muslimischen Familien erworben. Sie sind jetzt meine Nachbarn. Ich habe bislang keine direkte Aufforderung von Gott erhalten, ihnen in irgendeiner anderen Weise zu dienen als mit der üblichen Nächstenliebe – aber als der Wagen der muslimischen Frau gegenüber im letzten Win-

Es war nicht das Predigttalent von Jona oder Petrus, das bei den Ungläubigen Buße und Glaube hervorrief, sondern das Wirken des Heiligen Geistes.

ter nicht ansprang, ist mein Mann mit dem Starterkabel hinübergegangen und hat ihr geholfen. Aber was wäre, wenn ich einen konkreten Auftrag bekäme? Während ich hier in Joppe stehe und auf das Meer hinausblicke, frage ich mich, was ich wohl tun würde. Würde ich sofort gehorchen, so wie Petrus es tat, oder würde ich in die andere Richtung segeln, so wie Jona? Würde ich daran denken, dass es nicht das Predigttalent von Jona oder Petrus war, das bei den Ungläubigen Buße und Glaube hervorrief, sondern das Wirken des Heiligen Geistes?

Ich mache ein Foto vom Mittelmeer, das ich mir zu Hause über den Schreibtisch hängen will, damit es mich daran erinnert, dass Joppe ein Ort der Entscheidung ist, ein Ort, an dem Gott seine große Liebe zu allen Menschen zeigt. Ich sollte mich eigentlich nicht wundern, dass ich jetzt hier stehe. Und ich sollte mich auch nicht darüber wundern, wenn er mich auffordert, meine Ängste und Vorurteile abzulegen und die Menschen anzusehen – auch diejenigen, die ich als meine Feinde betrachte –, und zwar so, wie er sie sieht.

Jonas Flucht war nur vorübergehend. Gott hat ausgesprochen kreative Methoden, um uns wieder in seine ursprünglich geplante Richtung hinzulenken.

Ich lächele über Gottes Humor – und über meine eigene Naivität, die mich glauben lässt, ich hätte tatsächlich die Wahl. Jonas Flucht war nur vorübergehend. Gott hat ausgesprochen kreative Methoden, um uns wieder in seine ursprünglich geplante Richtung und auf sein Ziel hinzulenken. Hoffentlich sind nicht drei Nächte in dem Bauch eines Wals nötig, um mich davon zu überzeugen, dass ich auf dem falschen Dampfer bin. Mag sein, dass ich mich mit der Evangelisation unter vier Augen schwertue und dass ich keine Störungen in meiner Routine mag, aber ich kann nicht gut schwimmen. Und Wale beobachte ich lieber aus der Entfernung.

Der Aquädukt von Cäsarea

Wir sind von Joppe aus etwa fünfzig Kilometer weiter die Küste hinaufgefahren, zu einem wunderschönen Mittelmeerstrand. Das Wasser schimmert tiefblau unter dem wolkenlosen Himmel, die Wellen haben silberne Spitzen. Ich habe meine Schuhe abgestreift und ziehe meine Socken aus, um in dem warmen Sand zu laufen. Aber der Strand ist hier nicht die Hauptattraktion. Zwischen mir und dem Wasser befinden sich die Überreste eines zweitausend Jahre alten römischen Aquädukts. Die Brücke marschiert in einer langen, geraden Linie am Ufer entlang wie ein Regiment römischer Soldaten. Der Sandstein, aus dem sie gebaut ist, hat die gleiche Farbe wie der Strand – als könnte etwas so Monumentales sich tarnen. Wir stellen uns zum Foto unter einem der robusten Bögen auf, die den Kanal hoch über unseren Köpfen tragen. Zwei junge Leute ignorieren die Warnhinweise und klettern auf die zweigeschossige Konstruktion, um von oben herunterzuwinken.

Wie die Touristen um mich herum mache ich „Oh!" und „Ah!" beim Anblick des Aquäduktes und schieße jede Menge Fotos. Dieses Bauwerk ist so alt! Und so anmutig! Ein Wunder der Baukunst. Es erstaunt mich nicht zu hören, dass der Mann, der es hat bauen lassen, kein anderer war als König Herodes. Er brauchte diesen Aquädukt, um frisches Trinkwasser von einer Quelle oben auf dem Berg Karmel bis zu seiner Hafenstadt Cäsarea zu befördern – eine Entfernung von fast zwanzig Kilometern. Der Aquädukt ist nicht mehr vollständig intakt, aber der noch erhaltene Bau beeindruckt uns alle.

Nachdem wir dieses Wunderwerk bestaunt haben, streifen wir den Sand von unseren Füßen und steigen wieder in den Bus, um die kurze Strecke nach Cäsarea zurückzulegen, wo wir schnell entdecken, dass der Aquädukt nur eine von vielen technischen Errungenschaften ist. König Herodes wollte eine durch und durch römische Stadt an der Küste Israels, ein erstklassiges Verwaltungszentrum, das als seine Hauptstadt diente und all die Annehmlichkeiten Roms aufwies. Er wollte problemlosen Zugang zum Mittelmeer für Fracht und Reise, aber dem Standort, den er ausgewählt hatte, fehlte nicht nur Trinkwasser, sondern auch ein natürlicher Hafen. Keines der beiden Hindernisse hielt ihn auf. Neben dem zwanzig Kilometer langen Aquädukt baute er auch einen Hafen. Seine Ingenieure entwarfen riesige Unterwasserstützen für einen Hafendamm aus hydraulischem Beton und verzierten dann die Einfahrt in diesen künstlich angelegten Hafen mit riesigen Statuen. Überbleibsel der Mauer sind in dem klaren Wasser vor der Küste noch zu sehen und schimmern unter der Oberfläche wie eine Fata Morgana. Die Arroganz von Herodes erinnert mich an die Männer im antiken Babel, die sagten: „Auf! Jetzt bauen wir uns eine Stadt mit einem Turm, dessen Spitze bis zum Himmel reicht! … Dadurch werden wir überall berühmt“ (1. Mose 11,4).

Ich könnte stundenlang in den Ruinen von Cäsarea herumlaufen, das einst nach Jerusalem die zweitgrößte Stadt des Landes war. Diese durch und durch römische Vorzeigestadt umfasst ein Hippodrom mit 20.000 Sitzplätzen für Rennbegeisterte, Tempel für die jeweiligen Lieblingsgötter der Bewohner, opulente Badehäuser zur Entspannung und ein Amphitheater mit Blick auf das Mittelmeer, das 4.000 Plätze umfasst. Ich besichtige den königlichen Palast von Herodes, der oberhalb der Küste errichtet wurde, und tauche die Hand in das, was von seinem Schwimmbad übrig ist, einem Überlaufbecken, in dem Schwimmer den Blick über Meer und Hafen genießen konnten. Überall auf dem Boden sind Brocken von weißem Marmor verstreut – Carrara-Marmor, der aus Italien hergeschafft wurde, um die Gebäude zu schmücken. Und als ich auf den Überresten der Garnison stehe, in der höchstwahrscheinlich der Apostel Paulus in Haft saß, frage ich mich unwillkürlich, ob er in seiner Zelle wohl das Seufzen der Wellen und die Schreie der Seevögel hörte oder vielleicht das Brüllen der Menge im Hippodrom und das Donnern von Hufen und Wagenrädern.

Aber die einst so reiche Stadt des Herodes verschwand vom Erdboden und lag jahrhundertelang vergraben und vergessen unter dem Mittelmeersand, bis sie in heutiger Zeit wieder ausgegraben wurde. Als die Archäologen die Zerstörungsmuster analysierten, stellten sie fest, dass Cäsarea von einem Erdbeben und dem anschließenden ungeheuren Tsunami zerstört wurde. Mir fällt der folgende Bibelvers ein: „Wenn der Herr nicht das Haus baut, dann ist alle Mühe der Bauleute umsonst. Wenn der Herr nicht die Stadt bewacht, dann wachen die Wächter vergeblich" (Psalm 127,1).

Die Einstellung von König Herodes entsprach ziemlich genau unserer heutigen Auffassung: Wenn man es sich vorstellen kann, dann kann man es auch bauen. Du brauchst einen Hafen mitten an einer unfruchtbaren Küste? Kein Problem – bau einfach einen. Du brauchst Trinkwasser für deine neue Stadt? Bau einfach einen Aquädukt. Unser jüdischer Reiseleiter erklärt uns, dass seine Vorfahren keine Aquädukte brauchten, weil sie klug genug waren, ihre Städte in der Nähe von Quellen zu errichten; genauso wie wir unser Leben um Gottes Wort herumbauen und in seiner Nähe bleiben und darauf achtgeben und immer daran denken sollen, dass Gott die wahre Quelle unseres Lebens ist. Wer sich an Gottes Wort freut, wird sein „wie ein Baum, der nah am Wasser steht ... Was er sich vornimmt, das gelingt" (Psalm 1,3).

Ich darf große Träume haben und fleißig arbeiten, um sie zu erfüllen, solange sie Gottes Träume für mich sind.

Ich darf große Träume haben und fleißig arbeiten, um sie zu erfüllen, solange sie Gottes Träume für mich sind und keine Schöpfungen meiner selbstsüchtigen Fantasie. Ich neige dazu, Pläne zu schmieden und Gott dann um seinen Segen dafür zu bitten – so ähnlich, als würde ich einen Standort für eine Stadt aussuchen und anschließend feststellen, dass es dort kein Trinkwasser gibt. Im vergangenen Jahr habe ich oft über die Orte gemeckert, an die Gott mich gestellt hat – Orte, an denen ich mich in die raue Wildnis am Berg Karmel verbannt fühlte, weit entfernt von der schönen Küste und der glamourösen Stadt. Ich habe versucht, diesen Orten zu entfliehen und nach einem einfacheren, angenehmeren Weg gesucht, wie ich sesshaft werden kann – aber am Ende war ich ausgetrocknet und durstig. Aber vielleicht hat Gott in seiner Barmherzigkeit und Liebe mich aus einem Grund an diesen unfruchtbaren Ort gestellt, den nur er sehen kann. Ich mag vielleicht lieber den Sandstrand oder die Unterhaltung von Cäsarea, aber der Berg Karmel hat frische Quellen – und er blieb von der Flutwelle verschont, die die Stadt zerstörte.

Vielleicht hat Gott in seiner Barmherzigkeit und Liebe mich aus einem Grund an diesen unfruchtbaren Ort gestellt, den nur er sehen kann.

Ich muss an das Gleichnis Jesu vom Haus auf dem Fels denken, das uns so vertraut ist, dass wir es manchmal als Kindergottesdienstgeschichte abtun. Aber während ich meine Blicke über die Ruinen von Cäsarea schweifen lasse, erkenne ich, wie tiefschürfend die Worte Christi waren. „Wer meine Worte hört und danach handelt, der ist klug“, sagte Jesus. „Man kann ihn mit einem Mann vergleichen, der sein Haus auf felsigen Grund baut“ (Matthäus 7,24). Wenn ich dem Wort Gottes gehorsam bin, dann können all die Fluten und Stürme des Lebens, so wie die, welche ich in letzter Zeit erlebt habe, mich nicht erschüttern. Aber wenn ich meine Pläne auf etwas anderes als auf Got-

Wenn ich dem Wort Gottes gehorsam bin, dann können die Fluten und Stürme des Lebens, so wie die, welche ich in letzter Zeit erlebt habe, mich nicht erschüttern.

tes Wort baue, dann bin ich nicht besser als König Herodes oder der dumme Mann, der sein Haus auf Sand gebaut hat: „Denn wenn ein Wolkenbruch kommt, die Flut das Land überschwemmt und der Sturm um das Haus tobt, wird es aus allen Fugen geraten und krachend einstürzen" (Matthäus 7,27). Wenn die Stürme wehen und meine eigenen Pläne zunichtemachen, kann ich mir den zerfallenden Aquädukt und die Überreste von Cäsarea ansehen und verstehen, warum.

> *Bin ich bereit, an einem scheinbar unfruchtbaren Ort zu leben, solange er nur nah an der Quelle des Lebens liegt?*

Der Berg Karmel mit seinen Frischwasserquellen ist der Ort, an dem Elia sich gegen die Götzen stellte, die das Volk Israel anbetete. „Wie lange noch wollt ihr auf zwei Hochzeiten tanzen?", fragte Elia das Volk. „Wenn der Herr der wahre Gott ist, dann gehorcht ihm allein! Ist es aber Baal, dann dient nur ihm!" (1. Könige 18,21) Also, wo will ich leben? An einem Ort des Vergnügens und der Bequemlichkeit, an dem ich den Göttern unserer Kultur diene, um nicht zu leiden? Oder bin ich bereit, an einem scheinbar unfruchtbaren Ort zu leben, solange er nur nah an der Quelle des Lebens liegt?

Die Stadt Sichem

Wir reisen in nördlicher Richtung nach Galiläa und umfahren dabei den langen Gebirgszug, der sich wie ein Rückgrat durch die Mitte von Israel zieht. Hier gibt es keine imposanten Gipfel wie in den Rocky Mountains oder den Alpen, sondern einen unordentlichen grünen Teppich aus Hügeln, zusammengedrückt und abgewetzt und mit Felsen übersät. Nachts können wir die Städte und Dörfer durch das gelbgrüne Licht sehen, das von den Minaretten leuchtet.

Auf halbem Weg zwischen Jerusalem und Galiläa kommen wir zu der biblischen Stadt Sichem, die zwischen zwei schützenden Bergen liegt, Mount Ebal und Mount Gerizim. Die Stadt heißt inzwischen Nablus und sie liegt mitten in den besetzten Gebieten der West Bank. Meine Hände fangen an zu schwitzen, wann immer wir durch nicht israelische Städte fahren, weil niemand mit Sicherheit sagen kann, ob ein Bus voller amerikanischer Touristen von Souvenirverkäufern empfangen wird oder von Steinschleudern. Zur Zeit Jesu war die „Begrüßung" in dieser Gegend eindeutig feindselig. Sichem lag im Zentrum des samaritischen Gebiets und ein samaritischer Tempel stand auf dem Berg Gerizim. Damals waren die Juden ebenso wenig willkommen wie heute. Und doch steht in der Bibel, dass Jesus den Jakobsbrunnen in der Nähe von Sichem besuchte und sich dort ausgiebig mit einer Samariterin unterhielt.

Trotz meines Unbehagens, mit dem ich das Gebiet der Palästinenser betrete, bin ich doch gespannt auf diesen Ort. Er ist kaum mehr als ein staubiges Dorf im Nahen Osten mit ein paar archäologisch interessanten Ruinen, aber für mich ist er ein Meilenstein, ein Ort erfüllter Verheißungen. Im ersten Buch Mose zog der junge Josef mit seinem bunten Mantel los, nachdem sein Vater ihn geschickt hatte, um seine Brüder zu suchen, die in der Nähe von Sichem ihre Herden hüteten. Josefs Wanderung war ziemlich lang – eine Entfernung von siebzig Kilometern von Bethlehem aus. Und hatte ich erwähnt, dass dies eine gebirgige Region ist? Der Motor unseres Reisebusses schnauft und stöhnt, während er über Hänge und Gebirgspässe fährt, und ich würde auch knurren, wenn ich diese Strecke zu Fuß zurücklegen müsste. Josef war vielleicht erleichtert, als er endlich seine Brüder und ihre Herden in der Ferne erspähte, aber diese Erleichterung hielt nicht lange an. Seine Brüder, die eifersüchtig auf ihn waren, ergriffen ihn und verkauften ihn in die Sklaverei nach Ägypten.

Wenn meine jüdischen Freunde diese Geschichte erzählen,

verherrlichen sie Josef nicht so, wie wir es tun. Sie sehen in ihm nicht ein Opfer der bösartigen älteren Brüder, sondern einen egoistischen, verwöhnten Jungen, der einen von Gott eingegebenen Traum hatte, seine Brüder würden sich eines Tages vor ihm verneigen, und der dann auf eigene Faust versuchte, diesen Traum wahr werden zu lassen. Bevor Gott seine Verheißung erfüllen und Josef erhöhen konnte, musste dieser zuerst Sklaverei und Exil und Leid erfahren.

An manchen Tagen muss Josef geglaubt haben, er würde sterben, zuerst in der Grube, in die seine Brüder ihn geworfen hatten, und später im Gefängnis in Ägypten. Wie konnte Gottes Sinn für sein Leben unter diesen Umständen jemals erfüllt werden? Aber auch wenn Joseph Zweifel in Bezug auf seine Zukunft gehabt haben mochte – Gott gab er nicht auf. Vielleicht erinnerte er sich, als er im Gefängnis saß und an seine schicksalhafte Wanderung nach Sichem zurückdachte, an die Verheißung, die sein Vorfahre Abraham in der gleichen Stadt erhalten hatte. Sichem war der erste Ort im Gelobten Land, an dem Abraham seine Zelte aufschlug und einen Altar für Gott baute. Und dort gab Gott ihm das Versprechen: „Ich werde dieses Land deinen Nachkommen geben!" (1. Mose 12,7) Damals hatte Abraham eine unfruchtbare Frau, keine Kinder und keinen Quadratzentimeter Boden in dem Land, das bereits von anderen Leuten besiedelt war. Später baute auch Jakob, Josefs Vater, einen Altar in Sichem. Er war lange im Exil gewesen, weil er versucht hatte, Gottes Verheißung durch seine eigene Klugheit an sich zu reißen, bis Jakob sich schließlich vor dem Gott seiner Väter verneigte und schwor, ihm zu dienen. (1. Mose 33,20)

Josef muss an diese Geschichten gedacht haben, denn nach allem, was er durchgemacht hatte, nachdem er endlich Gottes Plan für sein Leben erfüllte, bat er seine Nachkommen, seine Gebeine von Ägypten zurück in das verheißene Land zu bringen und sie in Sichem zu begraben – dem Ort, an dem seine lange, dunkle Reise in die Sklaverei begann. Vielleicht war dies Josefs Methode zu sagen: „Meine Feinde dachten, sie hätten mich hier besiegt und Gottes Plan für mein Leben sei entgleist, aber Gott hält immer seine Versprechen."

Vierhundert Jahre nachdem Josef nach Ägypten verschleppt wurde, erlöste Gott das ganze Volk von der Sklaverei und sie brachten Josefs Gebeine während des Exodus nach Hause (2. Mose 13,19). Moses Nachfolger Josua begrub diese Gebeine bei Sichem (Josua 24,32). Das verheißene Land war von Israel erobert worden, und das Volk hatte sich dort niedergelassen. Gottes Verheißung an Abraham war wahr geworden – das Land gehörte ihnen – und deshalb versammelte Josua das Volk hier in Sichem. Während die eine Hälfte des Volkes an den Hängen des Ebal stand und die andere an den Hängen des Gerizim, erzählte er von den Wundern, die Gott für sie gewirkt hatte, dass er sie geführt und geleitet hatte. Josua sagte zu den Israeliten: „Ihr aber könnt zuversichtlich sein, denn ihr wisst: Kein Versprechen des Herrn, eures Gottes, blieb unerfüllt – alles ist eingetroffen!" (Josua 23,14) Josua beendete seine Rede mit den bewegenden Worten: „Entscheidet euch heute, wem ihr gehören wollt … Ich aber und meine Familie, wir wollen dem Herrn dienen" (Josua 24,15).

Und diese Entscheidung müssen wir jeden Tag neu treffen, vor allem, wenn wir wie Josef feststellen, dass wir in eine andere Richtung unterwegs sind als diejenige, die wir uns selbst ausgesucht haben und die ein Weg des Leidens ist. Werde ich auch in Zukunft darauf vertrauen, dass Gottes Plan für mich erfüllt werden wird, auch wenn ich warten muss so wie Abraham und Josef – warten und warten und warten? Werde ich beschließen zu glauben, dass Gott sich bei all den Umwegen in meinem Leben etwas denkt?

> *Werde ich auch in Zukunft darauf vertrauen, dass Gottes Plan für mich erfüllt werden wird, auch wenn ich warten muss.*

Wir können irgendeine beliebige von den Hunderten von Verheißungen aussuchen, die uns in Christus gegeben sind, und sie für uns in Anspruch nehmen, weil wir wissen, dass Gott immer sein Versprechen hält. Immer. Nicht ein einziges ist unerfüllt geblieben. Die Tatsache, dass ich heute hier in Sichem stehe, ein geliebtes Kind Gottes, dem vergeben wurde, ist die Erfüllung einer anderen Verheißung, die Gott Abraham gab, als er sagte, dass durch ihn alle Völker der Erde gesegnet würden (1. Mose 12,3). Nicht nur die Juden, sondern auch die Nichtjuden konnten seine Kinder werden – eine Prophezeiung, die durch Christus erfüllt wurde. Nachdem Jesus mit der Frau am Brunnen gesprochen hatte, „glaubten noch viel mehr Menschen an ihn“ (Johannes 4,39). Sie waren Nichtjuden – und Gottes Verheißung eines weltweiten Segens fing an, in Erfüllung zu gehen.

Gottes Wort ist so fest und sicher wie diese beiden Berge, die über diesem Ort Wache stehen. Ich kann mich entscheiden zu glauben – und zu vertrauen und zu warten, weil ich weiß, dass Gott seine Versprechen immer hält. Oder ich kann die Dinge selbst in die Hand nehmen und versuchen, sie auf eigene Faust wahr zu machen, so wie Josef es zu Anfang tat. Heute entscheide ich mich wieder einmal, ihm zu vertrauen, trotz all der beunruhigenden Veränderungen zu Hause, trotz der Trockenheit, die ich in meiner Seele gespürt habe. Meine Berufung hat sich nicht geändert, und Gott auch nicht. Ich bin dazu berufen, sein Werk zu sein – sein einzigartiges Meisterstück –, „durch Jesus Christus neu geschaffen, um Gutes zu tun. Damit erfüllen wir nur, was Gott schon im Voraus für uns vorbereitet hat“ (Epheser 2,10). Er interessiert sich nicht nur dafür, was ich für ihn tue, sondern auch für den Menschen, zu dem ich mich dabei entwickle. Der Gott,

Ich kann mich entscheiden zu glauben – und zu vertrauen. Oder die Dinge selbst in die Hand nehmen und versuchen, sie auf eigene Faust wahr zu machen.

der den kinderlosen Abraham zum Vater vieler Völker gemacht hat, der Josef von einem verwöhnten Kind zu einem internationalen Politiker machte und der die unglückliche Frau am Brunnen zu seiner Tochter machte, will auch mich verwandeln.

> *Der Gott, der den kinderlosen Abraham zum Vater vieler Völker gemacht hat, der Josef von einem verwöhnten Kind zu einem internationalen Politiker machte und der die unglückliche Frau am Brunnen zu seiner Tochter machte, will auch mich verwandeln.*

Die Lektion von Sichem ist, dass Gott treu ist. Die Frage, die wir uns alle stellen müssen, wenn wir hier stehen – wie Abraham es einst tat –, lautet: Entscheide ich mich dafür, an seine Verheißungen zu glauben?

Denn so hoch, wie der Himmel über der Erde ist, so groß ist seine Liebe zu allen, die ihm mit Ehrfurcht begegnen. So fern, wie der Osten vom Westen liegt, so weit wirft Gott unsere Schuld von uns fort!

Psalm 103,11-12

Ein neues Gebet für die Reise

Unser treuer Vater, der seine Versprechen hält,
ich danke dir für deine unfehlbare Liebe und Gnade für alle Menschen – eine Liebe, die wir uns nicht einmal vorstellen können und die wir nicht verdienen. Nicht ein einziges deiner guten Versprechen an uns hast du gebrochen, und du wirst es auch nie tun. Vergib mir, weil ich immer wieder vor deiner Berufung davonlaufe wie Jona, wenn ich aufgefordert bin, deine Liebe mit anderen zu teilen. Du hast mich an harte, trockene Orte geführt, um meine sündigen Gewohnheiten zu durchbrechen und mir zu zeigen, dass ich mich ändern muss, aber ich habe mich gewehrt. Danke, Herr, für diese Dürrezeit und für alles, was du mich dadurch lehrst. Hilf mir, wachsam zu sein gegen die unsichtbaren Feinde, die Kompromisse, und andere mutig zu warnen und deine Schlachten zu schlagen. Hilf mir, deinen Ruf zu hören und wie Petrus ohne Angst die Aufgabe zu übernehmen, die du für mich ausgewählt hast.
Amen.

Fragen zum Kapitel

- Haben Sie schon einmal eine herbe Niederlage in Ihrem Glauben einstecken müssen? Wodurch haben Sie die Kraft gefunden, wie Josua auch wieder aufzustehen und weiterzugehen?
- Gibt es Dinge in Ihrem Glaubensleben, die Sie immer wieder zu Fall bringen? Wie könnte Gott Ihnen klarmachen, dass Sie der Sünde den Rücken kehren müssen und eine komplett andere Richtung einschlagen sollen?
- Was tun Sie, um wachsam zu sein und aufmerksam auf die Feinde Ihrer Seele zu achten? Welche Rolle spielt dabei die Dankbarkeit?
- Wie können wir als Christen andere dazu ermutigen, wachsam zu sein?
- Beschreiben Sie, wie unterschiedlich Jona und Petrus auf den Auftrag Gottes reagierten. Wie reagieren Sie, wenn Gott Sie vor herausfordernde Aufgaben stellt?

- Haben Sie schon einmal Bekanntschaft gemacht mit Gottes „ausgesprochen kreativen Methoden, um Sie – wie Jona – wieder in seine ursprünglich geplante Richtung zu lenken?

- Herodes hat einen beeindruckenden Aquädukt in Cäsarea gebaut, um Wasser aus den Bergen in die Stadt zu leiten. Sind Sie ein Mensch, der an die Machbarkeit des Möglichen glaubt? Welche Gefahren können damit verbunden sein?

- Wie gehen Sie damit um, wenn sich bestimmte Träume nicht verwirklichen lassen? Können Sie einen tieferen Sinn dahinter sehen?

- Wie beantworten Sie die Frage Lynn Austins: „Bin ich bereit, an einem scheinbar unfruchtbaren Ort zu leben, solange er nur nah an der Quelle des Lebens liegt?"

- Wie gehen Sie mit einer Situation um, in der Ihnen Gott eine Zeit des Wartens zumutet?

- Welchen Veränderungen sahen sich Abraham, Josef oder die Frau am Jakobsbrunnen gegenüber? Welche Gefühle haben Sie, wenn Sie mit Veränderungen konfrontiert werden und was können Sie von den biblischen Gestalten lernen?

9

Galiläa

Mit der Kraft des Heiligen Geistes erfüllt, kehrte Jesus nach Galiläa zurück. Schon bald sprach man überall von ihm. Er lehrte die Menschen in den Synagogen, und alle redeten mit größter Hochachtung von ihm.

Lukas 4,14-15

Wir sind in der Region Galiläa angekommen und an dem glänzenden, harfenförmigen See, der als See Genezareth bekannt ist. Jesus und seine Jünger mussten wirklich robust gewesen sein, um den ganzen Weg von Jerusalem hierher zu laufen. Ich bin schon nach der langen Busfahrt müde! Der See ist kleiner, als die meisten Menschen ihn sich vorstellen; man kann das gegenüberliegende Ufer sehen, egal, auf welcher Seite man steht. Aber ich bin begeistert, weil Galiläa grün ist, obwohl der Kalender sagt, dass Winter ist. Nach der brutalen Wildnis im Süden fühlt es sich wie das Paradies an. Dies ist eine Region mit Obstplantagen und Weinbergen, Bananenplantagen, Zitrusgewächsen und Avocadofarmen. Unser Bus fährt an einem Zitronenhain vorbei und die hellgelben Früchte scheinen vor den dunklen Blättern förmlich zu leuchten.

Schließlich steigen wir aus dem Bus und ich stehe ehrfürchtig staunend in dem biblischen Dorf Kapernaum. Es ist einer jener Orte, von denen ich schon in der Sonntagsschule und in unzähligen Predigten gehört habe, aber ich hätte nie gedacht, dass ich selbst einmal herkommen würde. Der Name, der in christlichen Kreisen so falsch ausgesprochen wird, lautete ursprünglich Kafarnaum, was so viel bedeutet wie „Dorf des Nahum" – wahrscheinlich der Geburtsort des Propheten. Die Stadt liegt am Ufer des Sees, und hier scheint die Sonne heller, weil das Wasser sie reflektiert. Zumindest habe ich den Eindruck. Es ist ein schöner See und Jesus hat ihn auch so gesehen.

Jesus benutzte Kapernaum als Hauptquartier für seine Mission. „Er verließ Nazareth und wohnte in Kapernaum am See Genezareth, im Gebiet von Sebulon und Naftali" (Matthäus 4,13). Es war außerdem die Heimatstadt seiner Jünger Petrus und Andreas und ihrer Fischerkollegen Jakobus und Johannes. Heute gibt es hier kein Dorf mehr, nur Israels typische Touristenkombination aus archäologischer Ausgrabung und einer christlichen Kirche als Erinnerung an den Ort.

Die beeindruckendsten Ruinen sind die einer großen Synagoge aus dem vierten oder fünften Jahrhundert n. Chr. Dieses Gebäude war zur Zeit Jesu noch nicht hier, aber es steht auf dem Fundament der Synagoge, die es zu seiner Zeit gab. Die Synagoge, in der Jesus lehrte, muss so ähnlich ausgesehen haben wie diese hier, mit denselben Merkmalen, die alle Synagogen in Galiläa hatten. Hohe Steinsäulen trugen das Dach über dem Gottesdienstraum, und treppenartige Sitze liefen an drei Wänden entlang wie eine Tribüne, mit Blick auf die Fläche in der Mitte. Eine besondere Nische enthielt die heiligen Schriftrollen mit dem Gesetz und den Propheten. Draußen wurde eine *Mikweh*, ein Becken für rituelle Zwecke, für die Reinigung benutzt.

Jesus predigte genau hier: „Nun kamen sie in die Stadt Kapernaum. Am nächsten Sabbat besuchte Jesus die Synagoge und sprach dort zu den Menschen. Die Zuhörer waren sehr beeindruckt von dem, was er lehrte. Denn anders als ihre Schriftgelehrten redete Jesus mit einer Vollmacht, die Gott ihm verliehen hatte" (Markus 1,21-22). Man kann ihn sich gut vorstellen, wie er in der Mitte der Synagoge stand, aus der Thora las und den Menschen Gottes Wort erläuterte, während sie gebannt lauschten. Das Johannesevangelium berichtet von einer der umstritteneren Predigten Jesu, in denen folgende alarmierende Worte vorkommen: „Wenn ihr den Leib des Menschensohnes nicht esst und sein Blut nicht trinkt, habt ihr kein Leben in euch" (Johannes 6,54). Johannes schließt seinen Bericht mit der Bemerkung: „Dies alles sagte Jesus in der Synagoge von Kapernaum" (V. 59). Ja, dieser Ort ist echt, man spürt, dass Jesus hier war und dass das Leben von Menschen an diesem Ort für immer verändert wurde.

„Nachdem Jesus die Synagoge verlassen hatte, ging er mit Jakobus und Johannes in Simons Haus, in dem auch Andreas wohnte" (Markus 1,29). Kapernaum war ein sehr kleines Dorf und es ist nicht weit von der Synagoge zu den Überresten von Petrus' Haus. Nachdem Jesus dort angekommen war, heilte er die Schwiegermutter von Simon Petrus von einem Fieber, und sie stand auf und bediente ihn. Später, an demselben Abend, als der Sabbat zu Ende ging, „brachte man viele Kranke und von Dämonen beherrschte Menschen herbei. Fast alle Bewohner der Stadt versammelten sich vor Simons Haus. Jesus heilte viele von ihren Krankheiten" (V. 33-34).

Petrus war Fischer, und sein Heim war ein bescheidenes Steinhaus, in dem wahrscheinlich mehrere Generationen unter einem Dach lebten. In diesem gemäßigten Mittelmeerklima fand ein

Großteil der Essenszubereitung und anderer Aktivitäten draußen im Hof statt. Archäologen haben diese Ruine als das Haus von Petrus identifiziert, weil auf den Grundmauern eines Hauses aus dem ersten Jahrhundert eine sehr frühe christliche Kirche errichtet worden war. Darüber wurde im fünften Jahrhundert eine weitere Kirche gebaut. Keine dieser beiden Kirchen ist erhalten. Heute sieht man das Haus von Petrus kaum noch unter einer modernen Kirche, die aussieht, als wäre ein Raumschiff auf dem Dach des Hauses gelandet.

Mir fällt auf, dass Kapernaum nicht mehr ist als ein Touristenort. Die kleinen Kirchen, die hier heute stehen, scheinen Ausflugsziele zu sein und keine blühenden Gemeinden. Das ehemals geschäftige Fischerdorf – die Zentrale für den Sohn Gottes und sein Wirken – gibt es nicht mehr. So wie Jesus es vorhergesagt hat. „Weh euch, ihr Einwohner von Chorazin und Betsaida! Wenn die Wunder, die ich bei euch getan habe, in den nichtjüdischen Städten Tyrus und Sidon geschehen wären, ihre Einwohner hätten längst Trauerkleider angezogen, sich Asche auf den Kopf gestreut und wären zu Gott umgekehrt. … Und du, Kapernaum, wirst du etwa zum Himmel erhoben werden? Nein, zur Hölle wirst du fahren!" (Lukas 10,13.15) Wenn die Ruinen nicht wären, wüsste man gar nicht, dass hier jemals eine Stadt war. Wie so viele Orte in Israel wurde das Dorf aus der Zeit Jesu im Jahr 70 n. Chr. bei der römischen Invasion, bei der auch der Tempel und Jerusalem zerstört wurden, ausradiert. Ein Erdbeben oder eine der vielen Besatzungsmächte in den vergangenen zweitausend Jahren hat wahrscheinlich auch die Synagoge aus dem fünften Jahrhundert, die über der ursprünglichen erbaut wurde, dem Erdboden gleichgemacht. Israel hat seit der Zeit Jesu viel Zerstörung und Krieg erlebt, darunter auch den Sechstagekrieg seit der Gründung des modernen Staates 1948. Es überrascht mich nicht, dass nicht mehr viel übrig ist.

Während ich durch die Überreste von Kapernaum wandere,

frage ich mich, ob Gott einen Grund dafür hatte, all diese Unruhen und Umbrüche zuzulassen. Die frühen Christen wären vielleicht versucht gewesen, eine riesige Institution an diesem Ort zu errichten. Dies war immerhin das Hauptquartier Jesu. Warum es nicht auch zum Hauptquartier der Kirche machen? Warum nicht einen ausgedehnten Campus anlegen mit einem 4.000 Plätze umfassenden Auditorium und einem Missionszentrum und einem Krankenhaus für Heilungen und einer Ausbildungsstätte für Jünger? Die Apostel hätten sich zurücklehnen und darauf warten können, dass die Welt hierherkommt, um von ihnen zu lernen. Warum nicht Kapernaum zum Ausgangspunkt aller Programme und missionarischen Aktivitäten machen, die seine, nach ihm benannte Kirche im Laufe der Jahrhunderte veranstaltet hat?

Vielleicht hätten die ersten Christen genau das getan, wenn sie die Wahl gehabt hätten. Stattdessen ließ Gott Chaos und Zerstörung, Verfolgung und Vertreibung zu. Das alles begann, so lesen wir in Apostelgeschichte 11, nachdem Stephanus zu Tode gesteinigt worden war. Aber anstatt die junge christliche Gemeinde zu vernichten, stärkten das Chaos und die Verzweiflung am Ende des ersten Jahrhunderts sie nur. Gegen ihren Willen in alle Himmelsrichtungen zerstreut, trugen die ersten Christen die Lehren Jesu in die ganze Welt. Sie wurden Salz, das überall ausgestreut wurde, und Licht, das hell leuchtete, wohin sie auch gingen.

Gegen ihren Willen in alle Himmelsrichtungen zerstreut, trugen die ersten Christen die Lehren Jesu in die ganze Welt.

Gut möglich, dass es unsere natürliche Neigung ist, beeindruckende Bauten für christliche Werke zu bauen, aber das ist nicht Gottes Weg. Wir sollen in die Welt hinausgehen und nicht darauf warten, dass die Welt zu uns kommt, selbst wenn Gott unser bequemes Leben auf den Kopf stellen muss, damit wir es tun.

Ich habe gelesen, dass der Missionsbefehl Jesu auf Griechisch, der Sprache des Neuen Testaments, lautet: „In die Welt *hinausgehend* … macht sie zu Jüngern." Jesus geht davon aus, dass wir gehen; sein Befehl ist, dass wir auf dem Weg Menschen zu Jüngern machen. Als er seine Jünger zu zweit in die umliegenden Dörfer aussandte, gab er ihnen nicht den Auftrag, ein Grundstück zu erwerben und ein beeindruckendes Gebäude darauf zu errichten. Er sagte: „Nehmt nichts mit außer einem Wanderstab! Ihr sollt kein Essen, keine Tasche und kein Geld bei euch haben" (Markus 6,8). Das nenne ich reisen mit leichtem Gepäck! Jesus wollte, dass sie auf Gott und die Leitung durch den Heiligen Geist vertrauten, nicht ausgeklügelte Projekte und Programme und Missionsstrategien erfanden.

Wir sollen in die Welt hinausgehen und nicht darauf warten, dass die Welt zu uns kommt.

Hier in Kapernaum habe ich gelernt, mich nicht zu häuslich einzurichten. Wenn meine Welt erschüttert wird und mein Auftrag sich zu wandeln scheint und ich gezwungen bin, mich zu bewegen, dann bedeutet das nicht, dass in meinem Leben etwas nicht stimmt. So arbeitet Gott nun einmal. Seine Vorlage ist Veränderung, nicht Sesshaftigkeit. Es ist eine Erleichterung zu wissen, dass die Umbrüche, die ich erlebt habe, normal sind. Ich kann Gott vertrauen. Langfristig gesehen erweisen seine Baupläne sich immer als so viel besser als meine.

Die Dekapolis

Also, das ist eine Stadt! Ich stehe in den Ruinen von Scythopolis, einer der zehn Siedlungen, die in der Bibel als Dekapolis bezeichnet werden. Diese freien römischen Städte lagen innerhalb der Grenzen Israels, wurden aber von Nichtjuden bewohnt und nicht von Juden. Römische Kultur und Bräuche gediehen hier. Zur Zeit Jesu lag Scythopolis an der Kreuzung von zwei wichtigen Reiserouten, von denen eine durch die Jesreelebene zur Mittelmeerküste führte und die andere dem Jordantal folgte, in Richtung Norden nach Galiläa und im Süden nach Jerusalem.

Heute ist Scythopolis eine Geisterstadt, das Opfer eines Erdbebens. Aber die Ausgrabungen und Rekonstruktionen sind ungeheuer weitläufig und beinahe vollständig, und mir wird schnell klar, dass ich durch eine ehemals blühende Stadt laufe. Ich schlendere Straßen hinunter, die von riesigen Säulen gesäumt waren. Ich betrete eine Reihe kleiner Geschäfte mit aufwendigen Mosaiken auf dem Fußboden. Ich werfe einen Blick in einen heidnischen Tempel und dann in ein römisches Badehaus, das es mit jeder modernen Wellnessanlage aufnehmen könnte. In der Nähe des Amphitheaters gibt es sogar ein öffentliches Bad mit Toiletten innerhalb des Gebäudes, und das Ganze ist so groß wie eine Autobahnraststätte heutzutage. Ich gehe durch den bogenförmigen Eingang ins Theater und klettere die steinerne Tribüne hinauf zu den „Logen" für die High Society. Die Akustik ist perfekt, und als vier Studenten aus unserer Gruppe auf der Bühne stehen und singen, steigen ihre Stimmen bis zu meinem Platz auf, so laut und deutlich, als hätten sie Mikrofone. Touristen, die in den Souvenirläden am Hang hinter dem Amphitheater waren, kommen heraus, um zuzuhören.

> *Hier in Kapernaum habe ich gelernt, mich nicht zu häuslich einzurichten. Wenn meine Welt erschüttert wird, bedeutet das nicht, dass in meinem Leben etwas nicht stimmt.*

Als praktizierender Jude hat Jesus wahrscheinlich nicht viel Zeit hier in Scythopolis verbracht, wenn er überhaupt jemals hier war. Fromme Juden, die das Gesetz der Thora befolgten, mieden Orte wie diesen mit seiner römischen Dekadenz und den Götzenbildern. Die Städte der Dekapolis waren Nischen einer fremden, heidnischen Kultur, die das angestammte Land der Juden erobert hatte; Nichtjuden bauten ihre eigenen Städte und die Juden ihre. Man findet in der Dekapolis keine Synagogen und rituellen Bäder, und in den kleinen jüdischen Städten findet man keine heidnischen Tempel und römischen Bäder. Jesus und seine Jünger wären hier zwischen den Römern in ihren Togen ziemlich aufgefallen und mit ihren Bärten und Kopfbedeckungen und Quasten an ihren Gewändern leicht als religiöse Juden zu erkennen gewesen.

Auch wenn Jesus vielleicht nicht in Scythopolis war, heißt es in der Bibel, dass viele Menschen aus der Dekapolis ihm folgten (Matthäus 4,25). Was brachte sie dazu? War Jesus eine Kuriosität, der aktuelle Star, dessen Aktivitäten sie aus Langeweile verfolgten? Als Berichte über seine Heilungen die Runde machten, kamen sicherlich einige zu ihm, die geheilt werden wollten. Aber wie viele Bürger von Scythopolis gaben ihre römischen Götter und Bäder und andere Vergnügungen auf, um Christen zu werden? Die Bibel verrät es uns nicht.

Soll man uns in der Menge erkennen können oder nicht?

Während ich durch das heutige Israel reise, kann ich immer noch gut erkennen, welche Juden orthodox sind und welche nicht. Fromme Männer tragen immer noch Bärte und Kopfbedeckungen und Quasten an den Ecken ihrer Gewänder. Fromme Frauen kleiden sich konservativ mit langen Ärmeln, bodenlangen Röcken und hochgeschlossenen Oberteilen. Ich frage mich unwillkürlich, wie sie unsere Reisegruppe sehen. Können sie uns ansehen, dass wir Christen sind? Ich habe gesehen, wie orthodoxe Männer den Blick abwandten, als die jungen Frauen in unserer Gruppe in ihren ärmellosen T-Shirts mit tiefem Dekolleté vorbeigingen, und mir ist unwohl, wenn ich daran denke, was für eine Botschaft wir aussenden.

Christen sind in unserer Kultur nicht leicht zu erkennen, weil sie sich so gut einfügen, dass sie von anderen Bürgern nicht zu unterscheiden sind. Ein Kreuz um den Hals ist inzwischen ein so normaler Schmuck, dass er nichts mehr über den Glauben der Person aussagt, die es trägt. Jesus sagte, dass seine Nachfolger „nicht von der Welt sind, wie auch ich nicht von der Welt bin" (Johannes 17,14), aber wo ziehen wir die Grenze, indem wir uns von der allgemeinen Kultur absetzen, ohne in Gesetzlichkeit zu verfallen? Soll man uns in der Menge erkennen können oder nicht?

Das Alte Testament gab den Juden ganz genaue Anweisungen, wie sie sich kleiden sollten, darunter auch, wie Männer ihre Bärte schneiden sollten. Das Neue Testament gibt uns Christen auch Anweisungen: Unter anderem sollen Frauen „sich anständig, bescheiden und zurückhaltend kleiden" (1. Timotheus 2,9). Aber noch mehr Wert wird in der Bibel auf unseren Charakter gelegt und auf unser Verhalten. Wir sollten uns nicht unauffällig in eine gottlose Kultur einfügen, so wie Jesus sich in Scythopolis nicht unauffällig eingefügt hätte. Ich sollte mich unbehaglich fühlen in einer Umgebung, in der Gottes moralische Grundsätze missachtet werden und sein Name missbraucht wird. Ich sollte nicht abgestumpft sein bei Filmen und Fernsehsendungen, die gewalttätig und gotteslästerlich und gottlos sind. Sie sollten mich schockieren. Wir sollen uns auf Dinge konzentrieren, die wahrhaftig, gut und gerecht und redlich sind (Philipper 4,8). Ich kann es nicht ändern, dass ich von unserer heutigen Kultur umgeben bin, aber ich kann darauf achten, ihre Gewohnheiten und Ansichten nicht zu übernehmen. Wir sollen in dieser Welt sein, aber nicht von ihr.

Ich kann es nicht ändern, dass ich von unserer heutigen Kultur umgeben bin, aber ich kann darauf achten, ihre Gewohnheiten und Ansichten nicht zu übernehmen.

Jesus zog durch die Region, in der ich mich jetzt befinde – nicht, um ihre Gewohnheiten und ihre Kultur in sich aufzunehmen, und noch nicht einmal, um sie zu verurteilen, sondern um ihnen Gottes Liebe und Gnade zu bringen. Die Menschen waren ihm wichtig – so wichtig, dass er seine Reisepläne änderte, um zu ihnen zu sprechen und sie zu heilen. Vielleicht sollte ich mir deshalb die Frage stellen: Wird die Liebe Christi in meinem Leben deutlich oder kann man mich von allen anderen nicht unterscheiden? Ich glaube kaum, dass es helfen würde, wenn ich mich in Amisch-Tracht kleiden oder mich von dem „bösen“ Teil unserer Kultur abschotten würde, wenn mein Handeln und meine Worte genauso wären wie die aller anderen. „Die neue Welt Gottes ist schon jetzt da – mitten unter euch“ (Lukas 17,21). Ich nehme die Vergebung und Gnade Christi überall mit, wohin ich gehe. In meinem Alltag ist es wichtig, wie ich mich dem Bankangestellten und der Frau im Supermarkt und dem Postboten gegenüber verhalte. Meine Reaktion auf den Typen, der mich mit seinem Wagen schneidet oder mir den Parkplatz wegnimmt, ist wichtig. Und die Art, wie ich meine Verwandten behandele, die Christus nicht kennen. So wie es in einem alten Spiritual heißt: „*And they'll know we are Christians by our love*“ – an unserer Liebe werden sie sehen, dass wir Christen sind.

Vor zweitausend Jahren schnürten einige Bewohner von Scythopolis hier, wo ich jetzt sitze, ihre Sandalen und machten sich auf die Suche nach Jesus. Für viele von ihnen muss es Neugier gewesen sein, weil sie sehen wollten, was an dieser gefeierten Persönlichkeit dran war. Aber vielleicht waren manche auch ihr leeres, sinnloses Leben leid und sehnten sich nach Worten des Lebens und nach der Heilung ihrer Seele. Vielleicht

An unserer Liebe werden die Menschen sehen, dass wir Christen sind.

geht es jemandem, dem ich in meinem Alltag begegne, genauso. In unserer hektischen Kultur müssen Menschen so oft hinter Ergebnissen und Dingen zurückstehen. Warum entwickle ich nicht eine Gegenkultur, indem ich meinen vollen Terminkalender und meine To-do-Listen weglege und die Menschen an die erste Stelle rücke? Und während ich mich in der Welt tummele, kann ich ihnen die Liebe Christi zeigen.

Gott hat uns nicht ohne Grund an einen Knotenpunkt unserer Kultur gestellt.

Gott hat uns nicht ohne Grund an einen Knotenpunkt unserer Kultur gestellt. Er will, dass all unser Handeln und Denken in unseren ganzen, kleinen, alltäglichen Dingen so anders, so von seiner Gnade verwandelt sind, dass wir uns aus der Menge hervorheben – so auffällig wie ein frommer Jude im antiken Scythopolis. Unser Licht, Ihres und meines, soll „vor allen Menschen leuchten. Sie werden eure guten Taten sehen und euren Vater im Himmel dafür loben" (Matthäus 5,16).

Eine Stadt auf dem Berg

Ich entspanne mich auf dem Balkon unseres Hotelzimmers an einem milden Abend, während ich einen wunderbaren Ausblick auf den See Genezareth habe. Am Nachthimmel funkeln Millionen Sterne, die Luft duftet nach tropischen Blättern, die sanft in der Brise rascheln. Von meinem Standort aus sieht der See aus wie eine Schale mit geschmolzenem Silber, umgeben von Hügeln aus unordentlichem Grün. An einem der Hänge gegenüber, auf der anderen Seite des Sees, funkelt und leuchtet die Stadt Tiberias, und ihre Lichter spiegeln sich vielfach in dem ruhigen Wasser.

Ich liebe Galiläa. Jesus hat hier so viel Zeit mit Predigen zugebracht und Städte und Dörfer überall in der Region besucht, dass es mir vorkommt, als würde ich in seine Fußstapfen treten und das Echo seiner Stimme hören, wohin ich auch gehe. Und die glühwürmchenartigen Lichter von Tiberias erinnern mich an die Worte: „Eine Stadt, die hoch auf dem Berg liegt, kann nicht verborgen bleiben." Ich hole meine Bibel heraus und finde den Vers. Er gehört zur Bergpredigt und wurde wahrscheinlich an einem Hang unweit von Tiberias ausgesprochen. Aber während ich lese, stelle ich überrascht fest, dass der ganze Vers so lautet: „Ihr seid das Licht, das die Welt erhellt. Eine Stadt, die hoch auf dem Berg liegt, kann nicht verborgen bleiben" (Matthäus 5,14).

Ich erinnere mich daran, dass Jesus gesagt hat, *er* sei das Licht der Welt, aber ich hatte vergessen, dass er auch gesagt hat, *wir* seien das Licht der Welt. Er sagte nicht: „Ich *werdet* das Licht der Welt sein" oder: „Ihr *sollt* das Licht der Welt sein", sondern wir *sind* es. Er hebt nicht den Zeigefinger und ermahnt uns, uns zu entscheiden. Er sagt uns, wie es ist, und das sind die Fakten: Wenn ich seine Jüngerin bin, dann bin ich das Licht der Welt. Und so klar, wie ich das sechzehn Kilometer entfernte Tiberias leuchten sehen kann, so kann ich mein Licht auch nicht verstecken. Außerdem sagt Jesus, da mein Licht ohnehin gut sichtbar leuchtet, sollte ich es auch so scheinen lassen, dass es Gott zur Ehre gereicht (V. 16).

Als Christus in diesen Hügeln am See Genezareth unterwegs war, ließ er Gottes Licht in alle dunklen Ecken leuchten. Der Autor des Matthäusevangeliums erkannte, dass Jesus eine Prophezeiung Jesajas erfüllte: „Früher hat Gott Schande gebracht über das Gebiet der Stämme Sebulon und Naftali, in Zukunft aber bringt er gerade diese Gegend, die Westseite des Sees Genezareth, zu Ehren; ebenso das Ostjordanland und das

> *Als Christus in den Hügeln am See Genezareth unterwegs war, ließ er Gottes Licht in alle dunklen Ecken leuchten.*

nördliche Galiläa, wo andere Völker wohnen. Das Volk, das im Finstern lebt, sieht ein großes Licht; hell strahlt es auf über denen, die ohne Hoffnung sind" (Jesaja 8,23–9,1; siehe Matthäus 4,13-16). Als Jesaja lebte, eroberten die brutalen Assyrer diese Region, und die Bewohner von Galiläa waren die Ersten in Israel, die abgeschlachtet oder als Sklaven ins Exil verschleppt wurden. Dunkelheit und der Schatten des Todes lagen ganz eindeutig über diesem Ort. Aber Jesaja sagte eine Zeit voraus, in der ein großes Licht aufleuchten würde: „Denn uns ist ein Kind geboren! Ein Sohn ist uns geschenkt! Er wird die Herrschaft übernehmen. Man nennt ihn ‚Wunderbarer Ratgeber', ‚Starker Gott', ‚Ewiger Vater', ‚Friedensfürst'" (Jesaja 9,6). Der erste Ort, der Gefangenschaft erleiden musste, wurde jetzt durch das Wirken Christi befreit.

Gottes Licht ist mit Christus aufgegangen und scheint jetzt in mir und durch mich. Ich soll eine Welt erhellen, die verloren ist.

Es ist wunderbar, diese Verse zu lesen und Gott bei der Arbeit zuzusehen, während er treu sein Wort hält. Aber ich bin auch Teil dieses prophetischen Bildes. Gottes Licht ist mit Christus aufgegangen und scheint jetzt in mir und durch mich. Ich soll eine Welt erhellen, die verloren ist, und wie eine Stadt auf einem Berg leuchten. Männer und Frauen, die Gott liebt, tappen im Dunklen und suchen den richtigen Weg. Und ich kenne einige von ihnen! Gott hat uns mit dem Licht Christi erfüllt, damit wir denen den Weg erleuchten, die verloren sind.

Das Einzige, was schlimmer ist, als sich verlaufen zu haben und den richtigen Weg nicht zu finden, ist, wenn man sich im Dunkeln verlaufen hat. Einmal waren Ken und ich bei einem Campingurlaub so leichtsinnig, mit unseren Kindern nach dem Abendessen zu einer Wanderung durch den Wald aufzubrechen – ohne Taschenlampen, weil wir dachten, wir würden vor Einbruch der Dunkelheit wieder zurück sein. Aber wir unterschätzten die Länge und Schwierigkeit der Strecke und waren immer noch mitten im Wald, als die Nacht hereinbrach. Es wurde immer schwieriger, dem Wanderweg im Dunkeln zu folgen, und wir kamen immer langsamer voran. Die Kinder bekamen Angst und bildeten sich ein, Bären und Wildkatzen zu hören, während sie fürchteten, wir würden für immer in der kanadischen Wildnis herumirren. Na gut, ich gebe zu, mir war auch mulmig zumute. Als die Angst der Kinder sich gerade in Tränen verwandelte, erspähten wir ein schwaches Licht durch die Bäume. Wir eilten darauf zu – nachdem wir unsere Tochter davon überzeugt hatten, dass Bären keine Taschenlampen bei sich trugen – und bald sahen wir weitere Lichter, die Zelte erhellten und in Lagerfeuern flackerten. Gott sei Dank, wir hatten den Zeltplatz gefunden! Wir würden doch nicht sterben.

> *Das Einzige, was schlimmer ist, als sich verlaufen zu haben, ist, wenn man sich im Dunkeln verlaufen hat.*

Das ist das Bild, das die Bibel für uns zeichnet. Jesus hat gesagt, dass wir diese Lichter in der Dunkelheit sind, die verlorenen und ängstlichen Menschen Hoffnung geben und ihnen den Weg heim zu Christus leuchten. Wer ihm nachfolgt, „irrt nicht mehr in der Dunkelheit umher, sondern folgt dem Licht, das ihn zum Leben führt“ (Johannes 8,12). Es stimmt, wir müssen manchmal furchterregende Orte durchqueren. Und es kann sein, dass wir auf unserem Weg unkluge Entscheidungen treffen oder nicht bemerken, dass das Licht schwächer wird. Aber mit Christus als dem, der uns führt, werden wir wenigstens sehen,

> *Es kann sein, dass wir auf unserem Weg unkluge Entscheidungen treffen oder nicht bemerken, dass das Licht schwächer wird. Aber mit Christus werden wir wenigstens sehen, wohin wir gehen, anstatt ziellos herumzuirren.*

wohin wir gehen, anstatt ziellos herumzuirren. Vielleicht entdecken wir sogar eine andere Stadt auf dem Berg, die uns hilft, die richtigen Schritte zu tun.

Bevor ich diesen Balkon verlasse und schlafen gehe, blicke ich noch einmal zu den Lichtern auf der anderen Seite des Sees hinüber. Ich bin diese Stadt! Ich muss mich aus den eingefahrenen Gleisen befreien, die mich zu Hause begrenzen, und nach einem Berg Ausschau halten, von dem aus ich leuchten kann. Mein Licht unter den Scheffel stellen? Nein. Nicht, wenn es so viele dunkle Orte in dieser Welt gibt, die Gottes Licht brauchen.

Mein Licht unter den Scheffel stellen? Nein. Nicht, wenn es so viele dunkle Orte in dieser Welt gibt, die Gottes Licht brauchen.

Der Berg der Seligpreisungen

Die Kirche der Seligpreisungen thront wie eine Königin oben auf einem Berg am See Genezareth. Weit unter uns liegt der See friedlich da, ein halbes Dutzend Boote bilden bunte Tupfen darauf. Der Überlieferung nach ist dies der Berg, an dem Jesus lehrte, was wir als die Bergpredigt bezeichnen, darunter auch die Seligpreisungen. Man kann sich leicht vorstellen, dass Jesus hier unter einem strahlend blauen Himmel saß, seine Anhänger auf dem Hang verteilt, der als natürliches Amphitheater diente, um seine Stimme zu verstärken. Es ist still hier, mehrere Kilometer von der nächsten Stadt entfernt, und das sehr schön gestaltete Gelände um die Kirche herum lädt zu Gebet und Meditation ein. Unser Reiseleiter liest uns Teile der Bergpredigt vor und schlägt dann vor, dass wir uns, jeder für sich, eine Weile zurückziehen und über die Worte Jesu nachdenken.

Ich entscheide mich für eine niedrige Steinmauer unter einem Baum und setze mich so, dass ich den See Genezareth sehen kann und die Sonne mein Gesicht erwärmt. Ich versuche, die Worte Jesu so zu hören, wie sein ursprüngliches Publikum sie gehört hat, und als hörte ich sie zum ersten Mal. Vor allem fällt mir der Abschnitt der Predigt auf, in dem Jesus dem Gesetz des Alten Testaments eine neue Wendung gibt: Ihr habt gehört, dass ihr niemanden umbringen sollt, aber ich sage, ihr sollt nicht einmal Zorn in eurem Herzen hegen. Ihr habt gehört, dass ihr keinen Ehebruch begehen sollt, aber ich sage, ihr sollt jemanden, der nicht euer Ehepartner ist, noch nicht einmal begehren. Ihr habt gehört, dass ihr euren Nächsten lieben sollt, aber ich sage, ihr sollt eure Feinde lieben und für sie beten (siehe Matthäus 5). Jesus hat die Messlatte für uns noch höher gelegt, indem er sagte, dass ein reines Befolgen des Gesetzes noch nicht ausreicht: „Ich warne euch: Wenn ihr das Gesetz Gottes nicht besser erfüllt als die Pharisäer und Schriftgelehrten, kommt ihr nicht in Gottes neue Welt“ (Matthäus 5,20). Nur was in unseren Herzen ist, das zählt.

Dieser neue, schwierigere Maßstab ist Teil des neuen Bundes, den Gott durch Christus mit uns geschlossen hat: „Ich schreibe mein Gesetz in ihr Herz, es soll ihr ganzes Denken und Handeln bestimmen. Ich werde ihr Gott sein, und sie werden mein Volk sein. … Denn alle – vom Kleinsten bis zum Größten – werden erkennen, wer ich bin“ (Jeremia 31,33-34). Die Pharisäer zählten 613 alttestamentliche Gesetze, die Juden befolgen mussten, um als gerecht zu gelten. So unmöglich das auch scheint, konnten sie ihr Verhalten doch wenigstens an einem festen Standard messen und sehen, ob sie ihm gerecht wurden oder nicht. Der junge Mann konnte Jesus glaubhaft versichern, dass er von Jugend an treu alle Gesetze gehalten

Wie kann ich jemals den Maßstäben Christi für ein reines Herz gerecht werden?

hatte. Aber Jesus sagt, dass es nicht reicht, den Buchstaben des Gesetzes zu erfüllen. Die äußerliche Übereinstimmung, die die Pharisäer verlangten, ist nicht genug. Wichtig ist, was in unserem Herzen ist. Der junge Mann war äußerlich gehorsam, aber in seinem Herzen hing er an seinem Reichtum. Die Worte Jesu haben zweifellos eine Menge Leute erschüttert.

Ich kann mir die Zehn Gebote ansehen und sagen, dass ich „streng genommen" gegen keines davon verstoßen habe. Aber nach den Maßstäben, die Jesus uns gibt, habe ich sie wahrscheinlich alle zehn gebrochen! Ich war mehrmals richtig wütend auf andere und habe sie mit bösen, tötenden Worten angegriffen. Und was ist mit dem Gebot, nicht zu begehren? Ich müsste aufhören, Fernsehwerbung zu schauen und Zeitschriften zu lesen und an Schaufenstern vorbeizugehen, damit ich nichts begehre. Ich müsste aufhören, neidisch auf das Leben von Freunden zu blicken oder ihr missionarisches Engagement mit meinem zu vergleichen. Wie kann ich jemals den Maßstäben Christi für ein reines Herz gerecht werden?

Will ich mich wirklich von innen heraus verändern lassen oder halte ich mich schon für gut genug?

Gott will, dass ich seine Gebote aus einer tiefen, von Herzen kommenden Liebe zu ihm befolge, aus Dankbarkeit für seine Gnade, aus dem Wunsch heraus, seinem Willen mehr zu entsprechen als meinem eigenen. Gott will eine Beziehung zu mir, kein Regelbefolgen. Er schickt seinen Heiligen Geist in mein Leben, um mir zu zeigen, was in meinem Herzen ist, und mich zu überführen, wenn ich es wirklich hören will, wenn ich bereit bin, ihn in all die versteckten Ecken sehen zu lassen. Will ich mich wirklich von innen heraus verändern lassen oder halte ich mich schon für gut genug?

Ich rutsche unbehaglich hin und her, als ich mir diese beunruhigenden Gedanken mache – und es liegt nicht an dem steinigen Platz, auf dem ich sitze. Mir fällt ein, dass König David, der gegen mindestens zwei der Zehn Gebote verstieß, als er mit Bathseba Ehebruch beging und dann veranlasste, dass ihr Mann getötet wurde, als „Mann nach dem Herzen Gottes“ bezeichnet wurde. Vielleicht liegt das daran, dass David Gott um Gnade bat und bereit war zu beten: „Durchforsche mich, o Gott, und sieh mir ins Herz … Sieh, ob ich in Gefahr bin, dir untreu zu werden“ (Psalm 139,23-24). David wird überall in der Bibel als Mann Gottes gelobt, aber Jesus verdammte die „heiligen Männer“ seiner Zeit, die Pharisäer und Schriftgelehrten, als er sagte: „Ihr poliert eure Becher und Schüsseln außen auf Hochglanz, so wie das Gesetz es erfordert. Doch gefüllt sind sie mit dem, was ihr in eurer maßlosen Gier anderen abgenommen habt“ (Matthäus 23,25). Er will, dass seine Gebote in unsere Herzen und nicht in Regelwerke und Bücher geschrieben sind.

Schließlich ruft unser Reiseleiter uns wieder zusammen. Die Sonne fühlt sich jetzt noch wärmer an, als er uns auf einer Wanderung den Hang hinabführt, zum See Genezareth hinunter. Ich bete und forsche weiter in meinem Herzen, während ich den Berg hinabsteige. Der Pfad schlängelt sich durch einen schattigen Bananenhain und wir sehen Bündel gelb werdender Bananen, die, noch an den Bäumen hängend, in Plastiktüten gehüllt und so geschützt sind. Wenn unsere Herzen doch auch so gegen die Sünde geschützt werden könnten.

> *Ich habe immer darauf geachtet, äußerlich eine brave Christin zu sein, und habe doch manchmal der Sünde erlaubt, in meinem Herzen zu gären.*

Von dem steilen Abstieg fühlen meine Knie sich ganz zittrig an, als wir etwa fünfundvierzig Minuten später am Ufer des Sees ankommen. Wir befinden uns an einem schmalen, mit Steinen übersäten Strand, der Überlieferung nach der Ort, an dem Christus seinen Jüngern nach der Auferstehung erschien und wo er Fisch zum Frühstück briet. Petrus und die anderen waren in ihren alten Beruf als Fischer zurückgekehrt. Was sonst sollte Petrus auch tun? Er hatte geleugnet, dass er Jesus überhaupt kannte, und muss geglaubt haben, dass er nicht mehr verdiente, sein Jünger zu sein. Petrus war enttäuscht, weil alles so gekommen war. Er dachte, er hätte eine Rebellion gegen Rom unterstützt und würde eine Ehrenrolle bekleiden. Doch während Petrus und Jesus an jenem Morgen am Strand frühstückten, geschahen zwei Dinge: Petrus bereute und nahm die Vergebung Jesu für sein Fehlverhalten und seinen Verrat an, und dann beauftragte Jesus ihn, wieder sein Jünger zu sein. Diesmal würde er Gottes Plänen für dessen Reich folgen, nicht seinen eigenen.

Meine größte Sünde war mein Unglaube, mein Zweifel an der Güte Gottes, mein Zweifel, dass die Veränderungen, die er in meinem Leben bewirkt hat, zu meinem Besten sein werden und nicht zu meinem Schaden.

Am Strand sinke ich zu Boden, um zu beten. Ich bin ebenso schuldig, wie Petrus es war, weil ich auch meinen eigenen Willen haben will und nicht nach Gottes Willen frage. Ich hatte beschlossen, wie mein Leben als Jüngerin aussehen sollte, was meine Rolle in seinem Reich sein müsste, und dann wurde ich zornig und deprimiert, als die Dinge sich anders entwickelten, als sie es meiner Meinung nach sollten. Ich habe immer darauf geachtet, äußerlich eine brave Christin zu sein, und habe doch manchmal der Sünde erlaubt, in meinem Herzen zu gären.

Ich bitte Gott um Vergebung für mein Begehren, für die neidischen Blicke auf meine Freundinnen, deren Kinder und Enkel in ihrer Nähe wohnen, und dafür, dass ich haben wollte, was sie haben, anstatt das, was mir geschenkt wurde. Ich bat Gott, mir zu vergeben, dass ich ihm nicht vertraut habe, nicht offen für die Veränderungen war. Meine größte Sünde war mein Unglaube, mein Zweifel an der Güte Gottes, mein Zweifel, dass die Veränderungen, die er in meinem Leben bewirkt hat, zu meinem Besten sein werden und nicht zu meinem Schaden.

Ich bekenne ihm meine Sünde. Ich nehme seine Vergebung an. Dann ergreife ich meine Rolle als seine Jüngerin neu, egal, wohin sie mich in der Zukunft führen wird. Ich nehme die Veränderungen an, die Gott mir zugemutet hat. Und dann stehe ich wie Petrus auf, klopfe mir den Sand von den Kleidern und lasse den Strand in dem Wissen zurück, dass mir vergeben wurde. Und ich fange neu an.

Auf dem Wasser gehen

Von unserem Fahrzeug aus, das auf dem Gipfel parkt, sehen wir zu, wie ein plötzliches Unwetter auf den See Genezareth zurollt. Blitze zucken, schwarze Wolken türmen sich auf, Donner dröhnt. Innerhalb weniger Minuten peitscht eine eiskalte Regenwand gegen unsere Fenster und der Wind rüttelt an dem Bus. Einige Wanderer, die zu ihrem Auto flüchten, haben Mühe, aufrecht zu stehen. Der Sturm zerrt an dem Schirm einer Frau und stülpt ihn von innen nach außen, sodass er nur noch ein nutzloses Gewirr aus Stangen und Stoff ist. Das Unwetter kam so plötzlich, dass wir gerade noch auf den ruhigen See hinuntergeschaut und die Aussicht genossen hatten, um gleich darauf eilig Schutz zu suchen. Ich habe in der Bibel von den plötzlichen Stürmen am See Genezareth gelesen, von Stürmen, die Jesus auf wundersame Weise gestillt hat, aber jetzt verstehe ich, dass gestandene Fischer wie Petrus, Jakobus und Johannes mitten auf dem Wasser von einem solchen Unwetter überrascht werden konnten.

In einem solchen Sturm ging Petrus auf dem Wasser. Es war außerdem noch finsterste Nacht. Warum kann Jesus ihm nicht an einem sonnigen Tag mit ruhiger See das Auf-dem-Wasser-

Gehen beibringen? Alle Jünger hätten sich daran beteiligen können. Eine Menge Zuschauer hätte vom Ufer aus zusehen und über das Wunder staunen können. Alle nicht gläubigen Freunde und Verwandte von Petrus hätten verstanden, warum er sich dazu entschieden hatte, dem Fischereiunternehmen der Familie den Rücken zu kehren und einem umherziehenden, heimatlosen Rabbi zu folgen. Stattdessen konnten die Jünger im Dunkeln kaum etwas sehen und ihre Herzen waren voller Angst. Sie waren die ganze Nacht gerudert, hatten sich abgerackert und waren doch noch immer weit vom Ufer entfernt. Die Wellen drohten das Boot zu verschlingen und sie alle in den Tod zu reißen.

Dann, aus Sturm und Dunkelheit, erschien Jesus, der ruhig über das Wasser des Sees lief. Zuerst hatten die Jünger schreckliche Angst, aber Jesus versicherte ihnen: „Ich bin es doch, fürchtet euch nicht!" Ich bin nicht sicher, was in diesem Augenblick über Petrus kam, aber er antwortete mutig: „Herr, wenn du es wirklich bist, lass mich auf dem Wasser zu dir kommen."

Jesus sagte: „Komm her" (Matthäus 14,22-32).

Schiffe und Seen gehörten zum Alltag von Petrus. Er war höchstwahrscheinlich schon ein paarmal aus dem Boot gefallen, unzählige Male hinausgesprungen oder vielleicht sogar gestoßen worden, und jedes Mal hatte er dieselben Folgen gespürt, weil er gesunken war. Aber jetzt, als seine elf Freunde zitternd im Bug saßen, beschloss Petrus, seinen Komfortbereich zu verlassen, seine Instinkte zu ignorieren, alles zu vergessen, was er aus Erfahrung wusste, und auf das Geheiß Jesu hin aus dem Boot zu steigen. Mitten im Sturm. Nachts. Und in dem Augenblick, als ihm be-

> *In dem Augenblick, als Petrus den Wind und die Wellen sah, bekam er es mit der Angst zu tun. Ich kenne diesen Augenblick der Panik, wenn einem das Herz stockt und man umkehren will, aber es ist zu spät.*

wusst wurde, was er da getan hatte, und er den Wind und die Wellen sah, bekam er es mit der Angst zu tun.

Ich verstehe, wie Petrus sich fühlte, als er über die Bootskante auf das aufgewühlte Wasser trat. Ich kenne diesen Augenblick der Panik, wenn einem das Herz stockt und man umkehren will, aber es ist zu spät. Nachdem mein erstes Buch veröffentlicht worden war, lud die Leiterin unseres „Bibel-Cafés" mich ein, vor der Gruppe zu sprechen. Natürlich lehnte ich ab und erklärte ihr, Vorträge zu halten liege mir nicht. Zum Bücherschreiben bin ich genau der richtige Typ, ich kann mich tagelang in meinem Büro verkriechen, mit niemandem als meinen fiktiven Charakteren als Gesellschaft. Wann immer ich in der Schule ein Referat halten musste, endete das in Tränen, weichen Knien und schrecklichem Stottern. Ich konnte und würde keinen Vortrag halten.

Dann hörte meine Cheerleader-Freundin Cathy davon. Ich nenne sie Cheerleader, weil sie eine so offene, gesellige Natur ist – genau das Gegenteil von meinem introvertierten Wesen. Sie kann wunderbar Menschen, die sie liebt, mit geistlichen Worten aufbauen und ermutigen. „Du bist Schriftstellerin! Du kannst locker eine Vorlage für einen Vortrag schreiben", sagte sie. Natürlich kann ich einen Vortrag *schreiben*. Ihn aber vor echten Menschen *halten*, das ist das Problem. Es spricht für Cathys Überredungskünste, dass ich schließlich einwilligte.

Ich weiß nicht mehr, wie dieser erste Vortrag lief oder was ich gesagt habe, aber ich erinnere mich noch gut daran, dass ich jede Menge Rennies gefuttert habe. Anschließend gab die Leiterin der Gruppe meinen Namen und meine Telefonnummer stillschweigend an Kolleginnen weiter, und schon bald kamen regelmäßig Anfragen, ob ich einen Vortrag halten könne. Es wurde mit der Zeit und Übung nicht besser. Ich kann sogar die Wirkung, die solche öffentlichen Auftritte auf meinen Magen haben, als effektive Abmagerungskur empfehlen.

Ein paar Jahre später rief die Leiterin eines internationalen

Frauenverbands an, um mich als Hauptrednerin bei ihrer Jahrestagung zu gewinnen. Wieder überredete meine Freundin Cathy mich dazu – nachdem ich ihr das Versprechen abgenommen hatte, dass sie mit mir zu dieser Tagung fahren würde.

Am Tag des Vortrags trafen wir einige Stunden früher in dem Saal ein, damit die Techniker einen Soundcheck machen konnten. Cathy sah hinter den Kulissen zu, während ich auf der Bühne umherging und mich an das Rednerpult stellte. Ich blickte in den Saal jenseits der grellen Bühnenbeleuchtung und sah endlose leere Reihen vor mir. Nicht Dutzende oder Hunderte Sitze, sondern Tausende. Ich stellte mir vor, dass sie in wenigen Stunden mit Menschen gefüllt sein würden, und meine Knie wurden weich. Die Scheinwerfer fingen an, sich zu drehen. Hätte ich mich nicht am Rednerpult festgehalten, ich hätte glatt das Gleichgewicht verloren. Ich würde es nicht schaffen! Ich konnte nicht vor mehr als zweitausend Menschen sprechen. Was machte ich hier? Warum hatte ich nur zugesagt, diesen Vortrag zu halten? Ich verstand genau, wie Petrus sich gefühlt haben muss, nachdem er das Boot verlassen hatte.

„Lynn!", ertönte eine donnernde Stimme aus der Dunkelheit. Ich hoffte, es wäre die Stimme Gottes, die mich in den Himmel abberief, aber das war nicht der Fall. „Lynn, könnten Sie etwas ins Mikrofon sagen, damit wir die Lautstärke einstellen können?"

Wie sollte ich etwas sagen? Meine Lungen fühlten sich an, als hätte ein Sturz alle Luft darausgepresst. Cheerleader Cathy kam mit der Bibel, die sie immer in der Handtasche hat, zu mir gelaufen und drückte sie mir in die zitternde Hand. „Hier, lies etwas", flüsterte sie. Ich schlug die Bibel irgendwo in der Mitte auf und fing an, aus den Psalmen zu lesen. Es half mir, auf die Seite zu schauen anstatt auf die endlosen Sitzreihen. Die vertrauten Worte der Bibel ließen meine Panik lange genug abebben, um den Soundcheck hinter mich zu bringen. Aber vor einem leeren Saal zu reden, war eine Sache – wie sollte ich jemals an diesem

Abend eine Rede vor einem vollen Haus halten? Alles schlug über mir zusammen und ich fing an unterzugehen. Ich wäre einmal in einem See fast ertrunken, als ich in der achten Klasse war. Die atemlose, beklemmende Panik, die ich damals empfunden hatte, spürte ich jetzt. Wenn Gott nicht ein Wunder tat, konnte ich unmöglich in den nächsten Stunden auf diese Bühne hinaustreten und einen zusammenhängenden Vortrag halten.

Als der Soundcheck zu Ende war, packte Cathy mich am Arm und schleppte mich zu unserem Hotelzimmer zurück. Sie schloss die Tür und zog mich neben einem der Betten auf die Knie herunter. „Wir müssen beten!" Cathy übernahm das Beten. Ich war so gelähmt vor Angst, dass ich keinen Ton herausbrachte.

An die nächsten Stunden erinnere ich mich kaum noch. Wir zogen uns für den Abend um, gingen mit den Veranstaltern essen – obwohl ich keinen Bissen herunterbrachte – und kehrten in den Saal zurück, wo der Vortrag stattfinden sollte. „Ich bete weiter", sagte Cathy, als sie mich allein ließ, um ihren Platz im Publikum einzunehmen. Wieder hatte ich das Gefühl, als würde ich ertrinken, während jemand mit mir in einen Raum hinter der Bühne ging, um zu beten. Ich hörte kein Wort von dem, was sie sagten. Meine Gedanken überschlugen sich und mein Puls dröhnte in meinen Ohren, und ich schrie stumm zu Gott, so wie ich damals an dem See zu meinen Freunden am Ufer geschrien hatte: „Hilfe! Hilf mir!"

Monate vorher hatte ich Gott gefragt, ob es seine Berufung für mich sei, dass ich diesen Vortrag halte, und ich hatte den Eindruck gehabt, dass es so war. Ich war auf sein Geheiß hin aus dem Boot gestiegen. Aber jetzt hatte ich, wie Petrus, meinen Blick von Jesus abgewandt und mir meine Umgebung angesehen, und ich sank. Es wäre ein Wunder, wenn ich auch nur aufrecht stehen und Luft holen konnte, geschweige denn sprechen. Und so rief ich wie Petrus: „Herr, rette mich!"

Ich habe mich immer gewundert, warum Petrus nicht einfach

versucht hat, zum Boot zurückzuschwimmen, als er anfing zu sinken. Wir wissen aus der Bibel, dass er schwimmen konnte. Nach der Auferstehung Jesu sprang Petrus aus dem Boot und schwamm ans Ufer, als er sah, dass Jesus dort am Strand Frühstück machte. Aber anstatt zu paddeln und sich selbst zu retten, schrie Petrus zu Jesus. Ich liebe den nächsten Satz in der Geschichte: „Jesus streckte sofort die Hand aus“ (Matthäus 14,31). *Sofort.*

In dem stillen Raum hinter der Bühne schrie ich an diesem Abend um Hilfe und sofort … durchbrach der Klang eines Schofars die Stille. Der Trompetenklang kam von überall und nirgends und hallte durch den ganzen Saal. *Ein Schofar!* Gott hatte seine Reaktion ganz speziell auf mich abgestimmt. Ganz egal, dass die Musik von einem Rabbi kam, den man dafür engagiert hatte, die Tagung mit einer Melodie zu eröffnen. Ganz egal, dass alle, nicht nur ich, sie hören konnten. Gott hatte das perfekte Symbol gewählt, um in diesem Augenblick zu mir – und nur zu mir – zu sprechen.

Mein Mann ist professioneller Trompeter, also kenne ich die bunte Geschichte des Schofars, das aus einem Widderhorn gemacht wird. Als Abraham die Vorbereitungen traf, um seinen Sohn Isaak zu opfern – ein Vorgriff auf das Opfer Christi –, fragte Isaak: „Feuer und Holz haben wir – aber wo ist das Lamm für das Opfer?“, und Abraham antwortete: „Gott wird schon dafür sorgen, mein Sohn!“ (1. Mose 22,7-8) Und Gott schenkte an jenem Tag einen Widder, der sich mit seinem Horn im Gebüsch verfangen hatte – und er gab seinen eigenen Sohn, Jesus Christus, damit er an unserer Stelle starb. Wenn das Schofar im jüdischen Gottesdienst verwendet

Wenn das Schofar im jüdischen Gottesdienst verwendet wird, ist der Klang des Widderhorns eine Erinnerung daran, dass der Herr Rettung bringen wird.

wird, ist der Klang des Widderhorns eine Erinnerung daran, dass der Herr Rettung bringen wird.

Als ich diesen Klang hinter der Bühne hörte, neigte ich den Kopf und konnte kaum atmen, als der Ruf mich erfasste, wie keine andere Antwort Gottes es gekonnt hätte. Er war so laut und durchdringend, dass die anderen Frauen aufhörten, laut zu beten. Das Geräusch ließ meinen ganzen Körper erbeben. *Der Herr sorgt für mich.* In diesem heiligen Augenblick spürte ich einen tiefen Frieden. Ich wusste, dass Gott mir helfen würde, das zu tun, was mir selbst unmöglich war.

Schließlich endeten die Fanfarenklänge. Meine Hände hatten aufgehört zu zittern. Mein Atem und mein Puls waren wieder ganz normal. Als ich aufstand, trugen meine Beine mich. Ich ging auf die Bühne – über das Wasser – und ließ mich von Gott gebrauchen, indem ich meinen Vortrag hielt.

Ich habe immer geglaubt, dass Petrus der Anführer der Jünger wurde, weil er dies in dem mitternächtlichen Sturm erlebt hatte. Seit jener Nacht wusste er: Wenn er seinen Komfortbereich verließ, weil der Herr ihn rief, dann konnte er Unmögliches tun. Er konnte übers Wasser gehen. Es war eine Lektion, die die anderen elf Jünger, die im Boot geblieben waren, nicht gelernt hatten. Und ich habe sie auch gelernt, an dem Abend meines Vortrags. Gott erinnert mich an diesen Abend, als ich auf den stürmischen See Genezareth hinausblicke. Jesus will mir durch all die Veränderungen und Herausforderungen helfen, vor denen ich stehe. Er wird mir helfen, übers Wasser zu gehen, wenn ich ihn um seine Hilfe bitte und mich nach seiner Hand ausstrecke.

> *Jesus wird mir helfen, übers Wasser zu gehen, wenn ich ihn um seine Hilfe bitte und mich nach seiner Hand ausstrecke.*

Das Unwetter über dem See hat sich ausgetobt. Schließlich steigen wir wieder aus dem Bus, als der Regen aufhört. Der

Wind ist nur noch eine sanfte Brise, als hätte Jesus ihm befohlen, still zu sein. Ich sehe, wie die Leute zum Himmel hinaufzeigen, und blicke auf; dort, wo gerade noch Gewitterwolken waren, erscheint jetzt ein Regenbogen am Himmel über dem Wasser. Er wirkt beinahe lachhaft, wie ein Klischee, aber wir machen trotzdem Fotos davon. Der Bogen ist ein tolles Symbol für Gottes Verheißung: Egal, wie gerechtfertigt sein Zorn gegen die Menschheit ist, seine Gnade wird ihn immer überstrahlen.

> *Vielleicht kommt Jesus mitten im Sturm auf mich zu und lädt mich ein, auf neue Weise übers Wasser zu gehen, sodass ich noch tiefer vertraue und glaube.*

Bevor ich diese Pilgerreise antrat, hatten die Gewitterwolken sich bei mir zu Hause geballt. Mein Boot schlingerte und meine Angst nahm zu. Ich habe mich am Dollbord festgehalten und Jesus angefleht, die See für mich zu beruhigen und mich ans sichere Ufer zurückzubringen. Aber vielleicht kommt Jesus mitten im Sturm auf mich zu und lädt mich ein, auf neue Weise übers Wasser zu gehen, sodass ich noch tiefer vertraue und glaube. Bin ich bereit, in meinem Alter diesen Schritt zu tun, nachdem ich mich in meiner Arbeit des Schreibens und Vorträgehaltens häuslich eingerichtet habe? Ist das, was ich *für* Jesus tue, etwas, das ich genauso gut auch *ohne* seine Hilfe tun könnte? Wage ich es, seine Einladung immer wieder anzunehmen und in die tosenden Wellen hinauszutreten?

Gott aber kann viel mehr tun, als wir jemals von ihm erbitten oder uns auch nur vorstellen können. So groß ist seine Kraft, die in uns wirkt. Deshalb wollen wir ihn mit der ganzen Gemeinde durch Jesus Christus ewig und für alle Zeiten loben und preisen. Amen.

Epheser 3,20-21

Ein neues Gebet für die Reise

Mein gnädiger himmlischer Vater,
du hast den Wind und die Wellen erschaffen und du bist Herr über all die Stürme in unserem Leben. Du lässt dein Licht der Gnade auf uns scheinen, so hell und so voller Hoffnung wie ein Regenbogen nach einem Gewitter. Vergib mir all die Male, die ich dein Licht nicht widergespiegelt habe; dass ich Geschäftigkeit oder Egoismus oder etwas anderes den Vorrang vor deiner Priorität hier auf der Erde gegeben habe – den Menschen, die du liebst. Ich bekenne, dass ich versucht habe, mich in die Kultur einzufügen, anstatt aufzufallen und für dich einzutreten. Ich habe mich von einem äußerlichen Maßstab aus Regeln und Geboten davon überzeugen lassen, ich sei gut genug, anstatt Christus zu erlauben, dass er mich innerlich verändert. Danke, dass du mir eine zweite Chance gibst, wenn ich versage – und eine dritte und vierte Chance. Gib mir den Glauben und den Mut, in meinem schaukelnden Boot auf diesem stürmischen See aufzustehen und auf deine Einladung hin übers Wasser zu gehen.
Amen.

Fragen zum Kapitel

- Lynn Austin schreibt: „Christen sind in unserer Kultur nicht leicht zu erkennen, weil sie sich so gut einfügen, dass sie von anderen Bürgern nicht zu unterscheiden sind." Wie denken Sie darüber? Ist es ein Vorteil, wenn Christen sich an die jeweilige Kultur anpassen, oder sollte man sie „in der Menge erkennen können"?
- Falls es doch äußere Merkmale gibt, an denen man Christen in der Regel erkennen kann, welche sollten das sein?
- Welche Aufgaben haben Christen in dieser Welt? Lesen Sie dazu Johannes 8,12.
- Welche dunklen Orte fallen Ihnen ein, an denen Sie für Gott ein Licht sein könnten?
- Wie stehen Sie zu den Zehn Geboten?
- Lynn Austin schreibt: „Ich habe immer darauf geachtet, äußerlich eine brave Christin zu sein, und habe doch manchmal der Sünde erlaubt, in meinem Herzen zu gären." Erinnern Sie sich an Situationen, in denen Sie

auch in Ihrem Herzen der Sünde einen Platz zum Gären eingeräumt haben? Wollen Sie Gott diese Sünde bringen?

- Gibt es Situationen in Ihrem Leben, in denen Sie den Eindruck hatten, Sie sollten das sichere Boot verlassen und auf dem Wasser gehen? Wie haben Sie sich entschieden?

- Lynn Austin hat erlebt, wie der Klang des Schofars ihr in einer bestimmten Situation die Angst genommen hat. Können Sie sich an ähnlich brisante Momente erinnern, in denen Gott Sie durch etwas daran erinnert hat, dass er bei Ihnen ist?

- Welche Erfahrungen haben Petrus so geprägt, dass er zum Anführer der Jünger wurde? Haben Sie ähnliche Erfahrungen mit Gott gemacht? Wozu will Gott Sie berufen?

10

Der hohe Norden

Gott, mit unseren eigenen Ohren haben wir's gehört; unsere Väter haben uns erzählt, was für große Taten du zu ihrer Zeit vollbracht hast – doch das liegt schon lange zurück! Du selbst hast fremde Völker aus dem Land vertrieben und es unseren Vorfahren überlassen. Die Völker, die dort wohnten, hast du zerschlagen, damit unser Volk aufblühen und sich entfalten konnte. Unsere Vorväter haben das Land in Besitz genommen. … Du hast sie durch deine Gegenwart gestärkt und ihnen deine Liebe gezeigt.

Psalm 44,2-4

Sobald wir das Naturschutzgebiet von Dan erreicht haben, das vierzig Kilometer nördlich vom See Genezareth liegt, springe ich aus dem Bus, weil ich unbedingt in diesen üppigen grünen Wäldern wandern will. Was für ein Kontrast zu der rauen, unfruchtbaren Wüste im Süden, wo meine Reise begonnen hat! In diesem Park sprudelt kühles, erfrischendes

Wasser, das von den schneebedeckten Hängen des nahe gelegenen Hermon herunterfließt. Irgendwann trifft das Wasser auf andere Zuflüsse, so als würden überschwängliche Freunde sich zu einer Party treffen, und sie werden zum Oberlauf des Jordan. Dann fließt das Wasser weiter nach Süden bis zum See Genezareth, das Jordantal hinunter, und endet schließlich im Toten Meer in einer Sackgasse. Aber hier in diesem Naturschutzgebiet ist das Wasser ein lebendes Wesen, während es über Felsen rauscht und Klippen hinunterstürzt und vor Freude gurgelt und singt und brüllt. Es ist ein herrliches Geräusch, dessen ich nie müde werde. Das Leben spendende Wasser verwandelt den Park in einen regelrechten Garten Eden. Tatsächlich hat man eine Lichtung in dem Wald das „Paradies" genannt, und wir folgen bei unserer Wanderung den Markierungen, die uns den Weg zum Paradies weisen. Für eine Waldliebhaberin wie mich ist dies wahrhaftig ein Paradies!

Lange bevor ich genug Natur getankt habe, kommen wir an eine beeindruckende Ruine, die mir die Sprache verschlägt. Mitten im Wald befinden sich die Überreste der antiken kanaanitischen Stadt Dan, die bis in die Zeit Abrahams zurückreicht. Das Stadttor aus Lehmziegeln ist das früheste Bauwerk dieser Art, das je entdeckt wurde, zweitausend Jahre vor Christus erbaut. Ich stehe wie angewurzelt da und starre den baufälligen Bogen vor mir an, weil ich nicht fassen kann, dass dieser Rest einer von Menschen erbauten Stadt *viertausend* Jahre alt ist!

In 1. Mose 14 lesen wir, wie Abrahams Neffe Lot, der unter den Heiden von Sodom gelebt hatte, von vier Königen, die das Gebiet erobert hatten, gefangen genommen und verschleppt wurde. „Als Abraham erfuhr, dass Lot verschleppt worden war, bewaffnete er alle kampferprobten Leute, die in seinem Lager geboren waren – 318 Männer –, und jagte den vier Königen hinterher. Bei Dan im Norden holte er sie ein" (V. 14). Abraham war vor mir in dieser kanaanitischen Stadt. Nach einer waghalsigen nächtlichen Razzia besiegte er die vier Könige und rettete Lot, zusammen mit all den anderen Gefangenen.

Ich sehe diesen antiken Torbogen an und stelle mir den Patriarchen und seine erschöpften, aber frohen Männer vor, die als Sieger durch das Tor schritten. Abraham hatte sich auf Gott verlassen, nicht auf seine eigene Kraft. Mit nur wenigen Männern hatte er gegen ein Bündnis von vier Königen gekämpft und war ein enormes Risiko eingegangen, um ein Familienmitglied zu retten, das es eigentlich besser hätte wissen müssen, als sich in einer Stadt wie Sodom niederzulassen.

Wir gehen weiter den Berg hinauf, tiefer in den Wald hinein, und kommen recht atemlos bei einer ganz anderen Ruine an. Hier oben auf dem Gipfel über der antiken Stadt Dan stehen die Überreste eines Götzenschreins. Einige Hundert Jahre nach Abraham, während der Zeit der Richter, eroberten die Israeliten die kanaanitische Stadt Dan weiter unten am Hang und stellten hier oben ein Götzenbild auf (siehe Richter 17–18). Der Ort, an dem der Gott Abrahams angebetet wurde, war die Stiftshütte in Silo. Aber in dieser Region hier „gab es eine neue Generation, die den Herrn weder kannte noch wusste, was er für Israel getan hatte" (Richter 2,10). Sie lebten Seite an Seite mit dem Volk und der Kultur, die sie nicht gänzlich vernichtet hatten, „vermischten sich mit diesen Völkern und dienten ihren Göttern" (Richter 3,6). Die Eltern dieser Götzendiener hatten Gottes mächtige Wunder noch miterlebt: eroberte Reiche, einstürzende Mauern, in die Flucht geschlagene Feinde. Aber dann wuchs die nächste Generation heran, „und jeder tat, was er für richtig hielt" (Richter 17,6). Der Glaube ihrer Vorväter war versickert wie Wasser auf trockenem Land. Es geschieht immer wieder, in der Bibel und im Lauf der Zeit.

Der Glaube der Vorväter war versickert wie Wasser auf trockenem Land. Es geschieht immer wieder, in der Bibel und im Lauf der Zeit.

Als David König wurde, begann er eine geistliche Erneuerung in Israel. Sein Sohn Salomo baute einen herrlichen Tempel und bestimmte Jerusalem als den Ort, an dem Gott angebetet werden sollte. Aber eine Generation nach Salomos Tod brach die Nation in zwei Teile, und der König der Nordstämme errichtete zwei goldene Kälber, die sein Volk anbeten sollte. Eins davon stellte er hier in Dan auf, wo ich jetzt stehe (1. Könige 12,29-30).

Die Menschen konnten diesen Götzen des Vergnügens und der Sinnlichkeit anbeten, ohne Gottes strenge Gesetze oder die Unannehmlichkeit einer langen Reise nach Jerusalem in Kauf nehmen zu müssen. Diese Ruinen zeugen von dem Götzendienst dieser Generation.

Das Naturschutzgebiet von Dan ist ein Ort der Gegensätze. Der üppige Park weckt in mir die Sehnsucht nach dem Garten Eden und belebt etwas Grundlegendes in mir, so wie es das Wandern im Wald und in der Nähe von Flüssen immer tut. Aber dass ich in diesem schönen israelischen Nationalpark die Überreste eines heidnischen Schreins finde, ernüchtert mich. Vom Paradies zum Götzendienst ist es nur ein kurzer, schneller Fall. Lot entfernte sich von Abraham und endete in Sodom. Eine Generation nach der Eroberung des verheißenen Landes bauten Israels Söhne und Töchter diesen Götzenaltar. Eine Generation nachdem König Salomo einen herrlichen Tempel in Jerusalem errichtet hatte, verneigten die Israeliten sich hier in Dan vor einem goldenen Kalb.

Vom Paradies zum Götzendienst ist es nur ein kurzer, schneller Fall.

Wie leicht es für eine neue Generation doch ist, dem Gott ihrer Eltern den Rücken zu kehren. Wie einfach, einen neuen Weg zu gehen und nicht zu bemerken, wie weit er uns von Gott entfernt, vor allem, wenn er unser Leben angenehmer und bequemer macht. Warum das Opfer einer langen Reise nach Jerusalem bringen, wenn man ganz in der Nähe Gottesdienst feiern kann, so wie es einem selbst gefällt? Ich habe selbst erlebt, wie unsere Kultur sich immer weiter von Gott entfernt und „Gutes" böse und „Böses" gut nennt. Ich habe liebe junge Menschen in meiner Verwandtschaft, für die die Bequemlichkeit einer lockeren Moral und die Verlockung falscher Götter lauter sprechen als die Bibel. Langsam, verführerisch wird eine neue Generation mehr zur jetzigen Kultur hingezogen als zu Gott. Und mit jedem Jahr, das vergeht, scheint es unmöglicher, sich gegen diese mächtigen Kräfte zu wehren.

Aber das antike kanaanitische Tor in diesem Nationalpark erfüllt mich mit Hoffnung. Mit dem Glauben an Gott und nur einer kleinen Truppe Männer besiegte Abraham vier mächtige Könige und rettete seinen dummen jungen Neffen. Dieser Götzenaltar oben auf dem Berg liegt jetzt verlassen da, das goldene Kalb ist längst fort. Die einzige Erinnerung daran, dass hier einst eine heidnische Kultur blühte, sind ein paar verstreute Überreste dieses Schreins und ein Stück ihrer Lehmziegelmauer. Entgegen aller Wahrscheinlichkeit siegt das Böse am Ende nicht. Gott siegt.

Ich kann mich für meine Lieben in den Kampf stürzen, auch wenn alles gegen mich spricht, weil ich weiß, dass Gott auf meiner Seite ist. „Mit deiner Hilfe unterwerfen wir die Feinde; in deinem Namen bezwingen wir die Gegner" (Psalm 44,6). Mit seiner Hilfe kann ich diejenigen retten, die von unserer heutigen Kultur gefangen genommen sind, aber dazu muss ich sie genug lieben, um den Kampf gegen mächtige Feinde aufzunehmen. Es kann bedeuten, dass ich meinen Komfortbereich verlassen und mich auf intensivere Weise mit dem Leben der jüngeren Generation beschäftigen muss. Es kann bedeuten, dass ich selbst mich zuerst näher an

Entgegen aller Wahrscheinlichkeit siegt das Böse am Ende nicht. Gott siegt.

Gott halten und den Götzendienst aus meinem eigenen Leben verbannen muss, bevor ich in Gottes Sinne Einfluss nehmen kann. Es kann bedeuten, dass ich mir das Recht, angehört zu werden, erst durch Taten der Liebe und Barmherzigkeit verdienen muss.

Das Gebet ist unsere wirksamste Waffe in diesem Kampf um die Herzen und Gedanken unserer Lieben, und doch habe ich zugelassen, dass mein eigenes Gebetsleben leblos und routiniert wird. Ich muss es um jener Menschen willen, die ich liebe und die Gott liebt, erneuern. Und wenn ich schon mal dabei bin, werde ich für einen erneuerten Glauben und Eifer beten, während ich nach Wegen suche, wie ich einer verlorenen Generation sagen kann, dass Gott sie liebt. Und ich werde Gott auch bitten, mir zu vergeben, dass ich nicht schon früher und energischer für meine verschleppten Verwandten gekämpft und mit seiner Hilfe feindliches Gebiet erobert habe, um Gottes Kinder zu ihm zurückzubringen.

Das Gebet ist unsere wirksamste Waffe in diesem Kampf um die Herzen und Gedanken unserer Lieben.

Der Hermon

Ich habe ihn von Galiläa aus in der Ferne gesehen. An einem klaren Tag beherrscht der Hermon den nordöstlichen Horizont, ein majestätischer, in Purpur gekleideter König mit schneeweißem Haar. Unser Reisebus hat den Berg auf einer Straße mit steilen Serpentinen erklommen, und jetzt schauen wir von oben auf Galiläa hinunter. Dies ist der nördlichste Punkt in Israel, den wir besuchen können. Von diesem Standort aus sehe ich die Staaten Libanon und Syrien in der Ferne.

Die Vereinigten Staaten haben jede Menge Gebirgszüge wie

diesen, aber der Hermon fällt auf, weil er der einzige in Israel ist, der bis über die Schneefallgrenze reicht. Der Anblick des Hermon ist so majestätisch und der Blick vom Gipfel so Ehrfurcht gebietend, dass ich mich unwillkürlich frage, warum Gott seinen Tempel nicht hier gebaut hat. Der Hermon hätte Gläubige so inspiriert, wie es die mittelalterlichen Kathedralen in Europa tun. Stattdessen wählte Gott den Berg Zion – der nicht einmal der höchste Berg in Jerusalem ist – als den Berg des Herrn aus. Dann erinnere ich mich an den langen, steilen Aufstieg, den unser Bus gerade bewältigen musste, um hierher zu gelangen, und mir wird bewusst, dass wir die Höhe des Hermon als Ausrede benutzt hätten. Wer kann auf eine Höhe von mehr als 2.700 Meter über dem Meeresspiegel klettern, um Gott anzubeten? Gott entschied sich dafür, seinen Platz der Anbetung zugänglich zu machen.

> *Während ich nach Wegen suche, wie ich einer verlorenen Generation sagen kann, dass Gott sie liebt, werde ich für einen erneuerten Glauben und Eifer beten.*

Das war ein Grund, warum Gott das Volk Israel aus Ägypten herausgeführt hatte: dass sie lernten, ihn anzubeten. „Lass mein Volk ziehen“, sagte er zum Pharao, „damit sie mich in der Wüste verehren können“ (2. Mose 7,16). Aber als das Volk endlich den Berg Sinai erreichte und der Berg anfing zu beben und Feuer und Rauch zu spucken, hatten die Menschen panische Angst (1. Mose 19,16-19). Mose stieg alleine zum Gipfel hinauf, um die Thora zu empfangen und Gottes Wort zu ihnen hinunterzubringen. „Die Gebote, die ich euch heute gebe, sind ja nicht zu schwer für euch oder unerreichbar fern. Sie sind nicht oben im Himmel, sodass ihr sagen müsstet: ‚Wer steigt hinauf und bringt uns die Gebote herunter, damit wir sie hören und befolgen können?‘ Im Gegenteil: Die Gebote sind nahe bei euch! Ihr kennt sie auswendig, ihr könnt sie aufsagen und befolgen“ (5. Mose 30,11-12.14).

Der Verfasser des Hebräerbriefs erinnert an die Erfahrung, die Israel am Berg Sinai gemacht hat, und versichert uns: „Ihr habt noch Größeres erlebt als damals die Israeliten. Der Berg Sinai, zu dem sie gekommen waren, war ein irdischer Berg. Sie sahen ihn im Feuer lodern, als Mose von Gott die Gebote erhielt … Ihr dagegen seid zum himmlischen Berg Zion gekommen … Ja, ihr seid zu Jesus selbst gekommen, der als Vermittler zwischen Gott und uns Menschen den neuen Bund in Kraft gesetzt hat" (Hebräer 12,18.22.24). Unser Christsein ist keine unlösbare Aufgabe. Es erfordert keine übermenschliche Anstrengung oder Intelligenz, wir müssen nur vertrauen. Christus hat seinen himmlischen Thron verlassen, um uns das Reich Gottes zu bringen. Er gab uns den Heiligen Geist, um uns unserer Sünde zu überführen und uns zu lehren, wie wir gottgefällig leben können. Was brauchen wir noch mehr? Dieser Abschnitt aus dem Hebräerbrief schließt mit den Worten: „Dafür wollen wir Gott von Herzen danken und ihm voller Ehrfurcht dienen" (Hebräer 12,28).

Hat der mühelose Zugang zum Thron unseres Vaters uns selbstzufrieden gemacht? Halte ich ihn deshalb für selbstverständlich, anstatt darin das erstaunliche Vorrecht zu sehen, das er ist? Sollte ich nicht vor Ehrfurcht ebenso atemlos sein, wenn ich in Anbetung oder im Gebet vor Gott trete, als wäre ich einen Berg von 2.700 Metern Höhe hinaufgestiegen?

Unser Christsein ist keine unlösbare Aufgabe. Es erfordert keine übermenschliche Anstrengung oder Intelligenz, wir müssen nur vertrauen.

Unser Reiseleiter lenkt meine Aufmerksamkeit auf die Verklärung Jesu. Er ist überzeugt, dass Jesus mit Petrus, Jakobus und Johannes, zumindest ein Stück weit, den Hermon hinaufging und nicht den Berg Tabor, wo heute die Verklärungskirche steht. Die Evangelien nennen keinen Namen, sondern berichten nur, dass Jesus mit diesen drei Männern einen hohen Berg hinaufstieg. Was als Nächstes geschah, veränderte das Leben der Beteiligten: „Da wurde Jesus vor ihren Augen verwandelt: Sein Gesicht leuchtete wie die Sonne, und seine Kleider strahlten hell. Dann erschienen Mose und Elia und redeten mit Jesus" (Matthäus 17,2-3).

In seiner Aufregung bot Petrus an, drei Hütten als Schrein zu bauen, aber während er noch stammelte, „hüllte sie eine leuchtende Wolke ein" und Gottes Stimme sprach aus der Wolke. Die Reaktion aller drei Jünger war, dass sie sich vor Entsetzen auf den Boden warfen und das Gesicht verbargen. Manchmal singen wir alberne Lieder darüber, dass wir Gott sehen und ihn anfassen wollen, aber in Wahrheit würden wir vor Angst in Ohnmacht fallen, wenn Gott solch einer naiven Bitte entsprechen würde. Was Israel am Berg Sinai erlebte, „war so furchterregend, dass sogar Mose bekannte: ‚Ich zittere vor Angst und Schrecken!'" (Hebräer 12,21) Ich will niemals vergessen, dass Gott heilig ist – und ich es nicht bin. Das Mindeste, was ich tun sollte, wenn ich in Anbetung vor ihn trete, ist, all meine kleinlichen, selbstbezogenen Gedanken und Einstellungen am Fuß des Berges zurückzulassen und „den festlichen Vorhof mit lautem Lob" zu betreten (Psalm 100,4).

Hat der mühelose Zugang zum Thron unseres Vaters uns selbstzufrieden gemacht?

Für alle drei Jünger war diese Gipfelerfahrung, bei der sie mit Jesus und zweien der größten Männer der Geschichte sprachen, wahrscheinlich einer der denkwürdigsten Tage ihres Lebens. Dort oben, wo die Luft dünn und rein ist und der Ausblick grenzenlos, konnte Petrus einen entfernten Blick auf Gottes Plan für die winzigen Sterblichen hier unten werfen. Die Rolle, die der Gesetzgeber Mose, der Prophet Elia und der Messias Jesus dabei spielten, muss ihnen so klar gewesen sein wie die Luft, die sie atmeten. Kein Wunder, dass Petrus vorschlug, Hütten zu bauen und dort oben zu wohnen.

Wir haben auch manchmal solche Gipfelerlebnisse bei einer Wochenendfreizeit oder einer christlichen Großveranstaltung, wo wir die Herrlichkeit Gottes sehen – und wir möchten gerne dort bleiben. Alles in unserem Leben scheint einen Sinn zu ergeben, während Gott deutlich mit uns redet und uns einen Blick auf seine ewige Perspektive erlaubt. Wir haben den Glauben, der Berge versetzt, und sagen wie die Israeliten am Berg Sinai: „Wir wollen alles tun, was der Herr befiehlt" (2. Mose 19,8).

Ich glaube, dass die Vision von Christus in all seiner Herrlichkeit den drei Jüngern Petrus, Jakobus und Johannes bei all dem geholfen hat, was sie in den Jahren nach der Himmelfahrt Christi durchmachen mussten.

Ich glaube, dass diese Vision von Christus in all seiner Herrlichkeit den drei Jüngern bei all dem geholfen hat, was sie in den Jahren nach der Himmelfahrt Christi durchmachen mussten. Sie wussten, dass sie Jesus am Ende der Zeit wiedersehen würden – in all seiner Herrlichkeit. Wir können die Blicke auf seine Herrlichkeit, die er uns schenkt, ebenfalls als Schatz in unserem Herzen bewahren, diese täglichen Wunder, wenn unsere Gebete für eine kranke Freundin durch Heilung erhört werden; wenn unser Flehen für eine zerbrochene Beziehung zu Versöhnung führt; wenn ein geliebter Mensch, für den wir jahrelang gebetet haben, endlich sein Leben Christus übergibt. Diese Lichtblicke helfen uns, an der Verheißung für eine Zukunft festzuhalten, in der Gott alle Tränen abwischen und alles neu machen wird; eine Zukunft,

Kleine Lichtblicke helfen uns, an der Verheißung für eine Zukunft festzuhalten, in der Gott alle Tränen abwischen und alles neu machen wird.

von der Jesus versprochen hat, dass „alle, die Gottes Willen tun … in der neuen Welt ihres Vaters leuchten [werden] wie die Sonne“ (Matthäus 13,43).

So herrlich die Erfahrung der Verklärung Christi auch war, er und seine Jünger konnten nicht auf dem Gipfel bleiben. Jesus musste den Weg nach Golgatha gehen. Petrus, Jakobus und Johannes mussten in alle Welt hinausgehen und Menschen zu Jüngern machen. Sie alle hatten hier unten etwas zu tun – und das gilt auch für mich. Meine Pilgerreise nach Israel ist beinahe zu Ende. Ich bin von einem Ende des Landes zum anderen gereist, von der öden Wüste im Süden zu Israels höchstem Berg im Norden. Ich habe mein Leben und meine Arbeit aus einer anderen Perspektive betrachtet, und Christus ist für mich auf eine Weise greifbar geworden, wie ich sie noch nie erlebt habe. Aber jetzt ist es Zeit, noch ein letztes Mal das Panorama des Gelobten Landes von den Höhen des Hermon aus zu bestaunen. Es ist Zeit, zum Boden hinabzusteigen und mich auf die Aufgaben vorzubereiten, die Gott mir stellt. Ich gehe mit einem Anflug von Bedauern, weil ich einen Ort solcher Schönheit und ein besonderes Gefühl der Gegenwart Gottes zurücklasse. Aber ich lasse nicht die Nähe Gottes zurück. Ich kann zu ihm kommen, wo auch immer ich bin, und zwar durch das Gebet: „Ihr dürft sicher sein: Ich bin immer bei euch, bis das Ende dieser Welt gekommen ist!“ (Matthäus 28,20) Was habe ich also zu befürchten?

Es ist Zeit, zum Boden hinabzusteigen und mich auf die Aufgaben vorzubereiten, die Gott mir stellt.

Ich will euch die Geschichte unseres Volkes vor Augen malen. Ihre dunklen Rätsel will ich euch erklären. Was wir gehört und erfahren haben, was schon unsere Väter uns erzählten, das wollen wir auch unseren Kindern nicht verschweigen. Jede Generation soll von den mächtigen Taten Gottes hören, von allen Wundern, die er vollbracht hat.

Psalm 78,2-4

Ein neues Gebet für die Reise

Unser heiliger Gott und Vater,
deine Herrlichkeit leuchtet in der Schönheit deiner Schöpfung auf, in den Bergen und Wäldern und rauschenden Flüssen. Sie sind deine Geschenke, die wir genießen dürfen, und spiegeln deine Schönheit und Liebe wider, und dafür danke ich dir. Ich bekenne, dass ich zugesehen habe, wie liebe Menschen sich von dir entfernt haben, und dass ich sie nicht genug geliebt habe, um mich durch das Gebet zu bewaffnen und ihnen nachzujagen. Gib mir neuen Glauben und Eifer und die Führung deines Heiligen Geistes, während ich alles daransetze, um sie zu dir zurückzubringen. Danke, dass du vom Himmel heruntergekommen bist, um mich zu retten, sodass ich mit dir in den Himmel hinauffahren kann. Und jetzt, Herr, beginne ich allmählich, die Arbeit zu sehen, die du als Nächstes für mich hast. Stärke mich mit deiner Kraft und deiner Liebe, damit ich sie tun kann.
Amen.

Fragen zum Kapitel

- Wie verstehen Sie den Satz: „Vom Paradies zum Götzendienst ist es nur ein kurzer, schneller Fall“? Zählen Sie Situationen aus der Bibel auf, die diese Aussage untermauern.
- Welche Menschen in Ihrer näheren Umgebung stehen in der Gefahr, den Glauben an Gott zu vergessen? Was können Sie dagegen tun?
- Wie kann man heute einer verlorenen Generation sagen, dass Gott sie liebt?
- Lynn Austin schreibt: „Unser Christsein ist keine unlösbare Aufgabe. Es erfordert keine übermenschliche Anstrengung oder Intelligenz, wir müssen nur vertrauen.“ Ist es womöglich zu leicht, den Weg zu Gott zu finden? Halten wir es deswegen für selbstverständlich und nicht mehr für ein Vorrecht, uns Gott nahen zu können?
- Die Erfahrung von Petrus, Jakobus und Johannes während der Verklärung Jesu war sicherlich einer der denkwürdigsten Tage ihres Lebens. Welche positiven Folgen hat dieses Erleben bei den dreien wohl hinterlassen?

- Welche Kraft können wir aus vergangenen Gotteserfahrungen schöpfen?
- Vor welchen großen Aufgaben stehen Sie gerade? Wo können Sie sich Kraft dafür holen? Welche Bibelverse kommen Ihnen dabei in den Sinn?

11

Sabbatruhe

Kommt alle her zu mir, die ihr euch abmüht und unter eurer Last leidet! Ich werde euch Ruhe geben.

Matthäus 11,28

Es ist Freitagnachmittag und der Sabbat steht vor der Tür. Wir sind zu unserem Gästehaus in Jerusalem zurückgekehrt, und ich beobachte das geschäftige Treiben, das diesem Ruhetag vorausgeht. Das hebräische Wort für Sabbat – *Schabbat* – bedeutet „anhalten“. Und wenn heute um 16:47 Uhr die Sonne untergeht, wird alle Arbeit aufhören, egal, ob sie beendet ist oder nicht. Die öffentlichen Busse werden alle zum Bahnhof zurückkehren und nicht mehr fahren. In den Häusern und Wohnungen in ganz Jerusalem werden Menschen ihre Fernseher und Computer und Handys ausschalten, sie werden ihre E-Mails und SMS nicht mehr abrufen. In diesem Augenblick beeilen sich die Köche im Gästehaus, unser besonderes Schabbatmahl zu Ende zuzubereiten, weil sie wissen, dass die Öfen und Herde vor Sonnenuntergang ausgeschaltet werden müssen, ob das Essen fertig ist oder nicht. Man hat mir versichert, dass unser Essen fertig sein wird.

Das jüdische Volk feiert seit Jahrhunderten den Schabbat, in Städten und Dörfern, in Gettos und Gulags und Konzentrationslagern. Die Menschen wissen, wie man den Sabbat heiligt. Während ich hier in Israel mit ihnen feiere, lerne ich ihn so zu sehen, wie sie ihn sehen: als ein Geschenk Gottes. Er gibt uns die Erlaubnis, die Arbeit ruhen zu lassen, ob wir damit fertig sind oder nicht – und natürlich sind wir nie fertig. Wir können unsere Sägen und Spachtel und Handys weglegen, unsere Autos und Computer und Rechner ausschalten und ausruhen. So wie unsere Chefs und Geschäftsführer uns einen Jahresurlaub gewähren, bei dem wir die Arbeit niederlegen können und wir uns keine Gedanken darüber machen müssen, dass wir am nächsten Tag unser E-Mail-Postfach leeren, so gibt Gott uns jede Woche am Sabbat Urlaub von der Arbeit. Da er uns entworfen und geschaffen hat, weiß er, dass unser Körper und unser Geist nach sechs Tagen Ruhe brauchen, um gut zu funktionieren – so wie ein regelmäßiger Ölwechsel unser Auto am Laufen hält.

> *Hier in Israel lerne ich den Sabbat so zu sehen, wie die Menschen ihn sehen: als ein Geschenk Gottes.*

Während die Sonne sich dem Horizont entgegenneigt, ziehen sich alle in unserer Reisegruppe um und werfen sich in Schale. Als ich noch klein war, zogen die Leute sich sonntags für die Kirche fein an. Meine Schwestern und ich hatten sogar besondere Schuhe, die wir nur an diesem Tag trugen, schwarze Lackschuhe, die wir am Samstagabend mit Vaseline einrieben, bis sie glänzten. Sich für den Schabbat schick zu machen, ist eine Art, diesen Tag als etwas Besonderes zu kennzeichnen, eine heilige Zeit, die sich von allen anderen Tagen unterscheidet.

Wir überqueren den Hof zum Speisesaal, und mir fällt auf,

wie still es draußen ist. Auf den Straßen herrscht kein Verkehr, die Telefone klingeln nicht, kein Piepen, das den Erhalt einer SMS verkündet, stört die Ruhe, keine Musik und keine Fernsehgeräusche dröhnen aus offenen Fenstern. Der Friede ist herrlich, ein Vorgeschmack auf den Himmel. Viele Menschen, die ich kenne, werden sich im Himmel ruhelos und unbehaglich fühlen, weil sie das Ausruhen hier auf der Erde nicht geübt haben. Ich stelle mir vor, dass sie sich im Paradies nicht entspannen können, weil sie auf der Suche nach einem Computer sind, um in den sozialen Netzwerken unterwegs zu sein, und dass ihre Finger jucken, weil sie eine Nachricht mit ihrem Handy schicken wollen. Ich möchte nicht zu diesen Leuten gehören.

Im Speisesaal sind die Tische mit weißen Tischtüchern und Servietten gedeckt, dazu das beste Porzellan, und das Ganze ist mit Blumen und Kerzen geschmückt. „Darum achtet den Sabbat als einen heiligen Tag“, befahl Gott. Heilig bedeutet „abgesondert“, „dem Gottesdienst geweiht“. Diese besonderen Essensvorbereitungen helfen, Gottes Tag von den normalen Tagen zu unterscheiden. An gewöhnlichen Tagen holen wir uns beim Imbiss etwas zu essen oder schieben ein Gericht in die Mikrowelle. Wir kaufen Lebensmittel ein und machen die Wäsche und mähen den Rasen. An gewöhnlichen Tagen herrschen Multitasking und eine hektische Betriebsamkeit, bevor wir abends erschöpft ins Bett fallen. Aber am Sabbat brauchen wir all das nicht zu tun. Das hat nichts mit Gesetzlichkeit zu tun; es ist ein Geschenk Gottes. Es ist Freiheit. „Vergiss nicht, dass auch du einmal Sklave in Ägypten warst und dass ich, der Herr, dein Gott, dich von dort … befreit habe. Deshalb habe ich dir befohlen, den Sabbat als einen Tag zu achten, der mir gehört“ (5. Mose 5,15). Wer von uns will denn wieder versklavt sein und

> *Sich für den Schabbat schick zu machen, ist eine Art, diesen Tag als etwas Besonderes zu kennzeichnen.*

von unseren Aufsehern geschlagen werden? An einem von sieben Tagen befreit Gott uns von der Tyrannei der Arbeit.

Unsere Tochter Maya ist zum Schabbat zu uns gestoßen, und wir setzen uns, um eine lange, entspannte Mahlzeit zu genießen. Sie sprudelt vor Begeisterung förmlich über, als sie uns von ihrem Studium hier in Jerusalem erzählt, und ihre Freude ist ansteckend. Ich sehe, dass sie eine tiefe Liebe für das jüdische Volk empfindet, für ihren Glauben und ihre Traditionen, und ich weiß, dass diese Liebe von Gott kommt. Nachdem unser Gastgeber den Segen über dem traditionellen Challah-Brot gesprochen hat, erklärt Maya, dass die jüdischen Frauen für den Sabbat zwei Laibe Brot backen. Sie tun es, um an das Manna zu erinnern, das sie in der Wüste gegessen haben, und daran, wie Gott, im Gegensatz zu den gewöhnlichen Tagen, am Sabbat genug Manna regnen ließ, dass es für zwei Tage reichte. Die Menschen konnten ausruhen, selbst in der Wüste, weil sie wussten, dass einen ganzen Tag lang niemand arbeiten musste, um das tägliche Brot zu sammeln, und dass Gott für sie sorgte.

An einem von sieben Tagen befreit Gott uns von der Tyrannei der Arbeit.

Unsere Mahlzeit geht mit Dankgebeten, mit Lachen und gelegentlichen Liedern weiter. Befreit von der Hektik unseres Alltags nehmen wir uns die Zeit, das Essen und den Wein bewusst zu schmecken und zu genießen, mit all den unterschiedlichen Geschmacksnoten. Und wir können die Gemeinschaft genießen. Der Sabbat ist ein Tag, an dem man Freunde und Gäste einlädt, um mit ihnen das Essen zu teilen, um einander zu begegnen und zu lachen und zu singen und Gott für das Leben und die Freundschaft zu danken. Dafür wurden wir geschaffen. „Es ist nicht gut, dass der Mensch allein lebt", sagte Gott zu uns, schon im Garten Eden (1. Mose 2,18).

Natürlich ist es in unserer heutigen Kultur sehr unpraktisch, den Sabbat zu heiligen. Es ergibt weder wirtschaftlich noch gesellschaftlich einen Sinn, unsere endlose Arbeit für vierundzwanzig Stunden niederzulegen. Unsere Postfächer würden vor E-Mails überfließen, unsere Anrufbeantworter wären voll mit Nachrichten. Wir leben, als läge es an uns, die Räder des Universums in Bewegung zu halten, als wäre unsere Arbeit wichtiger, als Gott zu ehren. „Der Sonntag ist der einzige Tag, an dem ich im Garten arbeiten, die Wäsche waschen oder das Haus putzen kann“, höre ich Leute sagen. Und so verbannen wir Gott in eine einzige Stunde in der Woche – es sei denn, die Kinder haben ein Fußballspiel, denn dann können wir nicht in die Kirche gehen. Manche Gemeinden haben Samstagabendgottesdienste, damit wir Gott in unser volles Wochenende einbauen können. Ein Tag, der ganz und gar Gott gewidmet ist, kann ganz schön unpraktisch sein.

Hier lerne ich, dass fromme Juden Gott ehren, indem sie ihre wöchentlichen Aktivitäten um den Schabbat herum organisieren und diesen Ruhetag so einplanen, als würden sie einen hohen Gast erwarten. Die Schränke sind voll, das Essen ist bereits gekocht und kann in den folgenden vierundzwanzig Stunden genossen werden, das Haus und die Kinder sind geschrubbt und in Ordnung gebracht. Und weil alles fertig ist, können die Menschen diesen Tag und sich selbst Gott widmen – und einander. Und wenn die Sonne am Ende des Schabbats wieder untergeht, werden sie erfrischt und gestärkt sein, bereit für die nächste Woche voller Arbeit.

Christen scheinen eine Abneigung gegen alles zu haben, was nach Gesetzlichkeit riecht.

Christen scheinen eine Abneigung gegen alles zu haben, was nach Gesetzlichkeit riecht. Hat Christus nicht gesagt, der Sabbat sei für den Menschen da und nicht der Mensch für den Sabbat (siehe Markus 2,27)? Aber ich komme nicht darum herum, dass es eines der Zehn Gebote ist, den Sabbat zu heiligen. Wir heiligen den Sabbat, weil Gott am siebten Tag ruhte. Deshalb hat er den Sabbat gesegnet und für heilig erklärt (siehe 2. Mose 20,11). Und wir ruhen uns aus, weil er sein Volk aus der Sklaverei und ihrer Arbeit in Ägypten befreit hat. Egal, ob es einen Sinn ergibt oder nicht, ob es unpraktisch ist oder nicht, das jüdische Volk ruht aus Gehorsam, um Gott von ganzem Herzen, mit ganzer Seele, mit ganzem Verstand und ganzer Kraft zu lieben.

Meine Tochter und ich lachen, als wir uns daran erinnern, wie frustriert sie als Teenager war, weil ich sie sonntags nicht ins Einkaufszentrum gehen ließ. Ich vermute, es war ein Überbleibsel aus meiner eigenen Jugend, als die Geschäfte in Amerika sonntags noch geschlossen waren. Ich wollte wenigstens auf eine Weise den Sabbat heiligen und ihn anders gestalten als die anderen Tage – deshalb kauft unsere Familie am Sonntag nicht ein. Wir putzen auch nicht das Haus und mähen den Rasen nicht und machen auch keine Wäsche. Ich schalte meinen Computer aus und schließe die Tür zu meinem Arbeitszimmer. Jetzt versteht meine Tochter endlich, warum, und in einem dieser seltenen Augenblicke, von denen Eltern sonst nur träumen können, dankt sie mir dafür.

Unser Abendessen schließt mit einem köstlichen Dessert. Der Schabbat ist ein Tag, an dem wir schmecken und sehen sollen, wie freundlich der Herr ist (siehe Psalm 34,7), anstatt Kalorien zu zählen. Während wir ein letztes Lied singen, erinnert mein Musiker-Ehemann mich daran, dass Pausen auch in der Musik eine entscheidende Rolle spielen. Ohne Pausen würde die Musik eintönig, würden Aufführende und Zuhörer ermüden. Durch die Pausen gewinnt die Musik ihren Rhythmus – und so ist es auch mit der Sabbatruhe. Wenn wir uns eine Auszeit von

> *Der Schabbat ist ein Tag, an dem wir schmecken und sehen sollen, wie freundlich der Herr ist.*

unserem geschäftigen, hektischen Leben nehmen, um auszuruhen und Gott zu ehren, hilft uns das, den gesunden Rhythmus und das Gleichgewicht wiederherzustellen, die Gott eingeführt hat, als er am siebten Tag von seiner eigenen Arbeit ruhte.

Am Sabbat erinnern wir uns auch daran, *auf* Gott zu ruhen und ihm in all den praktischen Dingen zu vertrauen, die wir brauchen, so wie unser tägliches Brot und Kraft für schwere Zeiten. Der Sabbat erinnert uns daran, *in* Gott zu ruhen und ihm für seine Rettung zu danken, weil wir wissen, dass nichts von unserer Arbeit uns jemals Zugang zum Himmel verschaffen wird. Und es erinnert uns daran, *für* Gott zu ruhen, denn wenn wir unser Leben und unsere Arbeit um einen besonderen Tag herum organisieren, an dem wir ihn ehren, wird er verherrlicht. Können Sie sich vorstellen, was für Zeugen wir in einer ruhelosen, erschöpften Welt wären, wenn wir Christen den Sabbat heilig halten und von den anderen Tagen absondern würden?

Es ist spät geworden. Wir schieben unsere Stühle zurück – widerwillig, weil wir diesen reich gedeckten Tisch nicht verlassen wollen, und traurig, weil der Abend zu Ende ist. Unser Gastgeber dankt Gott für unser Essen und für die Gemeinschaft, die wir erfahren durften. Wir wünschen einander „*Schabbat schalom*" – den Frieden des Sabbats. Dann endet die Mahlzeit und der Sabbat geht weiter mit der Einladung Jesu an uns, wie sie in Matthäus 11,28 steht: „Kommt alle her zu mir, die ihr euch abmüht und unter eurer Last leidet! Ich werde euch Ruhe geben."

Morgenlob

Es ist Samstagmorgen und in Jerusalem ist alles ruhig. Keine Linienbusse verstopfen die Straßen; keine Eile, keine hupenden Autos stören den Frieden. Da Juden ihre Tage von Sonnenuntergang zu Sonnenuntergang zählen, ist heute noch Sabbat, ein Tag für Ruhe und Gottesdienst. Vom Balkon unseres Gästehauses in der Altstadt aus beobachte ich den steten Strom orthodoxer Männer mit ihren Sabbathüten, die zur Kotel – zur Klagemauer – gehen, um dort zu beten.

Unser Reiseleiter ist nach Hause zurückgekehrt, um den Schabbat mit seiner Familie zu verbringen, aber bevor er gegangen ist, hat er uns einige Sehenswürdigkeiten genannt, die wir uns bei unserem Besuch in der Stadt anschauen können. Ich ziehe mit meinem Mann und einigen anderen los, um den Davidsturm in der Nähe zu besichtigen, aber während ich laufe, werde ich das Gefühl nicht los, dass es etwas anderes gibt, was ich stattdessen tun sollte. Ich kann definitiv keine neuen Informationen mehr aufnehmen, und was ich wirklich brauche, ist Zeit für mich, um zu beten und über all die Dinge, die ich bislang gehört und gesehen habe, nachzudenken. Also mache ich kehrt und gehe allein in unser Zimmer zurück.

> *Als meine Hallelujas zusammen mit denen der anderen Gläubigen die Kirche erfüllen, entdecke ich, dass mein Kummer nachgelassen hat, weil ich eine Zeit lang nicht an mich selbst gedacht, sondern meine Gedanken auf Gott gerichtet habe.*

Als ich durch das Tor wieder den Hof zu unserem Gästehaus betrete, höre ich Stimmen und Instrumente, die einen Lobgesang erklingen lassen. Die Musik kommt aus der Christuskirche, die auf dem Grundstück unserer Unterkunft steht. Dem Schild am Eingang zufolge ist dies die älteste protestantische Kirche im Nahen Osten. An diesem Morgen feiert eine Gruppe messianischer Juden dort Gottesdienst. Ich fühle mich unglaublich gedrängt – *dies* ist der Ort, an dem ich heute Vormittag sein soll. Es zieht mich die Treppe hinauf und durch die Kirchentür, als zöge jemand mich an einem Seil dorthin. Eine freundliche Person am Eingang gibt mir Kopfhörer, damit ich die englische

Übersetzung hören kann, da der Gottesdienst auf Hebräisch ist, dann führt sie mich zu einer leeren Bank. Um mitzusingen, brauche ich die Kopfhörer nicht, weil die hebräischen Liedtexte auf der Leinwand vorne ins Englische übersetzt sind und Gott jede Sprache versteht.

In den nächsten vierzig Minuten tauche ich ganz in den Gottesdienst ein. Ich kann meine Tränen nicht zurückhalten, während ich singe und Gott lobe. Beinahe alle Texte stammen aus den Psalmen, und sie scheinen nur für mich ausgewählt zu sein – Balsam für mein Herz, nachdem ich mich am vergangenen Abend von meiner Tochter verabschiedet habe. Ich glaubte, mein Mutterherz würde brechen, als ich sie fest an mich drückte und wünschte, ich müsste sie nicht schon so bald wieder loslassen. Jetzt, als meine Hallelujas zusammen mit denen der anderen Gläubigen die Kirche erfüllen, entdecke ich, dass mein Kummer nachgelassen hat, weil ich eine Zeit lang nicht an mich selbst gedacht, sondern meine Gedanken auf Gott gerichtet habe. Ja, dies ist an diesem Morgen eindeutig der richtige Ort für mich.

Viel zu früh endet der erhebende Lobpreis und wir setzen uns. Ich setze die Kopfhörer auf und höre, wie der Pastor verkündet, dass er jetzt ein neugeborenes Mädchen taufen wird. Während das junge Paar mit seiner kleinen Tochter nach vorne geht, spüre ich einen frischen Stich ins Herz. Meine Arme fühlen sich wieder ganz leer an, aber die Bank hat sich während des Gottesdienstes gefüllt, und ich müsste mich an den anderen vorbeiquetschen, um zu fliehen. Ich bin gefangen und gezwungen zu bleiben und zuzuhören.

„Alle sollen erfahren, dass dieses Kind ein Wunder ist. Eine Gebetserhörung!“

„Dies ist keine gewöhnliche Taufe“, sagt der Pastor. Er strahlt, als könnte er seine Freude kaum noch bändigen. „Alle sollen erfahren, dass dieses Kind ein Wunder ist. Eine Gebetserhörung!“ Er erklärt, dass die junge Mutter sieben lange, schmerzliche

Jahre keine Kinder bekommen konnte – und plötzlich erzählt er meine Geschichte. Auch ich musste sieben endlose Jahre des Wartens durchkämpfen, weil ich nicht schwanger wurde. Ich erinnere mich an meinen Kummer und meine Ratlosigkeit, während ich versuchte zu verstehen, warum Gott meine Gebete nicht erhörte. Aber dann erhörte er sie doch, und wie dieses Ehepaar wurde ich schließlich mit einem Kind gesegnet – meinem Sohn Benjamin. Zweiundzwanzig Monate später machte Gott mir noch ein Geschenk – meine Tochter Maya.

Damals sagte eine Freundin, die sich mit mir freute: „Diese Kinder sind deine eigenen ‚Samuels'", und sie bezog sich damit auf den Gottesmann in der Bibel, dessen unfruchtbare Mutter Hanna Gott um ein Kind angefleht hatte. Hannas Worte der Freude und Dankbarkeit wurden zu meinen, als ich meine beiden Kinder Gott weihte. Und jetzt hat der Pastor genau diese Worte gelesen, während er die Vorbereitungen trifft, um dieses kleine Mädchen zu taufen: „Um diesen Jungen habe ich damals gefleht, und der Herr hat mein Gebet erhört. Er gab mir, worum ich bat. So will auch ich nun mein Versprechen halten: Ich gebe Samuel dem Herrn zurück. Sein ganzes Leben lang soll er Gott gehören" (1. Samuel 1,27-28).

> *Hannas Worte der Freude und Dankbarkeit wurden zu meinen, als ich meine beiden Kinder Gott weihte.*

Ich weine so heftig, dass die Frau, die neben mir sitzt, mir ein Taschentuch reicht. Sie drückt kurz meine Hand und ich lächele, um ihr zu zeigen, dass es mir gut geht. Aber ich bin einfach überwältigt von der Güte und Liebe Gottes, der mich heute hierher geführt hat und auf so wirkungsvolle Weise zu meinem Herzen spricht. Ich danke ihm im Stillen für die Erinnerung daran, dass Benjamin vielleicht weit von zu Hause entfernt ist, aber sein Studium ihn darauf vorbereitet, Gott zu dienen. Und Mayas Studium hier in Israel wird sie dazu befähigen, mit dem jüdischen Volk zu arbeiten. Ich denke daran, wie froh und begeistert sie war, als wir gestern Abend miteinander sprachen, wie glücklich sie ist, endlich ihren Traum wahr zu machen. Ich sehe, wie treu Gott im Leben meiner beiden „Samuels" gewesen ist, und ich befehle sie ihm erneut an, damit sie ihrer Berufung folgen mögen.

Ich neige den Kopf und bitte Gott, mir meinen Egoismus zu vergeben, durch den ich etwas anderes für meine Kinder wollte als das, was er will. Und dann erfüllt Gottes Friede mich, während ich dabei zusehe, wie dieses wundervolle Baby getauft wird. Wie Hanna und diese junge Mutter habe ich Gott um ein Kind angefleht, und der Herr hat mir großzügig meine Bitte erfüllt – er hat mir sogar mehr gegeben als das, worum ich gebeten hatte. Und jetzt gebe ich dem Herrn meine Kinder zurück. Solange sie leben, werden sie ihm gehören. Und niemand kann sie aus seiner Hand reißen.

> *Ich sehe, wie treu Gott im Leben meiner beiden „Samuels" gewesen ist, und ich befehle sie ihm erneut an, damit sie ihrer Berufung folgen mögen.*

Abendgebet

Als die Sonne untergegangen ist, endet dieser Tag der Sabbatruhe und die Stadt Jerusalem wird wieder laut. Wir gehen zur Klagemauer und finden dort viele Leute, die den schönen Abend mit ihren Familien genießen. Hunderte ernsthafter Gläubiger beten dort – orthodoxe Männer in schwarzen Hüten und gestreiften Gebetsschals neben jungen Leuten in Jeans und uniformierten Soldaten mit Gewehren. Was führt sie an diesem Abend hierher?

Die Kotel ist anders als jeder andere Gottesdienstort, an dem ich je war. Es gibt Dutzende Plastikstühle, auf die man sich setzen kann, aber sie sind nicht in ordentlichen Reihen aufgestellt wie in christlichen Kirchen. Irgendwo stimmt vielleicht jemand ein Lied an, aber nichts ist geplant. Niemand verteilt Programmzettel, keine förmliche Liturgie ist festgelegt. Es gibt weder Pfeifenorgeln noch PowerPoint-Monitore noch Lobpreisbands. Es gibt sogar noch nicht einmal ein Gebäude, in dem Gott angebetet wird, sondern nur diesen offenen Platz und einen Rest der zweitausend Jahre alten Mauer, die einst um den Tempelberg lief. Diese Gläubigen haben nur die heiligen Schriften, einander und Gott, und doch ist mir sehr bewusst, dass hier Gottesdienst gefeiert wird. Es herrscht eine spürbare Atmosphäre der Ehrfurcht und eines Glaubens an das, was unsichtbar ist. Durch den Glauben haben diese gemurmelten Gebete, die unter Gebetsschals geflüstert oder in die überquellenden Ritzen der Mauer gesteckt werden, ein Ziel. Ein mitfühlender und liebevoller Gott hört zu. Er erhört sie.

Wie Hanna habe ich Gott um ein Kind angefleht, und der Herr hat mir großzügig meine Bitte erfüllt – jetzt gebe ich dem Herrn meine Kinder zurück. Solange sie leben, werden sie ihm gehören. Und niemand kann sie aus seiner Hand reißen.

Der Gottesdienst an der Klagemauer ist aller Symbole und Traditionen beraubt, die ich gewohnt bin, und ich merke, dass meine Erwartungen, wie ein Gottesdienst auszusehen hat, zunichtegemacht werden, und meine Gründe, weshalb ich in die Kirche gehe, werden offenbar. Kein Wunder, dass mir die Gottesdienste zu Hause so ausgetrocknet und abgestanden vorkommen wie Kräcker vom letzten Jahr. Hier erkenne ich, dass das Ziel der Versammlung an einem Gottesdienstort nicht ist, eine Mahlzeit zu verdauen, die meinen persönlichen Geschmack trifft und mich zufrieden und satt macht. Und der Gottesdienst ist auch kein geistliches Nahrungsergänzungsmittel, das ich wie eine Vitamintablette schlucken kann, um mich für eine hektische Woche zu stärken. Gott zu begegnen, ist eher wie ein Termin beim Optiker, um meine Brille anzupassen – und vielleicht herauszufinden, dass ich ganz neue Gläser brauche. Meine tägliche Stille Zeit ist kein Punkt auf der To-do-Liste, den ich abhaken muss, sondern eine Verabredung mit dem Chef, um meine Prioritäten zurechtzurücken und mir eine neue Arbeitsanweisung zu holen. Ich bin eine Soldatin, die sich von ihrem Befehlshaber den aktuellen Schlachtplan erklären lässt. Ich muss still sein und zuhören.

Wahrer Gottesdienst bedeutet, dass ich meinen Blick auf Gott und die Schönheit seiner Heiligkeit richte und nicht auf mich selbst und meine Bedürfnisse, als wäre Gott ein himmlischer Verkaufsautomat, der Gebetserhörungen ausspuckt. Es wäre schrecklich, jede Woche in den Gottesdienst zu gehen, als würde ich Gebetsanliegen in die Ritzen der Klagemauer stecken, und dann weggehen, ohne dass ich mir die Zeit nehme, schweigend vor Gott zu stehen und ihn zu fragen, was er für mich und von mir will. Der Gottesdienst sollte mich daran erinnern, wer Gott ist und wer ich bin und wozu ich berufen bin. Das Ergebnis des Gottesdienstes meinerseits ist es, Ja zu der Aufgabe zu sagen, die Gott mir gegeben hat, und mich neu zu verpflichten, der Mensch zu werden, der ich nach Gottes Plan sein soll. Mein Lobpreis sollte nicht gen Himmel steigen, weil er ein bestimmtes Gebet von mir erhört hat, sondern weil seine Güte jeden Tag neu ist. Seine Gnade allein ist Grund genug, ihn bis zum Morgengrauen zu preisen.

Meine tägliche Stille Zeit ist eine Verabredung mit dem Chef, um meine Prioritäten zurechtzurücken und mir eine neue Arbeitsanweisung zu holen.

Warum soll ich hierherkommen, zu dem Rest einer antiken Stützmauer? Ich glaube, dass diese Männer und Frauen zur Kotel kommen, weil sie hier die Gegenwart Gottes spüren und auch eine gewisse Solidarität. Alle Arten von Juden, von den orthodoxen bis zu denen in Tarnkleidung, beten hier zu Gott. Sie beten dieselben Psalmen, wiederholen dieselben Bibelverse, beten denselben Gott an. Als Einzelpersonen werden sie diesen Ort verlassen und unterschiedliche Wege in ihrem Leben gehen, aber in diesen wenigen Augenblicken des Gottesdienstes sind sie als Gottes Volk zusammen und beten ihn einzeln und doch gemeinsam an.

Und das ist noch eine Lektion, die ich hier lerne. Gottesdienst ist persönlich und zugleich gemeinschaftlich. Gott sieht uns als Einzelne, aber auch als Teil seines Leibes, so wie jeder Jude ein Individuum ist und zugleich ein Mitglied der Familie Abrahams. Auch wenn niemand die Gläubigen an der Klagemauer organisiert und sagt: „Jetzt singen wir dieses Lied oder sprechen jenes Gebet", sind diese Männer und Frauen im Gottesdienst vereint und durch ihr Überleben und ihren beständigen Glauben an den Gott Abrahams ein Zeichen, das die ganze Welt sehen kann. Ich betrachte diese Menschen und danke Gott dafür, dass er seinem Wort treu ist: „Ich will sie wieder von dort sammeln und zurückbringen, damit sie hier in Ruhe und Frieden wohnen können. Sie sollen mein Volk sein, und ich will wieder ihr Gott sein. Dann werden sie nur ein Ziel haben: mich zu achten und zu ehren, denn ich selbst lege ihnen diesen Wunsch ins Herz. Darum wird es ihnen und ihren Nachkommen gut gehen" (Jeremia 32,37-39). Seine Treue zu ihnen gibt mir die Gewissheit, dass er auch mir gegenüber treu ist.

Die anbetende Gemeinde Christi besteht aus Menschen, die aus allen Stämmen und Völkern und Sprachen kommen und vereint vor Gott stehen.

Wenn der Leib Christi gemeinsam Gottesdienst feiert, dienen auch wir als Zeugen. Darum bat Jesus in der Nacht, in der er verraten wurde: „Ich bitte aber … für alle, die durch ihre Worte von mir hören. Sie alle sollen eins sein, genauso wie du, Vater, mit mir eins bist. So wie du in mir bist und ich in dir bin, sollen auch sie in uns fest miteinander verbunden sein. Dann wird die Welt glauben, dass du mich gesandt hast" (Johannes 17,20-21). Wir brauchen einander. Wir brauchen die Solidarität eines gemeinsamen Gottesdienstes.

Ich will dieses Vorbild der Klagemauer mit nach Hause nehmen und mich daran erinnern, dass die Kirche mehr ist als ein schön verziertes Gebäude, in dem alle gleich handeln und reden und denken. Sie besteht aus mehr als einer bestimmten Liturgie oder einem besonderen Musikstil oder anregenden Predigten. Die anbetende Gemeinde Christi besteht aus Menschen, die aus allen Stämmen und Völkern und Sprachen kommen und vereint vor Gott stehen, um dann an ihre täglichen Aufgaben, die er uns gegeben hat, zurückzukehren, seiner Macht zu vertrauen und in seiner Liebe zu handeln.

Die Kotel und der Platz davor haben keine Ähnlichkeit mit einer beeindruckenden Kathedrale oder einer modernen Megakirche. Sie ist nichts als ein Stück Mauer, eine antike Ruine. Ein jämmerlicher Überrest eines ehemals herrlichen Tempels mit seinem goldenen Dach, seinen riesigen Vorhöfen und seinen glänzenden Gefäßen aus Gold und Silber; mit Priestern in bestickten Gewändern, dem Duft von Weihrauch und gebratenem Fleisch, der durch die Luft zog, und Levitenchören, die Gott lobten. Übrig ist nur ein bröckelndes Fragment dieser Herrlichkeit. Aber weder die Umstände noch der Verlust halten diese Gläubigen davon ab, an einem warmen Winterabend hierher an die Klagemauer zu kommen und ihre Liebe und ihren Dank zum Ausdruck zu bringen. Ich stimme mit ein und mein Herz fließt vor Dankbarkeit über.

> *Die Klagemauer ist nichts als ein Stück Mauer. Ein jämmlicher Überrest eines ehemals herrlichen Tempels. Aber das hält diese Gläubigen nicht davon ab, hierher zu kommen und ihre Liebe und ihren Dank zum Ausdruck zu bringen.*

Noch trägt der Feigenbaum keine Blüten, und der Weinstock bringt keinen Ertrag, noch kann man keine Oliven ernten, und auf unseren Feldern wächst kein Getreide; noch fehlen Schafe und Ziegen auf den Weiden, und auch die Viehställe stehen leer. Und doch will ich jubeln, weil Gott mir hilft, der Herr selbst ist der Grund meiner Freude!

Habakuk 3,17-18

Ein neues Gebet für die Reise

Mein liebender himmlischer Vater,
du hast das Universum in Weisheit und Liebe erschaffen, und dann hast du dein Werk gekrönt, indem du ausruhtest. Christus hält diese Welt zusammen und nicht meine kümmerlichen Anstrengungen und Bemühungen. Vergib mir, dass ich dein Geschenk der Ruhe ausgeschlagen habe und so dumm war zu glauben, meine Arbeit und meine Anliegen wären wichtiger als dein Befehl, die Arbeit ruhen zu lassen und diesen Tag für dich zu heiligen. Danke für den Gottesdienst, für die Gelegenheit, mit dem Leib Christi vereint zu sein, um dich für deine Güte zu preisen und auf deine Stimme zu hören. Danke für meine Kinder und für die Erinnerung daran, dass sie nicht mir gehören, sondern dir. Hilf mir, sie deiner Fürsorge anzuvertrauen. Und hilf mir, in dir zu ruhen, was meine Errettung betrifft; mich auf dich zu verlassen, was mein tägliches Brot betrifft; und von all meiner Arbeit zu deiner Ehre auszuruhen.
Amen.

Fragen zum Kapitel

- Worin unterscheidet sich in Ihrem Leben der Sonntag von einem Werktag?

- Lynn Austin beobachtet am Vorabend des Sabbat: „Wenn die Sonne untergeht, wird alle Arbeit aufhören, egal, ob sie beendet ist oder nicht.“ Ist ein solcher Umgang mit dem Feiertag für Sie erstrebenswert? Welche Vorteile hat es, wenn man am Sonntag die Arbeit konsequent ruhen lässt? Was hindert Sie möglicherweise an der konsequenten Sabbatruhe?

- Welche Einstellung zur Arbeit haben Sie?

- Lynn Austin vergleicht die Bedeutung des Sonntags mit der Bedeutung der Pausen in der Musik. Welche Bedeutung messen Sie dem Sonntag bei?

- Wie gelingt es Ihnen im Alltag, Ihre Gedanken von sich selbst weg auf Gott zu richten?

- Haben Sie schon einmal eine Zeit in Ihrem Leben durchlitten, in der Sie den Eindruck hatten, dass Gott Ihre Gebete nicht erhört? Lynn Austin hat in einer solchen Situation bei der biblischen Gestalt Hanna Trost gefunden. Gibt es Menschen in der Bibel, die ein ähnliches Schicksal wie Sie durchleiden mussten?

- Zu Beginn ihrer Pilgerreise war Lynn Austin sehr verzweifelt, weil sie kein Ja zu den familiären Veränderungen finden konnte, mit denen sie konfrontiert war. Wodurch hat sich diese Ausgangslage nun gewandelt? Worin zeigt sich das?

- Haben Sie schon einmal darüber nachgedacht, Ihre Kinder bewusst an Gott zurückzugeben?

- Mit welchen Erwartungen besuchen Sie die Gottesdienste Ihrer Gemeinde?

- Worin besteht der tiefere Sinn des Lobpreises? Können Sie Gott preisen, auch wenn Ihre Gebete nicht erhört werden?

12

Heimreise

Da wir nun so viele Zeugen des Glaubens um uns haben, lasst uns alles ablegen, was uns in dem Wettkampf behindert, den wir begonnen haben – auch die Sünde, die uns immer wieder fesseln will. Mit zäher Ausdauer wollen wir auch noch das letzte Stück bis zum Ziel durchhalten.

Hebräer 12,1

Ich sitze in der Abflughalle des Flughafens Ben Gurion, um Israel zu verlassen und nach Hause zu fliegen. Mein Tagebuch ist voller Notizen, die ich verarbeiten muss, meine Kamera zum Bersten voll mit Fotos. Doch das, was sich mir eingeprägt hat, ist etwas, das ich gestern Nachmittag bei meinem Sabbatspaziergang durch Jerusalem gesehen habe. Ich blieb stehen, um durch ein Loch in einem Bauzaun zu spähen, hinter dem ein neues Gebäude hochgezogen wird. Die Arbeiter hatten damit begonnen, ein tiefes Fundament auszuheben – und natürlich waren sie dicht unter der Oberfläche auf antike Ruinen und Artefakte gestoßen. Sandsäcke und mehrere markierte Ausgrabungsstellen grenzen diesen archäologischen Fundort ab. Aber an den Baumaterialien und Kränen und Bulldozern, die überall auf dem Grundstück standen, konnte ich sehen, dass der Bau weiterging, noch während die Archäologen die Vergangenheit ausgruben und dokumentierten. Ich zog den Kopf aus dem Guckloch und betrachtete die Plakate, die auf den Bauzaun geklebt waren, die Vision des Architekten für das fertige Gebäude. Vergangenheit, Gegenwart und Zukunft trafen hier vor meinen Augen aufeinander.

> *In Israel scheint die Zeit irgendwie komprimiert zu sein. Ich konnte auf meiner Reise die Vergangenheit, die Gegenwart und die Zukunft auf einmal sehen – so wie Gott sie sieht.*

Hier in Israel scheint die Zeit irgendwie komprimiert zu sein. Wie bei dieser Baustelle konnte ich auf meiner Reise die Vergangenheit, die Gegenwart und die Zukunft auf einmal sehen – so wie Gott sie sieht. Die Vergangenheit ist in den antiken Ruinen sichtbar, die ich besichtigt habe, und erinnert mich daran, dass mein Glaube sehr tiefe Wurzeln hat. All die Geschichten und Personen der Bibel, all die Ereignisse, die dort festgehalten sind, haben meinen Glauben geprägt und ein Fundament für mein Leben und meine Arbeit geliefert. Aber jetzt muss ich meinen Teil tun und auf das gelegte Fundament aufbauen. Ich will die Bibel nicht mehr nur als Bericht über Gottes Wirken in der Vergangenheit lesen, sondern erkennen, dass meine täglichen Sorgen und Siege zu ihren Seiten hinzugefügt werden. Die Geschichte von Gottes Liebe zu den Menschen auf dem Planeten Erde hat nicht mit der Apostel-

> *Die Geschichte von Gottes Liebe zu den Menschen auf dem Planeten Erde hat nicht mit der Apostelgeschichte aufgehört.*

geschichte aufgehört. Die Entscheidungen, die ich täglich treffe, die Schlachten, die ich schlage, sind ebenso wichtig wie die Entscheidungen und Schlachten in der Bibel.

Meine alltägliche Arbeit erscheint mir wenig ruhmreich: Aufgaben, die sich mit dem Anheben schwerer Steine vergleichen lassen oder mit dem Einfügen von Balken, dem Löten von Rohren und dem Entwirren von Kabeln – alles nach dem Plan des Architekten. Aber ich muss trotzdem an die Arbeit gehen und meinen Glauben in die Tat umsetzen. Selbst in diesen schmerzlichen Zeiten, wenn es scheint, als würde die Abrissbirne mehr zerstören als errichten, baut Gott trotzdem sein Reich. Er kann all die unsichtbaren, niederen, trivialen Dinge, die ich tue, als sein Baumaterial verwenden.

Und was ist mit dem zukünftigen Reich, das Gott baut, dem Poster am Bauzaun? Ausgehend von den Plänen, die der Architekt mir in der Bibel zeigt, wird es meine kühnsten Erwartungen übersteigen. Der Apostel Johannes erhaschte einen Blick darauf und schrieb: „Von jetzt an gehört die Herrschaft über die Welt unserem Herrn und seinem Sohn Jesus Christus. Sie werden für immer und ewig herrschen!“ (Offenbarung 11,15) Als seine Arbeiter sehen wir nicht immer die Einzelheiten aller seiner Pläne für das fertige Gebäude. Aber wir können uns in die Aufgaben fügen, die er uns jeden Tag gibt, weil wir wissen, dass unsere tägliche Arbeit wichtig ist. Er unterscheidet nicht zwischen weltlicher und göttlicher Arbeit. Wir bauen voller Hoffnung und Glauben und vertrauen auf das, was wir nicht sehen können, auf den Plan des Meisters.

> *Als Gottes Arbeiter sehen wir nicht immer die Einzelheiten aller seiner Pläne für das fertige Gebäude. Aber wir können uns in die Aufgaben fügen, weil wir wissen, dass unsere tägliche Arbeit wichtig ist.*

In der Zwischenzeit fordert der Blick durch den Bauzaun

mich auf, mich an die Arbeit zu machen und die Zeit und die Begabungen, die Gott mir gegeben hat, zu nutzen, um zu seiner Ehre zu bauen.

Unser Flug wird aufgerufen. Hektisch sammeln wir unsere Mäntel und Taschen und Boardcases und schieben uns die Gangway hinauf bis zum Flugzeug. Nachdem ich meine Habseligkeiten verstaut habe, sinke ich auf meinen Platz, um weiter zu warten. Ich will den warmen, goldenen Sonnenschein und die Palmen von Israel nicht verlassen, um in das kalte, verschneite Chicago zurückzukehren, aber ob es mir gefällt oder nicht – das Leben bringt Veränderungen mit sich.

Der Sinn dieser Pilgerreise lag nicht darin, mir eine mystische Wohlfühlerfahrung mit Gott zu bescheren.

Ich sehe jetzt, dass der Sinn dieser Pilgerreise nicht darin lag, mir eine mystische Wohlfühlerfahrung mit Gott zu bescheren, sondern mich aus meiner Selbstgefälligkeit und Faulheit aufzurütteln und mich auf das vorzubereiten, was er für mich bereithält. Aber bevor ich mein Leben ändern kann, muss ich Buße tun und mein Denken ändern. Das hebräische Wort für Buße bedeutet Umkehr, ein Gehen in eine ganz andere Richtung. Es bedeutet, sich all seiner alten Sicht- und Denk- und Verhaltensweisen zu entledigen und sie dann vorsichtig und im Gebet durch neue zu ersetzen. Für mich persönlich bedeutet es, dass ich versuche, diese Phase meines Lebens so zu betrachten, wie Gott es tut, und nicht so, wie ich sie bislang betrachtet habe. Mit anderen Worten, ich muss mich auf weitere Veränderungen einstellen.

Vielleicht kann man das Unbehagen, das mich zu Hause befallen hatte, mit einer Pflanze vergleichen, die in einem Topf bleiben muss, der viel zu klein geworden ist. Obwohl die Pflanze in der Vergangenheit gewachsen ist und geblüht und Frucht getragen hat, muss sie in einen größeren Topf umgesetzt werden, sonst hört sie irgendwann auf zu wachsen. Das Umpflanzen ist ein Schock, sodass die Pflanze ein paar Tage lang die Blätter hängen lässt, nachdem sie aus ihrem vertrauten Umfeld herausgerissen wurde. Aber schon bald entdecken die Wurzeln, dass sie jetzt Platz haben zu wachsen und sich auszustrecken, und kurz darauf fängt die erschöpfte Pflanze an, neue Triebe zu bekommen, und sie blüht und trägt Frucht. Gott will, dass ich Frucht bringe. Ich brauche einen größeren Topf.

Veränderungen sind ein so riesiger Teil des Lebens, dass wir uns inzwischen daran gewöhnt haben müssten. Stattdessen wehren wir uns. Wir weinen am ersten Tag im Kindergarten, haben Angst vor dem ersten Schultag, sind überwältigt vom Studienbeginn an der Uni. Eine neue Arbeitsstelle, ein neuer Ehepartner, ein neues Baby – all diese Veränderungen sind ein normaler Teil eines normalen Lebens und doch birgt jeder dieser Meilensteine enorme Veränderungen. Gott glaubt nicht an den Ruhestand – jedenfalls nicht so, wie ich ihn mir immer vorgestellt habe, dass ich Plätzchen backe und meinen Enkeln Geschichten vorlese und sonntags in meiner bequemen Kirchenbank sitze. Die Frage ist also, ob ich bereit bin, den vertrauten Topf, in dem ich derzeit vor mich hin vegetiere, zu verlassen und darauf zu vertrauen, dass Gott mich in einen neuen Topf pflanzt.

Gott glaubt nicht an den Ruhestand – jedenfalls nicht so, wie ich ihn mir immer vorgestellt habe.

Stellen Sie sich die ungeheuren Veränderungen vor, die sich im Leben von Sara und Abraham ereigneten, als Gott sie umpflanzte. Und wie alles sich noch einmal veränderte, nachdem

Isaak geboren worden war, als sie neunzig und hundert Jahre alt waren. Und was ist mit Noah? Wir wissen nicht, was er in den ersten Jahren seines Lebens tat, aber als Gott ihm den neuen Auftrag gab, eine Arche zu bauen, war er fünfhundert. Josua und Kaleb fingen im Alter von fünfundachtzig Jahren an, neue Länder zu erobern. Aber wahrscheinlich habe ich am meisten Ähnlichkeit mit Mose. Er schien im Alter von achtzig Jahren ganz zufrieden damit, seine Schafe zu hüten, seine Familie um sich versammelt – bis Gott ihm einen brennenden Busch vor die Nase setzte. Zum Glück für uns alle ging Mose hin, um zu sehen, was es mit dieser neuen Veränderung auf sich hatte, und nach einigen lebhaften Diskussionen mit Gott – etwas, das ich auch sehr gut kann – ließ Mose sich in einen größeren Topf pflanzen und nahm seine Berufung an, Gottes Volk aus der Sklaverei in Ägypten herauszuführen. All diese Menschen im Alten Testament nahmen Gottes Einladung an, ihr gewohntes, bequemes Leben hinter sich zu lassen und noch einmal von vorne anzufangen.

Veränderungen sind gut für mich und ich brauche mich nicht vor ihnen zu fürchten.

Nur weil ich bei meiner Arbeit für Gott erfolgreich bin, heißt das nicht, dass er in Zukunft nicht noch mehr – oder etwas anderes – für mich im Sinn hat. Nach und nach bringt das Leben in demselben alten Topf mich um, sodass mein geistliches Wachstum verkümmert. Veränderungen sind gut für mich und ich brauche mich nicht vor ihnen zu fürchten. Sie werden mir meine Unabhängigkeit und Eigenständigkeit nehmen und mich zwingen, mich auf Gott zu verlassen, mehr zu beten, ihm zu vertrauen und im Glauben mit dem Einen zu gehen, der Veränderungen erfunden hat.

Unser Flieger ruckelt langsam vorwärts und rollt auf die Startbahn – dann, nach einer spannenden Pause, rasen wir über den Asphalt und heben ab. Während des kurzen, schwerelosen Augenblicks, in dem die Räder vom Boden abheben, macht mein Magen einen kleinen Satz. Es sind jede Menge Treibstoff und viele PS nötig, um das riesige Flugzeug in die Luft zu befördern und dort oben zu halten. Und für mich war diese Reise nötig – und die Kraft des Heiligen Geistes –, um mich aufzuraffen und mich in Bewegung zu setzen.

Ich weiß noch, wie wir unserem Ben das Laufen beibrachten, als er klein war. Er war ein ruhiger, zufriedener Junge, der entweder an einem Ort sitzen blieb oder darauf wartete, bis jemand kam und ihn woanders hintrug. Er versuchte nicht einmal, besonders weit zu krabbeln. Aber Ken und ich wollten für unseren Sohn mehr als ein in seiner Entwicklung gehemmtes Leben als Baby, also stellten wir ihn auf die Füße – wobei wir seinen Protest ignorierten – und ermutigten ihn, sich fortzubewegen. Zuerst hielten wir seine Hände fest in unseren, damit er nicht hinfiel. Aber wir wussten, dass wir ihn nicht sein ganzes Leben lang an die Hand nehmen konnten, also ließen wir irgendwann los und entfernten uns ein kleines Stück, während wir ihn aufforderten, auf uns zuzuwackeln. Ben hatte Angst zu laufen. Er setzte sich auf seinen mit einer Windel gepolsterten Popo und jammerte. Wieder stellten wir ihn hin und gingen zwei Schritte weiter. Wieder weinte er, als wollte er sagen: „Warum seid ihr so weit weg? Warum lasst ihr mich allein? Ich habe Angst! Ich fühle mich im Stich gelassen.“ Wir waren nie weit weg. Wir waren immer in der Nähe und achteten darauf, dass ihm nichts geschah, und wir waren jederzeit bereit, ihn aufzuheben, wenn er hinfiel. Aber

Glauben ist Vertrauenssache.

wir wussten, dass dies der beste Weg war, ihm das Laufen beizubringen.

Und vielleicht war ich vor dieser Reise wie der kleine Ben – ich saß an einer Stelle fest, wagte mich nicht aus meinem Komfortbereich und wartete darauf, dass ich getragen wurde, anstatt das Risiko einzugehen, einen Schritt in eine neue, beängstigende Richtung machen zu müssen. Es fühlte sich oft so an, als wäre Gott weit entfernt, aber die Wahrheit ist, dass er immer in der Nähe war. Selbst wenn ich hinfalle – und das werde ich ganz sicherlich –, wird er da sein, um mich aufzufangen, mir Vergebung und Gnade zu gewähren und mich aufzuheben, damit ich neu anfangen kann.

> *Abrahams Glaube und seine Beziehung zu Gott wuchsen mit jedem Schritt, den er ging.*

Glauben ist Vertrauenssache. „Geh fort aus deinem Land, verlass deine Heimat und deine Verwandtschaft, und zieh in das Land, das ich dir zeigen werde!“, sagte Gott zu Abraham (1. Mose 12,1). Er hatte keine Landkarte zur Orientierung, sondern nur Gottes Verheißung einer fruchtbringenden Zukunft. War es beängstigend für ihn, sein vertrautes Leben zu verlassen und sich mit Gott auf den Weg zu machen, ohne zu wissen, wohin der ihn führen würde? Auf jeden Fall. Aber Abrahams Glaube und seine Beziehung zu Gott wuchsen mit jedem Schritt, den er ging. Gott nannte Abraham seinen „Freund“, und das wünscht sich Gott auch mit mir – mit uns –, die Nähe von Vertrauen und Freundschaft.

> *Meine Pilgerreise nach Israel mag zu Ende sein, aber der nächste Schritt auf meinem Weg fängt gerade erst an.*

Und so kehre ich nach Hause zurück, entschlossen, aufzustehen und mit meinem Gott vertrauensvoll weiterzugehen; entschlossen, aus meinem engen, klaustrophobischen Topf zu klettern, damit ich wachsen und Frucht bringen kann; entschlossen, nach dem Plan des Meisters den mir zugewiesenen Teil seines Reiches zu bauen.

Meine Pilgerreise nach Israel mag zu Ende sein, aber der nächste Schritt auf meinem Weg fängt gerade erst an.

Ein neues Gebet für die Reise

(Ein Gebet des Gottesmannes Mose, aus Psalm 90)
„Herr, solange es Menschen gibt, bist du unsere Zuflucht! Ja, bevor die Berge geboren wurden, noch bevor Erde und Weltall unter Wehen entstanden, warst du, o Gott. Du bist ohne Anfang und Ende. … Tausend Jahre sind für dich wie ein einziger Tag, wie ein Tag, der im Flug vergangen ist, wie eine Stunde Schlaf. … Mach uns bewusst, wie kurz unser Leben ist, damit wir endlich zur Besinnung kommen! … Herr, schenke uns deine Liebe jeden Morgen neu! Dann können wir singen und uns freuen, solange wir leben! … Zeige uns deine Güte! Lass unsere Mühe nicht vergeblich sein! Ja, lass unsere Arbeit Früchte tragen!“
Amen.

Fragen zum Kapitel

- Lynn Austin schreibt: „In Israel scheint die Zeit komprimiert zu sein. Ich konnte auf meiner Reise die Vergangenheit, die Gegenwart und die Zukunft auf einmal sehen, so wie Gott sie sieht.“ Was will die Autorin damit zum Ausdruck bringen?

- Worin besteht die Aufgabe der Christen heute? Mit welchen Aufgaben sieht sich Lynn Austin heute konfrontiert? Was ist so herausfordernd daran?

- Am Ende ihrer Reise sieht Lynn Austin, worin der Sinn ihrer Reise bestand. Zu welchen Erkenntnissen kommt sie? Wodurch wurden sie initiiert?

- Lynn Austin schreibt: „Gott glaubt nicht an den Ruhestand – jedenfalls nicht so, wie ich ihn mir immer vorgestellt habe.“ Was will sie damit zum Ausdruck bringen?

- Lynn Austin vergleicht ihr Leben mit einem Blumentopf, der zu klein geworden ist und in dem sie nur noch dahinvegetiert. Gibt es auch in Ihrem Leben solche Blumentöpfe, aus denen Sie herausgewachsen sind? Was hindert Sie daran, sich vom göttlichen Gärtner umtopfen zu lassen?

- Welche biblischen Personen nennt Lynn Austin, die im hohen Alter noch neue Herausforderungen annahmen und bereit waren, „ihr gewohntes, bequemes Leben hinter sich zu lassen und noch einmal von vorne anzufangen"? Fallen Ihnen noch mehr Menschen ein, auch aus der Kirchengeschichte, die Ähnliches wagten?

- Welche Rolle spielt das Vertrauen, wenn Gott einen Glaubensschritt von Ihnen verlangt?

- Was können Sie dafür tun, dass Ihr Glaube wächst und Frucht bringt?

- Wie können Sie ein Freund / eine Freundin Gottes werden?

Mehr von der Bestsellerautorin Lynn Austin

Lynn Austin
Wüstenschwestern
ISBN 978-3-96362-000-3
447 Seiten, gebunden
mit Schutzumschlag

Chicago / Wüste Sinai 1892

Rebecca und Flora Hawes sind Schwestern, wie sie unterschiedlicher nicht sein könnten. Während Rebecca von einem unstillbaren Wissensdurst getrieben wird, ist Flora von dem Wunsch beseelt, die Not der Armen zu lindern. Doch eines verbindet sie: Ihre Leidenschaft fürs Reisen. Amerika, Europa, den Orient – unzählige Orte haben sie bereits gemeinsam bereist. Doch noch nie standen sie vor so großen Herausforderungen wie bei ihrer aktuellen Reise. Die Wüste Sinai verlangt ihnen alles ab. Trotzdem ist Aufgeben keine Option. Denn sie sind einer verschollenen Schriftrolle auf der Spur, die ein für alle Mal beweisen könnte, dass die Bibel wahr ist. Und mit der Rebecca den Mann ihres Herzens endlich für sich gewinnen könnte.

Romantrilogie von Lynn Austin über Sacharja, Esra und Nehemia

Lynn Austin webt einen farbenprächtigen, filigranen biblischen Hintergrund, auf dem die Hauptpersonen so zur Geltung kommen, dass wir uns mit ihren Hoffnungen und Träumen, mit ihren Siegen und Niederlagen identifizieren können. Eine epische, ergreifende Erzählung von Kämpfen, Leid und Glück eines Volkes, das Gott dienen will.

Fremde Heimat
ISBN 978-3-86827-423-3
448 Seiten, Paperback

Hüter des Erbes
ISBN 978-3-86827-482-0
480 Seiten, Paperback

Fundament der Hoffnung
ISBN 978-3-86827-558-2
464 Seiten, Paperback